全国高等教育金融系列精品教材

Financial Law

金融法规

第2版

主　编◎李　芳　郑　兴　刘秋蓉
副主编◎李金萍　高　琴　刘　春

经济管理出版社
ECONOMY & MANAGEMENT PUBLISHING HOUSE

图书在版编目（CIP）数据

金融法规/李芳等主编．—2版．—北京：经济管理出版社，2014.1（2018.7重印）

ISBN 978-7-5096-1896-7

Ⅰ．①金…　Ⅱ．①李…　Ⅲ．①金融法-中国-教材　Ⅳ．①D922.28

中国版本图书馆CIP数据核字（2014）第017681号

组稿编辑：申桂萍
责任编辑：魏晨红
责任印制：黄章平
责任校对：超　凡

出版发行：经济管理出版社
　　　　　（北京市海淀区北蜂窝8号中雅大厦A座11层　100038）
网　　址：www.E-mp.com.cn
电　　话：（010）51915602
印　　刷：北京虎彩文化传播有限公司
经　　销：新华书店
开　　本：787mm×1092mm/16
印　　张：17.5
字　　数：394千字
版　　次：2014年2月第2版　2018年7月第5次印刷
书　　号：ISBN 978-7-5096-1896-7
定　　价：45.00元

·版权所有　翻印必究·
凡购本社图书，如有印装错误，由本社读者服务部负责调换。
联系地址：北京阜外月坛北小街2号
电话：（010）68022974　邮编：100836

全国高等教育金融学专业系列规划教材编委会成员

顾　问：张世贤　中国社会科学院工业经济研究所研究员、博士生导师
　　　　　　　　经济管理出版社社长
主　任：徐仁璋　中南财经政法大学教授、硕士生导师
　　　　　　　　中南财经政法大学武汉学院副院长
副主任：刘应森　中南财经政法大学教授、硕士生导师
　　　　　　　　中南财经政法大学武汉学院教务处处长
　　　　杨开明　中南财经政法大学教授、硕士生导师
　　　　　　　　中南财经政法大学武汉学院金融系主任
　　　　李念斋　中南财经政法大学教授、博士生导师
　　　　　　　　华中科技大学武昌分校董事长助理
　　　　夏丹阳　中南财经政法大学武汉学院经济系主任
　　　　雷仕凤　襄樊学院教授、硕士生导师
　　　　　　　　襄樊学院经济与政法学院副院长兼经济系主任
　　　　朱艳阳　襄樊学院教授、硕士生导师
　　　　　　　　襄樊学院管理学院副院长兼副书记
总　编：杨开明　兼
策　划：申桂萍　经济管理出版社第六编辑部主任
　　　　肖　雯　武汉市恒曦书业发展有限公司总经理

《金融学系列教材》总序

随着我国高等教育事业的飞速发展，我国高等教育教学培养方向呈现出日趋多样化的趋势。不同高等院校的定位和办学理念存在着比较大的差距，但是，为社会培养高素质人才这一基本方向却是相同的。《国家中长期教育改革与发展规划纲要（2010~2020年）》提出我国教育工作的根本要求是：培养造就数以亿计的高素质劳动者、数以千万计的专门人才和一大批拔尖创新人才。对于多数高等院校，尤其是多数非重点本科院校、独立学院和高职高专来说，其核心任务应该是培养造就数以亿计的高素质劳动者。

20世纪90年代以来，在国家政策的支持和指引下，我国高等教育领域中，新的主体得到了较快的发展。它们历史较短，独自开展教材建设的力量都比较薄弱。但实践证明，高等学校教师编写适合自己的教材，不仅有利于教师开展科研和教学工作、保证教学质量，而且有利于学生汲取最新最重要的知识、获取日后工作中所需的核心技能、成长为满足社会需求的人才，进而推动学科的发展和我国高等教育事业的进步。为此，我们组织了一批高等学校的教师编写了这套金融学专业系列教材，希望起到抛砖引玉的作用。

本系列教材以培养具备较强实践能力和动手能力的应用型人才为出发点，深入浅出，在为学生提供基本理论知识的基础上强调案例教学，是学生进入金融学科的一部梯子，是教师组织教学活动的基础，是师生沟通的桥梁。

本系列教材的主编均为长期从事教学工作的教授，还有"211"院校的研究生导师，汇集了多所高等院校多年的教学经验和教学研究成果，是数十位具有丰富一线教学经验的老师心血的结晶。

本系列教材的编写得到了经济管理出版社的高度重视，申桂萍主任给予了极大支持。在此，对以上为本系列教材的面世而付出辛勤劳动的所有单位和个人表示衷心的感谢。

同时，希望读者对本系列教材提出宝贵的意见，使其更精、更好。

杨开明

2010年夏于武汉南湖

前　言

本教材自2010年首次出版以来，深受广大师生好评，并且一再加印。由于相关法律、法规出现了较大的修改，故决定再版。

随着经济的全球化，我国金融业面临着前所未有的严峻挑战。对我国金融行业的从业人员来说，了解、掌握金融业务中必需的法律知识，对于提高自身的金融法律意识、规范金融行为、防范金融风险起着至关重要的作用。

本书根据学生的专业特点和培养目标，以学生未来的实际工作需要为宗旨，有选择地将金融业务中常用的法律知识作为重点，对《公司法》、《银行法》、《证券法》、《合同法》、《担保法》、《票据法》等重点法律进行了清晰而简洁的阐述。

本书具有以下特点：

（1）体例完整。本书各章除正文外，均设有学习目的、案例导入、练习题，同时正文中还穿插着大量的知识拓展及案例分析。

（2）准确无误。本书对法律概念、法律规定、每一个案例及练习题的答案，都进行了反复核对、仔细斟酌，力争使本书成为一本值得信赖的资料性读物。

（3）注重时效。本书以金融法律法规的最近、最新内容为依据，内容务实求新，结构新颖独特，体现鲜明的时代气息，并且注重时效性。

本书可作为各普通高等学校，尤其是高等职业院校、高等专科学校及本科院校举办的独立学院的金融法规专业教材，也可作为金融从业人员的培训教材和业务参考书，还可作为读者学习金融法规的自学读物。

另外，参加本书编写的还有周凤琴、余四川、严燕、寇向梅等老师。

本书的写作参考和引用了国内许多专家、学者的观点和资料，在此谨向他们表示深深的谢意。由于金融法规涉及的范围广、内容多，加上作者水平有限，书中难免有疏漏之处，恳请广大读者和专家学者批评指正。

本书作者的联系方式是：E-mail：lf2006@188.com；QQ：1455419122。使用本教材的教师可与作者联系，索取练习题的答案及其他相关资料。

目 录

第一章 金融法律基础知识 ... 1
第一节 法与金融法概述 ... 1
第二节 金融法律纠纷解决途径 ... 8

第二章 公司法律制度 ... 20
第一节 公司概述 ... 21
第二节 有限责任公司 ... 24
第三节 股份有限公司 ... 30
第四节 公司的财务会计 ... 33
第五节 公司的合并、分立、解散和清算 ... 35

第三章 银行法律制度 ... 41
第一节 中国人民银行法 ... 42
第二节 商业银行法律制度 ... 53
第三节 银行业监督管理法 ... 64

第四章 证券法律制度 ... 75
第一节 证券法律概述 ... 76
第二节 证券发行 ... 84
第三节 证券上市与交易 ... 93

第五章 保险法律制度 ... 114
第一节 保险法律概述 ... 115
第二节 保险合同 ... 122
第三节 保险经营和保险监管 ... 135

第六章 合同法律制度 ... 146
第一节 合同法律制度概述 ... 147
第二节 合同的订立 ... 149

　　第三节　合同的效力 …………………………………………… 156
　　第四节　合同的履行 …………………………………………… 160
　　第五节　合同的变更、转让与终止 …………………………… 163
　　第六节　违约责任 ……………………………………………… 167
　　第七节　具体合同——借款合同 ……………………………… 169

第七章　担保法律制度 …………………………………………… 176
　　第一节　担保法律概述 ………………………………………… 177
　　第二节　保证 …………………………………………………… 181
　　第三节　担保物权 ……………………………………………… 189
　　第四节　定金 …………………………………………………… 201

第八章　银行支付结算法律制度 ………………………………… 208
　　第一节　支付结算概述 ………………………………………… 209
　　第二节　银行结算账户 ………………………………………… 212
　　第三节　非票据结算方式 ……………………………………… 225

第九章　票据法律制度 …………………………………………… 238
　　第一节　票据概述 ……………………………………………… 239
　　第二节　支票 …………………………………………………… 247
　　第三节　本票 …………………………………………………… 250
　　第四节　银行汇票 ……………………………………………… 253
　　第五节　商业汇票 ……………………………………………… 258

参考文献 …………………………………………………………… 270

第一章 金融法律基础知识

【学习目的】
　　掌握金融法律规范、金融法律关系；掌握金融仲裁、金融民事诉讼的具体规定；熟悉金融行政争议和民事争议解决的法定程序；了解法律规范、法律事实、法律体系。

【案例导入】
金融民事纠纷的诉讼时效
　　甲企业与乙商业银行签订借款合同一份，合同的履行期限是2006年5月5日。合同到期后，甲拒绝向乙支付到期借款，乙银行相关人员因忙于事务一直未向甲企业主张权利。2008年4月1日，乙银行所在地方发生不可抗力而无法行使请求权的时间为20天。那么，乙银行应在何时请求人民法院保护其权利？
　　【案例解析】乙银行应自2006年5月5日至2008年5月25日请求人民法院保护其权利。诉讼时效中止，是指在诉讼时效进行中，因不可抗力或其他障碍致使权利人无法行使请求权时，暂停计算诉讼时效期间；中止时效的原因消除后，时效期间继续计算。借款合同适用2年的诉讼时效期间；不可抗力发生在诉讼时效期间的"最后6个月内"，中止诉讼时效的进行，诉讼时效期间顺延20天。

第一节　法与金融法概述

一、法的概念

（一）法的概念
法是由国家制定或认可、并由国家强制力保障实施的、反映统治阶级意志的规范体

系。它通过规定人们在社会关系中的权利和义务，确认、保证和发展正常的社会关系，维护社会秩序。

法是体现为国家意志的统治阶级的意志。法是统治阶级意志的体现，但是，统治阶级的意志本身不是法，只有通过国家立法活动，将统治阶级的意志上升为国家意志的形式，它才成为法。统治阶级意志不是凭空产生的，它是由一定社会的物质生活条件决定的。

法不是从来就有的，它是人类社会进入阶级社会的产物。在我国，法产生于夏朝初期，当时称为"刑"，实际上是一些军法。"法"这个词出现于战国初期，它强调的是刑罚的公平、正义。战国晚期，秦国的商鞅变法，改"法"为"律"。"律"，强调的是法的普遍适用。清朝末年，进行法制变革，当时仿效日本，"法"、"律"连用，称为法律。

法律一词，有广义和狭义之分。广义的法律，指法的整体，即由国家制定或认可、并由国家强制力保证实施的各种行为规范的总和。在我国，狭义的法律，专指全国人民代表大会及其常务委员会制定和颁布的规范性文件。

（二）法的特征

1. 法是调整人的行为的社会规范

法律是通过对人们行为的调整来调整社会关系的。对于法律来说，不通过行为控制就无法调整和控制社会关系，这是法律区别于其他社会规范的重要特征之一。

2. 法是由国家制定或认可的社会规范

法律由国家制定或认可，这是法律来源上的一个重要特征。道德规范、宗教规范和其他社会规范，一般都不是国家直接来规定。法律是国家意志，所以它必须由代表国家的机关来规定，其他任何个人或组织，非经授权都不能创制法律。制定或认可是法产生的两种方式，制定是指国家机关通过立法活动产生新规范；认可是国家对既存的行为规范予以承认，赋予其法律效力。

3. 法是规定权利和义务的社会规范

法律对人们行为的调整主要是通过权利义务的设定和运行来实现的，因而法律的内容主要表现为权利和义务。法律上的权利和义务具有确定性和可预测性的特点，它明确地告诉人们可以、该怎样行为，不可以、不该怎样行为以及必须怎样行为；人们根据法律来预先估计自己与他人之间该怎样行为，并预见到行为的后果以及法律的态度。

4. 法是由国家强制力保障实施的行为规范

法律的实施由国家强制力作保证，国家强制力是法律与其他社会规范的重要区别。法律的强制力具有潜在性和间接性。这种强制性只有当人们违反法律时才会降临在行为人身上。

二、金融法的概念

（一）金融法的概念

金融是以货币和货币资金为内容、以信用为形式所进行的货币收支和资金融通活动的总称。金融活动是国民经济的重要组成部分，是社会再生产的必要条件，贯穿于生产、交换、分配与消费的各个环节，是现代经济宏观调控的重要杠杆。金融法是调整金融关系的法律规范的总称。

(二) 金融法的调整对象

金融法的调整对象是在金融活动中产生的各种金融关系，主要包括金融调控关系、金融监管关系和金融业务关系。

1. 金融调控关系

金融调控关系是指中央银行在利用经济手段对金融机构、金融活动和金融市场进行的调整和控制活动中所产生的权利义务关系。它反映的是中央银行与其他金融机构、其他政府部门、企业和个人之间的关系。

2. 金融监管关系

金融监管关系是指金融监督管理机关对金融机构、金融市场、金融产品和金融交易的监督管理关系。它反映的是金融监督管理机构与受其监督管理相对人之间的管理与被管理、服从与被服从的金融行政关系。

3. 金融业务关系

金融业务关系是指金融关系的参与者在平等、自愿、等价有偿的基础上发生的各种金融交易关系，其本质上是一种民事关系。

三、法律规范与金融法律规范

(一) 法律规范

法律规范是由国家制定或认可、并由国家强制力保障实施的、具有普遍约束力的行为规范。法律规范是构成法的最基本细胞，是通过一定法律条文表现出来的、具有一定内在逻辑结构的特殊行为规范。

1. 法律规范的逻辑结构

法律规范的逻辑结构通常由假定、模式和后果三个部分构成。

(1) 假定。假定是指法律规范中所规定的适用该法律规范的条件和情况。只有合乎该种条件、出现了该种情况，才能适用该规范。

(2) 模式。模式是指法律规范所规定的行为规则部分，实际上是规定权利和义务的行为规则本身，即规定人们可以（不）为、必须（不）为、要求他人（不）为某种行为。

(3) 后果。后果是指法律规范所规定的行为应当承担的法律后果部分，是法律规范对人们具有法律意义的行为的态度。这种后果可以是肯定式的法律后果（合法后果）和否定式的法律后果（违法后果）。

2. 法律规范的种类

法律规范从不同的角度，可以有不同的分类。

(1) 授权性规范和义务性规范。按照法律规范内容的不同，法律规范可分为授权性规范和义务性规范。授权性规范是规定人们可以作出某种行为或者要求别人作出或不作出

某种行为的法律规范。其在立法中的用语表达式为："有权……"，"享有……权利"，"可以……"，等等。义务性规范是指规定人们必须作出某种行为或不作出某种行为的法律规范。义务性规范在立法中的用语表达式为："有……义务"，"须得……"，"应……"，"必须……"，"禁止……"，"不准……"，"不得……"，"严禁……"，等等。

（2）强制性规范与任意性规范。按照法律规范的强制性程度的不同，法律规范可分为强制性规范与任意性规范。强制性规范是指法律规范所规定的义务具有确定的性质，不允许任意变动或违反。义务性规范属于强制性规范。任意性规范是指在法定范围内允许行为人自行确定其权利义务的法律规范。在授权性规范中，就有大量的任意性规范存在。

（二）金融法律规范

金融法律规范是由国家制定或认可、由国家强制力保障实施的、具有普遍约束力的调整金融关系的行为规范。金融法律规范是构成金融法的最基本细胞，是通过一定法律条文表现出来的、具有一定内在逻辑结构的特殊行为规范。

金融法律规范的逻辑结构也是由假定、模式和后果三个部分构成。金融法律规范的种类也是分为授权性规范和义务性规范，或者强制性规范与任意性规范。如《中华人民共和国票据法》（以下简称《票据法》）第八十七条规定："支票的出票人所签发的支票金额不得超过其付款时在付款人处实有的存款金额。"该规范的假定是"支票的出票人所签发的支票"，即该规范适用的前提是针对"支票的出票人所签发的支票"时适用，模式部分是"不得超过其付款时在付款人处实有的存款金额"，这是一个义务性规范，也是一个强制性规范，是"支票的出票人所签发的支票"时必须遵守的规则；该规范的后果部分，见《票据法》第一百零二条。

四、法律体系与金融法律体系

（一）法律体系

法律体系，是指一个国家全部现行法律规范分类组合为不同的法律部门而形成的有机联系的统一整体。我国法律体系分为宪法及宪法相关法、刑法、行政法、民商法、经济法、社会法、诉讼与非诉讼程序法七个法律部门。

宪法是国家的根本大法，规定国家的根本制度和公民的基本权利和义务等内容；宪法相关法主要包括国家机构组织法、民族区域自治制度、特别行政区制度、选举法等。刑法是规范犯罪、刑事责任和刑事处罚的法律规范的总称。行政法是规范行政管理活动的法律规范的总称，行政法调整的法律关系，是一种纵向的法律关系。民商法是调整平等主体的自然人、法人和其他组织之间的民事、商事活动的法律规范的总称。经济法是调整政府在对经济活动实行管理过程中产生的法律关系的法律规范的总称。经济法既有调整政府部门与市场主体之间的纵向关系的法律规范，又有调整市场主体之间的横向关系的法律规范。社会法是调整劳动关系、社会保障关系、社会福利关系和特殊群体权益保障方面法律关系的法律规范的总称，所调整的是政府与社会之间、社会不同部门之间的法律关系。诉讼与非诉讼程序法是规范解决社会纠纷的诉讼活动与非诉讼活动的法律规范的总称，主要包括刑事诉讼法、民事诉讼法和行政诉讼法三种基本的诉讼程序法，以及仲裁法、劳动争议调解仲裁法等非诉讼程序法。

（二）金融法律体系

金融法律体系是指一国调整金融领域金融关系的法律规范所组成的有机联系的统一整体。我国现行的金融法律体系是包括中央银行法、商业银行法、金融监管法、政策性金融机构法和非银行金融机构法等五部分组成的统一联系的有机整体。

五、法律渊源与金融法律渊源

（一）法律渊源

法的渊源也称为法的形式，是法的具体表现形态。我国法的渊源主要有：

1. 宪法

宪法是国家的根本大法，是由国家的最高权力机关——全国人民代表大会经由特殊程序制定的，综合性地规定国家、社会和公民生活的根本问题。

2. 法律

法律是由全国人大及其常委会依法制定和变动的，规定和调整国家、社会和公民生活中某一方面带根本性的社会关系或基本问题的规范性文件。

3. 行政法规

行政法规是由最高国家行政机关——国务院为实施宪法和法律在法定职权范围内制定、发布的有关行政管理和管理行政事项的规范性文件的总称。

4. 地方性法规

省、自治区、直辖市、省级政府所在地的市、经国务院批准的较大市的人大及其常委会，根据本地的具体情况和实际需要，在不与宪法、法律、行政法规相抵触的前提下，可以制定和颁布地方性法规，报全国人大常委会和国务院备案。地方性法规在本行政区域的全部范围或部分区域有效。

5. 自治法规

自治法规是民族自治地方的权力机关所制定的特殊的地方规范性法律文件即自治条例和单行条例的总称。自治条例是民族自治地方根据自治权制定的综合性法律文件；单行条例则是根据自治权制定的调整某一方面事项的规范性法律文件。

6. 行政规章

行政规章是有关行政机关依法制定的事关行政管理的规范性法律文件的总称。它分为部门规章和政府规章两种。部门规章是国务院所属部委根据法律和国务院行政法规、决定、命令，在本部门的权限内，所发布的各种行政性的规范性法律文件，亦称部委规章。政府规章是有权制定地方性法规的地方人民政府根据法律、行政法规制定的规范性法律文件，亦称地方政府规章。

7. 国际条约

国际条约指两个或两个以上国家或国际组织间缔结的确定其相互关系中权利和义务

的各种协议,是国际间相互交往的一种最普遍的法的渊源或法的形式。

(二) 金融法律渊源

金融法律渊源是指金融法律规范的表现形式。我国金融法律渊源,根据其效力,有以下表现形式:

1. 宪法

宪法关于国家金融制度与原则的规定是金融法律的立法依据,是金融法律规范的最高法源。

2. 金融法律

金融法律是全国人大及其常委会制定的调整金融关系的规范性法律文件,是金融法的主要渊源。目前,金融法律主要有:《中国人民银行法》、《中华人民共和国商业银行法》、《中华人民共和国担保法》、《中华人民共和国证券法》、《中华人民共和国保险法》、《中华人民共和国票据法》、《中华人民共和国银行业监督管理法》等;此外,《中华人民共和国民法通则》、《中华人民共和国民事诉讼法》、《中华人民共和国刑法》、《中华人民共和国合同法》等中有关金融关系的内容,也是金融法的渊源。

3. 金融行政法规

金融行政法规是国务院制定的调整金融关系的规范性法律文件。如国务院颁布的《企业债券管理条例》、《股票发行交易管理暂行条例》、《储蓄管理条例》、《现金管理条例》、《外资金融机构管理条例》等。

4. 金融部门规章

金融部门规章是指国务院金融主管部门制定的有关金融活动的规范性法律文件。如中国人民银行制定的《支付结算办法》、《中国人民银行行政复议办法》等。

5. 金融地方性法规

金融地方性法规是指省、自治区、直辖市和计划单列市的人民代表大会及其常委会制定的有关金融活动的规范性法律文件,是对金融法律、行政法规规定的具体化,不得与金融法律、行政法规相抵触。

六、法律关系与金融法律关系

(一) 法律关系

法律关系是法律规范在调整人们行为的过程中所形成的权利与义务关系,即法律上的权利义务关系。如夫妻关系、合同关系等。

1. 法律关系的构成要素

任何法律关系都由主体、客体和内容三个要素构成,缺少其中任何一个要素,都不构成法律关系。

(1) 法律关系的主体。法律关系主体是指法律关系中权利的享受者和义务的承担者。要成为法律关系的主体,应当具备权利能力和相应的行为能力。法律关系的主体,主要包括公民(自然人)、法人和其他组织、国家。

1）公民。公民是最常见的法律关系主体，公民既包括本国公民，又包括境内的外国公民和无国籍人。公民要成为法律关系主体，必须具备权利能力和相应的行为能力。

权利能力是法律关系主体能够参与一定的法律关系，依法享有一定权利和承担一定义务的法律资格。公民的权利能力是普遍、平等、一致的，始于出生，终于死亡。

行为能力是法律关系主体能够以自己的行为依法行使权利和承担义务的能力。根据公民的年龄、智力的不同，公民可分为完全民事行为能力人、限制民事行为能力人和无民事行为能力人三种。18周岁以上的公民是成年人，可以独立进行民事活动，是完全民事行为能力人。16周岁以上不满18周岁的公民，以自己的劳动收入为主要生活来源的，视为完全民事行为能力人。10周岁以上的未成年人和不能完全辨认自己行为的精神病人是限制民事行为能力人，可以进行与其年龄、智力相适应的民事活动；其他民事活动由其法定代理人代理，或者征得其法定代理人的同意。不满10周岁的未成年人和不能辨认自己行为的精神病人是无民事行为能力人，由其法定代理人代理民事活动。

2）法人和其他组织。包括国家机关、各种企业、事业组织和各党政、社会团体等。

3）国家。在特殊情况下，国家可以作为一个整体成为法律关系的主体。在国内，国家是国家财产所有权唯一和统一的主体；在国际上，国家是国际法关系的主体。

（2）法律关系的内容。法律关系的内容是法律关系主体享有的权利和承担的义务。权利是法律允许权利人可以为或不为一定行为，或者要求他人为或不为一定行为的资格。义务是法律规定的义务人应当按照权利人要求为或不为一定行为的责任。

法律上的权利和义务，都受国家法律保障。义务人不履行法定义务时，权利人可以请求有关国家机关采取强制措施强制其履行义务，权利人的权利受到侵害时，可请求有关国家机关予以保护。

（3）法律关系的客体。法律关系的客体，是指法律关系主体间权利义务共同指向的对象。具体包括：物、行为、人格利益、道德产品，如公民和组织的姓名或名称，公民的肖像、名誉、尊严、人身、人格、身份和精神产品，等等。

2. 法律事实

法律事实，是指法律规范规定的、能够引起法律关系产生、变更和消灭的情况。

（1）法律事件。法律事件是不以人的主观意志为转移，能够引起法律关系发生、变更和消灭的客观情况。事件可以是自然现象，如水灾、地震、台风等自然灾害；也可以是社会现象，如战争、重大政策的改变等。由自然现象引起的事实又称为绝对事件，由社会现象引起的事实又称为相对事件。

（2）法律行为。法律行为是以人的主观意志为转移的、能够引起法律关系发生、变更和消灭的人们的有目的、有意义的活动。法律行为包括合法行为和违法行为，二者均可引起法律关系的发生、变更和消灭。

（二）金融法律关系

1. 金融法律关系的概念

金融法律关系是指在金融活动中形成的、受金融法律规范调整的权利义务关系。金融法律关系是典型的经济法律关系，既有横向的平等主体间的金融业务关系，又有纵向

的管理与被管理、服从与被服从的金融监管关系。

2. 金融法律关系的构成要素

同其他法律关系一样，金融法律关系也是由主体、内容和客体三要素组成。

（1）金融法律关系的主体。金融法律关系的主体是指参加金融法律关系，享受权利、承担义务的当事人。在我国，金融法律关系的主体主要有：中央银行与金融监督管理机构；商业银行与政策性银行；非银行金融机构；企业、事业单位、社会团体及自然人。

（2）金融法律关系的内容。金融法律关系的内容是指金融法律关系主体享有的权利和承担的义务。权利是法律允许的金融法律关系主体在金融活动中享有的可以为或不为一定行为，或者要求他人为或不为一定行为的资格。义务是法律规定的金融法律关系主体应当按照权利人要求为或不为一定行为的责任。如货币发行、外汇管理、现金管理等中的权利、义务关系。

金融法律上的权利和义务，都受国家法律保障。义务人不履行法定义务时，权利人可以请求有关国家机关采取强制措施强制其履行义务，权利人的权利受到侵害时，可请求有关国家机关予以保护。

（3）金融法律关系的客体。金融法律关系客体是指金融法律关系主体间权利义务共同指向的对象，主要包括货币（人民币、外币）、金银、有价证券和行为（包括金融调控、金融监管和金融服务行为等）。

第二节　金融法律纠纷解决途径

一、金融行政纠纷的解决

金融行政纠纷，是指中国人民银行及其依法授权的金融机构作为国家的金融行政监督管理部门在进行具体行政行为时与行政管理相对人（金融机构、其他单位和个人）发生争议所引起的纠纷，金融行政纠纷的特点是主体之间不平等，是管理与被管理、服从与被服从的关系。

金融行政纠纷的解决方式主要有金融行政复议和金融行政诉讼。

（一）金融行政复议

金融行政复议是为了保护行政管理相对人的合法权益，在行政机关内部实行的层级监督制度，其法律依据是1999年4月29日第九届全国人民代表大会常务委员会第九次会议通过、1999年10月1日起施行的《中华人民共和国行政复议法》和2000年12月13日中国人民银行第三十七次行务会议通过、2001年2月1日施行的《中国人民银行行政复议办法》。

第一章 金融法律基础知识

1. 金融行政复议的受理范围

根据《中国人民银行行政复议办法》的规定，有下列情形之一的，金融机构、其他单位和个人可以申请行政复议：

（1）对中国人民银行作出的警告、罚款、暂停或者停止金融业务、责令停业整顿、吊销经营金融业务许可证等行政处罚决定不服的；

（2）对中国人民银行作出的取消金融机构高级管理人员任职资格的决定不服的；

（3）认为中国人民银行的具体行政行为侵犯其合法的经营自主权的；

（4）认为符合法定条件，申请中国人民银行颁发经营金融业务许可证，或者申请中国人民银行审批有关事项，中国人民银行没有依法办理的；

（5）认为中国人民银行的其他具体行政行为侵犯其合法权益的。

下列纠纷不能申请金融行政复议：

（1）不服中国人民银行作出的行政处分或者其他人事处理决定的，不能申请金融行政复议，可依照有关法律、行政法规的规定提出申诉。

（2）不服中国人民银行对金融机构之间的金融业务纠纷作出的调解的，可依法就该纠纷向仲裁机关申请仲裁或者向人民法院提起诉讼，不得向中国人民银行提起行政复议。

2. 金融行政复议的管辖

（1）中国人民银行总行管辖下列行政复议案件：

1）对中国人民银行总行作出的具体行政行为不服，申请行政复议的；

2）对中国人民银行分行、营业管理部作出的具体行政行为不服，申请行政复议的；

3）对中国人民银行省会城市及深圳经济特区中心支行在国库经理、支付清算、现金发行和金融统计方面作出的具体行政行为不服，申请行政复议的；

4）中国人民银行总行认为应当管辖的其他复议案件。

营业管理部管辖对其所辖中心支行、支行作出的具体行政行为不服，申请行政复议的案件。

（2）中国人民银行分行管辖下列行政复议案件：

1）对分行营业管理部、金融监管办事处作出的具体行政行为不服，申请行政复议的；

2）对分行所在省（区）的中心支行作出的具体行政行为不服，申请行政复议的；

3）对分行所在省（区）以外的其他所辖省（区）中心支行作出的具体行政行为不服，申请行政复议的，但具体行政行为涉及国库经理、支付清算、现金发行、金融统计的除外；

4）中国人民银行分行营业管理部管辖对所辖支行作出的具体行政行为不服，申请行政复议的案件。

（3）中国人民银行省会城市中心支行管辖下列行政复议案件：

1）对所辖支行作出的具体行政行为不服，申请行政复议的；

2）对所在省（自治区）其他中心支行在国库经理、支付清算、现金发行、金融统

计方面作出的具体行政行为不服,申请行政复议的。

(4)非省会城市中心支行管辖对所辖支行作出的具体行政行为不服申请行政复议的案件。

(5)对依法从事现金管理的金融机构作出的具体行政行为不服申请行政复议的,由直接监管该金融机构的人民银行管辖。

(6)对金融机构作出的有关收缴假币的具体行政行为不服申请行政复议的,由直接监管该金融机构的中国人民银行管辖。

3. 金融行政复议的程序

(1)行政复议申请。金融机构、其他单位和个人认为中国人民银行的具体行政行为侵犯其合法权益的,可以自知道该具体行政行为之日起60日内递交《行政复议申请书》,提出行政复议申请;但法律规定的申请期限超过60日的除外。

因不可抗力或者其他正当理由耽误法定申请期限的,申请期限自障碍消除之日起继续计算。

(2)行政复议受理。行政复议机关收到行政复议申请后,应当在5日内进行审查。行政复议机关受理行政复议申请,不得向申请人收取任何费用。

行政复议机关已经依法受理行政复议申请或法律、行政法规规定应当先向行政复议机关申请复议的,在法定行政复议期限内不得向人民法院提起行政诉讼。申请人向人民法院提起行政诉讼,人民法院已经依法受理的,不得申请行政复议。

除法定情形之外,行政复议期间不停止具体行政行为的执行。

(3)行政复议审理。行政复议原则上采取书面审查的办法,但是申请人提出要求或者行政复议机关的法律事务工作部门认为有必要时,可以向有关组织和人员调查情况,听取申请人、被申请人和第三人的意见。

(4)行政复议决定。行政复议机关应当自受理行政复议申请之日起60日内作出行政复议决定;但是法律规定的行政复议期限少于60日的除外。

行政复议机关可以按照规定作出维持原具体行政行为、责令被申请人限期履行法定职责、撤销、变更或重新作出具体行政行为等行政复议决定。

(5)行政复议决定的执行。法律规定行政复议决定为终局决定的,申请人、被申请人应当限期履行行政复议决定,不得向人民法院起诉。

法律规定当事人对行政复议决定不服,可以向人民法院提起诉讼的,应当自收到行政复议决定书之日起15日内,或法律规定的期限内向人民法院提起诉讼。申请人逾期不起诉又不履行行政复议决定的,或者不履行国务院最终裁决的,按照下列规定分别处理:①对维持具体行政行为的行政复议决定的,由作出具体行政行为的中国人民银行或金融机构申请人民法院强制执行;②对变更具体行政行为的行政复议决定的,由行政复议机关申请人民法院强制执行。

(二)金融行政诉讼

金融行政诉讼是指行政管理相对人(金融机构、其他单位和个人)认为中国人民银行及其依法授权的金融机构在金融行政监督管理过程中所作出的具体行政行为侵害了

第一章 金融法律基础知识

其合法权益时依法向人民法院提起的诉讼。金融行政诉讼遵循的是 1989 年 4 月 4 日第七届全国人民代表大会第二次会议通过、1990 年 10 月 1 日起施行的《中华人民共和国行政诉讼法》。

1. 金融行政诉讼的受案范围

法院受理金融机构、其他单位和个人对下列具体行政行为不服提起的行政诉讼：

（1）对金融监管机关作出的罚款、没收违法所得、吊销经营金融业务许可证等行政处罚决定不服的；

（2）对金融监管机关作出的具体行政行为侵犯其合法的经营自主权的；

（3）对金融监管机关应当颁发经营金融业务许可证，或者应履行相关审批职责而没有履行的；

（4）认为金融监管机关的其他具体行政行为侵犯其合法权益的。

法院不受理金融机构、其他单位和个人对下列事项提起的行政诉讼：

（1）行政法规、规章或者行政机关制定、发布的具有普遍约束力的金融决定、命令；

（2）中国人民银行作出的行政处分或者其他人事处理决定的；

（3）中国人民银行对金融机构之间的金融业务纠纷作出的调解的；

（4）法律规定由行政机关最终裁决的金融具体行政行为。

2. 金融行政诉讼的管辖

（1）级别管辖。基层人民法院管辖第一审金融行政案件；中级人民法院管辖对国务院各部门或者省、自治区、直辖市人民政府所作的具体行政行为提起诉讼的案件或者本辖区内重大、复杂的金融行政案件；高级人民法院管辖本辖区内重大、复杂的第一审金融行政案件；最高人民法院管辖全国范围内重大、复杂的第一审金融行政案件。

（2）地域管辖。金融行政案件由最初作出金融具体行政行为的金融行政监管机关所在地人民法院管辖。经复议的案件，复议机关改变原具体金融行政行为的，也可以由复议机关所在地人民法院管辖。

3. 金融行政诉讼的程序

（1）起诉。对属于人民法院受案范围的金融行政案件，金融机构、其他单位和个人可以先向上一级金融行政监管机关或者法律、法规规定的金融行政监管机关申请复议，对复议不服的，再向人民法院提起诉讼；也可以直接向人民法院提起诉讼。

法律、法规规定应当先向行政机关申请复议，对复议不服再向人民法院提起诉讼的，依照法律、法规的规定。

对依法从事现金管理的金融机构作出的行政处罚决定不服的，应当先向人民银行申请行政复议。对行政复议决定不服的，或者行政复议机关决定不予受理的，或者受理后超过行政复议期限不作答复的，申请人可以自收到《中国人民银行行政复议决定书》、《中国人民银行不予受理决定书》之日起或者行政复议期满之日起 15 日内，依法向人民法院提起行政诉讼。

金融机构、其他单位和个人对中国人民银行各级行作出的行政复议决定不服的，可以依照行政诉讼法的规定向人民法院提起行政诉讼；对中国人民银行总行的行政复议决

定不服的，可以在收到《中国人民银行行政复议决定书》之日起15日内向国务院申请裁决，国务院依法作出的裁决为最终裁决。

金融机构、其他单位和个人直接向人民法院提起诉讼的，应当在知道作出具体行政行为之日起3个月内提出，法律另有规定的除外。

金融机构、其他单位和个人因不可抗力或者其他特殊情况耽误法定期限的，在障碍消除后的10日内，可以申请延长期限，由人民法院决定。

（2）受理。人民法院接到起诉状，经审查，应当在7日内立案或者作出裁定不予受理。原告对裁定不服的，可以提起上诉。

（3）审理。人民法院公开审理行政案件，但涉及国家秘密、个人隐私和法律另有规定的除外。

人民法院组成合议庭审理行政案件。人民法院审理行政案件，不适用调解。

（4）判决。人民法院经过审理，根据不同情况，可以分别作出维持、撤销或者部分撤销原具体行政行为、判决被告重新作出具体行政行为、判决被告在限期履行、判决变更显失公正的行政处罚等判决。

人民法院判决被告重新作出具体行政行为的，被告不得以同一事实和理由作出与原具体行政行为基本相同的具体行政行为。

人民法院应当在立案之日起3个月内作出第一审判决。有特殊情况需要延长的，由高级人民法院批准，高级人民法院审理第一审案件需要延长的，由最高人民法院批准。

当事人不服人民法院第一审判决的，有权在判决书送达之日起15日内向上一级人民法院提起上诉。当事人不服人民法院第一审裁定的，有权在裁定书送达之日起10日内向上一级人民法院提起上诉。逾期不提起上诉的，人民法院的第一审判决或者裁定发生法律效力。

人民法院对上诉案件，认为事实清楚的，可以实行书面审理。审理上诉案件，应当在收到上诉状之日起两个月内作出终审判决。有特殊情况需要延长的，按法定程序办理。

4. 侵权赔偿

金融机构、其他组织或个人的合法权益受到行政机关或者行政机关工作人员作出的具体行政行为侵犯造成损害的，有权请求赔偿。金融机构、其他组织或个人单独就损害赔偿提出请求，应当先由行政机关解决。对行政机关的处理不服，可以向人民法院提起诉讼。赔偿诉讼可以适用调解。

二、金融民事纠纷的解决

金融民事纠纷是银行与其他金融机构在各项金融业务活动中与对方当事人产生的纠纷，其特点是主体之间的地位是平等的。金融民事纠纷的解决方式主要有协商、调解、仲裁和诉讼。本书主要介绍仲裁和诉讼。

第一章 金融法律基础知识

（一）金融纠纷的仲裁

仲裁是指经济争议当事人依照事先约定或事后达成的书面仲裁协议，共同选定仲裁机构，由其对争议事项依法作出裁决的一种活动。

1. 仲裁的适用范围

平等主体的金融机构、其他组织或个人之间发生的金融合同纠纷和其他财产权益纠纷，可以仲裁。

2. 仲裁的基本原则

（1）自愿原则。当事人采用仲裁方式解决纠纷，应当双方自愿并达成仲裁协议，当事人可以自愿选择仲裁委员会和仲裁形式。

（2）一裁终局原则。仲裁实行一裁终局原则。裁决作出后，当事人就同一纠纷再申请仲裁或者向人民法院提起诉讼的，仲裁委员会或者人民法院不予受理。当事人一方在法定期限内不履行仲裁裁决的，另一方可以申请人民法院强制执行。

（3）依据事实和法律，公平合理地解决纠纷原则。仲裁要以事实为根据、以法律为准绳，在法律没有规定或者规定不完备的情况下，仲裁庭可以按照公平合理的一般原则来解决纠纷。

（4）独立仲裁原则。仲裁机构的设置、仲裁庭对仲裁纠纷的处理，不受任何行政机关、团体和个人干涉。

【案例1-1】甲、乙两公司之间因借款合同纠纷向武汉某仲裁机构申请仲裁。仲裁裁决作出之后，甲公司不服，拟向人民法院提起诉讼。请问法院是否会受理甲的诉讼？

【案例解析】法院不会受理甲的诉讼。因为仲裁实行一裁终局原则。裁决作出后，当事人就同一纠纷再申请仲裁或者向人民法院起诉的，仲裁委员会或者人民法院不予受理。

3. 仲裁机构

仲裁机构主要是指仲裁委员会。仲裁委员会不按行政区划层层设立。仲裁委员会独立于行政机关，与行政机关没有隶属关系，仲裁委员会之间也没有隶属关系。

仲裁委员会由主任1人、副主任2~4人和委员7~11人组成，其中法律、经济贸易专家不得少于2/3。

4. 仲裁协议

仲裁协议应当以书面形式订立，口头达成仲裁的意思表示无效。仲裁协议独立存在，合同的变更、解除、终止或者无效，不影响仲裁协议的效力。

仲裁协议一经有效成立，即对双方当事人产生法律效力。发生纠纷后，当事人只能申请仲裁协议中所确定的仲裁机构进行仲裁、解决纠纷，而丧失就该纠纷向法院提起诉讼的权利。

有效的仲裁协议可以排除法院对仲裁协议中的争议事项的管辖权。当事人达成仲裁协议，一方向人民法院起诉的，人民法院不予受理，但仲裁协议无效的除外。当事人达成仲裁协议,一方向人民法院起诉未声明有仲裁协议的,人民法院受理后,另一方在首次开庭前提交仲裁协议的,人民法院应当驳回起诉,但仲裁协议无效的除外。

当事人对仲裁协议的效力有异议的,可以请求仲裁委员会作出决定或请求人民法院作出裁决。一方请求仲裁委员会作出决定,另一方请求人民法院作出裁定的,由人民法院裁定。当事人对仲裁协议的效力有异议的,应当在仲裁庭首次开庭前提出。

5. 仲裁裁决

仲裁应当开庭进行;当事人协议不开庭的,仲裁庭可以根据仲裁申请书、答辩书及其他材料作出裁决。仲裁不公开进行;当事人协议公开的,可以公开进行,但涉及国家秘密的除外。

仲裁应当按照多数仲裁员的意见作出;仲裁庭不能形成多数意见时,裁决应当按照首席仲裁员的意见作出。裁决书自作出之日起发生法律效力。

当事人应当履行仲裁裁决。如果一方当事人不履行仲裁裁决的,另一方当事人可以向被执行人住所地或被执行的财产所在地的中级人民法院申请强制执行。

(二) 金融民事纠纷的诉讼

1. 金融民事纠纷诉讼的适用范围

平等主体的金融机构、其他组织或个人之间因金融合同或其他财产纠纷,可以向人民法院提起民事诉讼。

2. 金融民事诉讼的审判制度

(1) 合议制度。除一审简易程序采用独任制审理外,其他案件都实行合议庭审判。

(2) 回避制度。为了保证案件的公正审判,与案件有利害关系的审判人员、人民陪审员、书记员、翻译人员、鉴定人员等,不得参与案件的审理或其他诉讼活动。

(3) 公开审判制度。人民法院审理案件,除涉及国家秘密、个人隐私或者法律另有规定的以外,应当公开进行。审判公开包括审判过程公开及审判结果公开,无论是否公开审理,审判结果都应当公开。

(4) 两审终审制度。人民法院审理案件实行两审终审制,即一个案件经过两级人民法院审判后即告终结的制度。当事人不服一审的判决、裁定,可以上诉至二审人民法院。二审判决和裁定为终审的判决和裁定,自判决、裁定作出之日起,即发生法律效力。

终审的判决和裁定确有错误的,可以通过审判监督程序纠正。

3. 诉讼管辖

诉讼管辖,是指各级法院之间和同级法院之间受理第一审民事案件和经济纠纷案件的分工和权限。诉讼管辖可以按照不同的标准分类,本书主要介绍级别管辖和地域管辖。

(1) 级别管辖。级别管辖是指上下级人民法院之间在受理第一审经济纠纷案件上的分工和权限。《民事诉讼法》规定,基层人民法院管辖除法律规定由上级人民法院管辖以外的所有第一审经济纠纷案件;中级人民法院管辖重大涉外案件、本辖区有重大影响的案件以及最高人民法院确定由中级人民法院管辖的第一审经济纠纷案件;高级人民法院管辖在本辖区有重大影响的案件；最高人民法院管辖在全国有重大影响的案件以及其认为应当由其审理的案件。

（2）地域管辖。地域管辖是指同级人民法院之间受理第一审经济纠纷案件的分工和权限。地域管辖一般分为：

1）一般地域管辖。一般地域管辖是按照当事人所在地与法院辖区的隶属关系来确定案件管辖法院。这种管辖通常实行原告就被告的原则，由被告人住所地的人民法院管辖。

2）特殊地域管辖。因合同纠纷提起的诉讼，由被告所在地或者合同履行地人民法院管辖；因保险合同纠纷提起的诉讼，由被告住所地或者保险标的物所在地人民法院管辖；因票据纠纷提起的诉讼，由票据支付地或者被告住所地人民法院管辖。

3）选择管辖。两个以上人民法院都有管辖权的诉讼，原告可以向其中一个人民法院起诉；原告向两个以上有管辖权的人民法院起诉的，由最先立案的人民法院管辖。

4. 诉讼时效

诉讼时效，是指权利人在法定期间内不行使权利而失去诉讼保护的制度。诉讼时效期间届满消灭的是胜诉权，并不消灭实体权利。时效届满后，当事人自愿履行义务的，不受诉讼时效的限制。

（1）诉讼时效期间。

1）普通诉讼时效期间。普通诉讼时效期间是指具有普遍意义的诉讼时效期间。除法律另有规定以外，一般诉讼时效期间为 2 年。

2）特别诉讼时效期间。特别诉讼时效期间是指仅适用于特定民事法律关系的诉讼时效期间。下列事项的诉讼时效期间为 1 年：身体受到伤害要求赔偿的；出售质量不合格产品未声明的；延付或者拒付租金的；寄存财物被丢失或者损毁的。

3）最长诉讼时效。诉讼时效自权利人知道或者应当知道其权利受到侵害之日起计算；但从权利被侵害之日起超过 20 年的，人民法院不予保护。

（2）诉讼时效的中止、中断和延长。

1）诉讼时效的中断。诉讼时效的中断是指在诉讼时效期间进行中，因发生一定的法定事由，致使已经经过的时效期间统归无效，待时效中断的事由消除后，诉讼时效期间重新起算。

中断的法定事由主要有：权利人提起诉讼；当事人一方提出履行义务的要求；当事人一方同意履行义务；等等。

2）诉讼时效的中止。诉讼时效中止，是指在诉讼时效进行中，因不可抗力或其他障碍致使权利人无法行使请求权时，暂停计算诉讼时效期间；中止时效的原因消除后，时效期间继续计算。

其他障碍是指不可抗力以外的、非由权利人的意志所决定的、足以阻碍权利人行使权利的情况，包括权利被侵害的无民事行为能力人、限制民事行为能力人没有法定代理人或法定代理人死亡、丧失代理权和丧失行为能力，或者法定代表人本人丧失行为能力；也包括继承开始后继承人尚未确定或者非因继承人的原因导致遗产管理人不明确，

使继承人不能行使其继承权;等等。

3)诉讼时效的延长。诉讼时效期间届满以后,人民法院查明权利人在诉讼时效期间确有法律规定之外的正当理由而未行使请求权的,经权利人请求,人民法院经审查确认后可以决定延长已完成的诉讼时效期间。

【案例1-2】1989年3月10日夜,李某被人从背后击伤。2008年11月28日李某掌握确凿证据,证明当初是被王某所伤害。请问李某还可以要求王某赔偿吗?

【案例解析】李某可以要求王某赔偿,但李某应在2008年11月28日至2009年3月10日期间行使自己的诉讼请求权。根据《民法通则》的规定,身体受到伤害要求赔偿的,适用1年的诉讼时效期间,但从权利被侵害之日起超过20年的,人民法院不予保护,20年为最长诉讼时效。因此,诉讼时效期间应为2008年11月28日至2009年3月10日。

5. 判决与执行

当事人不服地方人民法院第一审判决的,有权在判决书送达之日起15日内向上一级人民法院提起上诉。当事人不服地方人民法院第一审裁定的,有权在裁定书送达之日起10日内向上一级人民法院提起上诉。逾期不提起上诉的,人民法院的第一审判决或者裁定发生法律效力。

第二审人民法院的判决、裁定是终审的判决、裁定。发生法律效力的判决、裁定,当事人应当执行;一方当事人拒不执行的,另一方当事人可申请人民法院强制执行。

本章小结:

1. 金融法是调整金融关系的法律规范的总称。
2. 金融法调整金融调控关系、金融监管关系和金融业务关系。
3. 金融法律规范是由国家制定或认可、并由国家强制力保障实施的、具有普遍约束力的调整金融关系的行为规范,其逻辑结构由假定、模式和后果三个部分构成。
4. 我国现行的金融法律体系是包括中央银行法、商业银行法、金融监管法、政策性金融机构法和非银行金融机构法五部分组成的统一联系的有机整体。
5. 我国金融法律渊源包括宪法、金融法律、金融行政法规、金融部门规章和金融地方性法规。
6. 金融法律关系是指在金融活动中形成的、受金融法律规范调整的权利义务关系,由主体、内容和客体三要素组成。
7. 金融纠纷包括金融行政纠纷和金融民事纠纷。
8. 金融行政纠纷的解决方式主要有金融行政复议和金融行政诉讼。金融行政复议和金融行政诉讼要符合法定的受理范围,遵循法定的程序。
9. 金融民事纠纷的解决方式主要有仲裁和民事诉讼。仲裁和民事诉讼要符合法定的受理范围,遵循法定的程序。

第一章 金融法律基础知识

练习题：

一、单项选择题

1. 下列关于法的本质与特征的表述中，不正确的是( )。
   A. 法是由国家制定或认可的规范
   B. 法是全社会成员共同意志的体现
   C. 法由统治阶级的物质生活条件所决定
   D. 法凭借国家强制力的保障获得普遍遵行的效力

2. 下列法律事实中，属于法律事件的是( )。
   A. 纵火   B. 签订合同
   C. 爆发战争   D. 签发支票

3. 《会计法》规定，"会计记录的文字应当使用中文"这一规范属于( )。
   A. 授权性规范   B. 任意性规范
   C. 义务性规范   D. 禁止性规范

4. 《会计法》规定，"会计记录可以同时使用当地通用的一种民族文字"这一规范属于( )。
   A. 授权性规范   B. 强制性规范
   C. 义务性规范   D. 禁止性规范

5. 根据《仲裁法》的规定，下列各项中，可以申请仲裁的是( )。
   A. 甲与村民委员会签订的土地承包合同纠纷
   B. 职工甲与乙企业间的劳动合同纠纷
   C. 某公安局与某商场之间的服装买卖纠纷
   D. 甲、乙两对夫妇间的收养合同纠纷

6. 甲、乙因房屋买卖纠纷欲提起诉讼。根据《民事诉讼法》的规定，对该案件享有管辖权的法院是( )。
   A. 甲住所地法院   B. 乙住所地法院
   C. 房屋所在地法院   D. 甲、乙协议的法院

7. 甲、乙因某不动产发生纠纷，甲欲通过诉讼方式解决。其选择诉讼管辖法院的下列表述中，符合法律规定的是( )。
   A. 甲只能向甲住所地法院提起诉讼
   B. 甲只能向乙住所地法院提起诉讼
   C. 甲只能向该不动产所在地法院提起诉讼
   D. 甲可以选择向乙住所地或该不动产所在地法院提起诉讼

8. 在诉讼时效期间的最后6个月内，因不可抗力或者其他障碍致使权利人不能行使请求权的，则诉讼时效期间计算适用的情形是( )。
   A. 诉讼时效期间的计算不受影响，继续计算
   B. 诉讼时效期间暂停计算，待障碍消除后继续计算

C. 已经过的诉讼时效期间归于无效，待障碍消除后重新计算
D. 权利人可请求法院延长诉讼时效期间

9. 下列争议中，可以适用《仲裁法》进行仲裁的是（   ）。
   A. 职工李某与某公司因解除劳动合同发生的争议
   B. 甲、乙两人的继承遗产纠纷
   C. 某工商局因购买电脑的质量问题与某商场发生的争议
   D. 王某因不服某公安局对其作出的罚款决定与该公安局发生的争议

10. 甲、乙在 X 地签订合同，将甲在 Y 地的一栋房产出租给乙。后因乙未按期支付租金，双方发生争议。甲到乙住所地人民法院起诉后，又到 Y 地人民法院起诉。Y 地人民法院于 3 月 5 日予以立案，乙住所地人民法院于 3 月 8 日予以立案。根据民事诉讼法律制度的规定，该案件的管辖法院应当是（   ）。
    A. 甲住所地人民法院   B. 乙住所地人民法院
    C. X 地人民法院   D. Y 地人民法院

二、多项选择题

1. 下列各项中，可以作为法律关系客体的有（   ）。
   A. 土地使用权   B. 发明
   C. 劳务   D. 产品

2. 下列各项中，能够成为法律关系主体的有（   ）。
   A. 公民   B. 企业
   C. 物   D. 非物质财富

3. 下列各项中，可以作为法律关系客体的有（   ）。
   A. 阳光   B. 房屋
   C. 经济决策行为   D. 荣誉称号

4. 下列各项中，属于法律关系的客体的是（   ）。
   A. 著作   B. 荣誉称号
   C. 提供一定劳务的行为   D. 人的眼角膜

5. 下列各项中，属于法律行为的有（   ）。
   A. 订立合伙协议   B. 签订合同
   C. 签订和解协议   D. 签发汇票

6. 根据《仲裁法》的规定，下列关于仲裁委员会的表述中，正确的有（   ）。
   A. 仲裁委员会是行政机关   B. 仲裁委员会不按行政区划层层设立
   C. 仲裁委员会独立于行政机关   D. 仲裁委员会之间没有隶属关系

7. 下列各项中，符合《仲裁法》规定的有（   ）。
   A. 仲裁实行自愿原则
   B. 仲裁一律公开进行
   C. 仲裁不实行级别管辖和地域管辖
   D. 当事人不服仲裁裁决的可以向人民法院起诉

8. 下列关于我国仲裁制度的表述中，符合《仲裁法》规定的有(　　)。
   A. 仲裁庭作出的仲裁裁决为终局裁决
   B. 当事人不服仲裁裁决的可以向法院起诉
   C. 当事人协议不开庭的，仲裁可以不开庭进行
   D. 仲裁的进行以双方当事人自愿达成的书面仲裁协议为条件
9. 根据《民事诉讼法》的规定，下列纠纷中，当事人可以提起民事诉讼的有(　　)。
   A. 侵害名誉权纠纷　　　　　　B. 继承纠纷
   C. 收养纠纷　　　　　　　　　D. 劳动合同纠纷
10. 根据我国有关法律的规定，因票据纠纷提起诉讼，享有诉讼管辖权的法院有(　　)。
    A. 原告住所地法院　　　　　　B. 票据支付地法院
    C. 被告住所地法院　　　　　　D. 票据出票地法院

三、判断题

1. 法律是以行为关系为调整对象的规范。(　　)
2. 每个法律规范中一定会同时出现假定、模式和后果三个部分。(　　)
3. 任何法律关系都由主体、客体和内容三个要素构成，缺少其中任何一个要素，都不构成法律关系。(　　)
4. 公民有权利能力，一定有行为能力。(　　)
5. 公民的权利能力与年龄、智力相关。(　　)
6. 法律事实是法律关系发生、变更和消灭的前提条件。(　　)
7. 只有合法行为才能引起法律关系的发生、变更和消灭。(　　)
8. 某些权利在特定情况下也可成为法律关系的客体。(　　)
9. 仲裁协议对仲裁事项没有约定或约定不明确的，当事人可以补充协议；达不成补充协议的，仲裁协议无效。(　　)
10. 有效的仲裁协议可排除法院的管辖权。(　　)
11. 当事人对仲裁协议的效力有异议，应当在仲裁庭作出裁决之前提出。(　　)
12. 当事人对仲裁协议的效力有异议时，一方请求仲裁委员会作出决定，另一方请求人民法院作出裁定的，由仲裁委员会决定。(　　)
13. 甲公司与乙公司解除合同关系，则合同中的仲裁条款也随之失效。(　　)
14. 仲裁实行一裁终局制度，诉讼实行两审终审制度。(　　)
15. 当事人采用仲裁方式解决纠纷的，应当由双方自愿达成仲裁协议。(　　)
16. 当事人申请仲裁，必须按照级别管辖和地域管辖的规定选择仲裁委员会。(　　)
17. 仲裁裁决作出以后，一方当事人不履行的，另一方当事人可向人民法院申请执行。(　　)
18. 诉讼时效中止的法定事由发生之后，已经经过的时效期间统归无效。(　　)

第二章 公司法律制度

【学习目的】
　　掌握有限责任公司、股份有限公司的设立条件、组织机构及股权转让；熟悉一人有限责任公司和国有独资公司的特殊规定；熟悉有限责任公司、股份有限责任公司的设立程序；了解公司的财务会计制度、公司合并分立的形式及责任承担。

【案例导入】
　　甲、乙、丙、丁等20人拟共同出资设立一家有限责任公司。股东共同制定了公司章程。在公司章程中，对董事任期、监事会组成、股权转让规则等事项作了如下规定：
　　(1) 公司董事任期为4年；
　　(2) 公司设立监事会，监事会成员为7人，其中包括2名职工代表；
　　(3) 股东向股东以外的人转让股权，必须经其他股东2/3以上同意。
　　要求：根据上述情况与《公司法》的有关规定，回答下列问题。
　　(1) 公司章程中关于董事任期的规定是否合法？简要说明理由。
　　(2) 公司章程中关于监事会职工代表人数的规定是否合法？简要说明理由。
　　(3) 公司章程中关于股权转让的规定是否合法？简要说明理由。

【案例解析】
　　(1) 公司章程中关于董事任期的规定不符合规定。根据规定，董事任期由公司章程规定，但每届任期不得超过3年。本案例中，规定公司董事任期为4年是不符合要求的。
　　(2) 公司章程中关于监事会职工代表人数的规定不合法。根据规定，监事会应当包括股东代表和适当比例的公司职工代表，其中职工代表的比例不得低于1/3，具体比例由公司章程规定。本案例中，监事会成员为7人，职工代表人数不得低于3人，因此公司章程中定为2名是不合法的。
　　(3) 公司章程中关于股权转让的规定合法。根据规定，公司章程对股权转让另有规定的，从其规定。本案例中，公司章程就股权转让作出了与《公司法》不同的规定，要按照公司章程的规定执行。

第二章 公司法律制度

第一节 公司概述

一、公司的概念与特征

在我国，公司是依法设立的，以营利为目的，股东以其认缴的出资额或认购的股份为限对公司承担责任，公司以其全部资产对公司债务承担责任的企业法人。

1. 依法设立

公司必须依照法定条件和法定程序而设立。如果公司的设立必须符合其他法律规定的，还应当依照其他法律规定，如《商业银行法》、《保险法》、《证券法》等。

2. 以营利为目的

公司是以营利为目的的经济组织。股东设立公司的目的是通过公司的经营活动获取利润。公司的营利目的既要求公司本身为盈利而活动，又要求公司有盈利时应当分配给股东。如果获得的盈利不是分配给投资者，而是用于社会公益等其他目的，则不是公司，而属于公益性法人。

3. 以股东投资行为为基础

公司以股东的投资行为为基础而设立。公司财产最初由股东出资形成，并在经营过程中逐步通过盈利积累或其他途径形成。股东出资之后，享有的是公司的股权，即依法享有收益、参与重大决策和选择管理者等权利；而对公司财产没有直接的支配权，公司对股东出资享有法律上的财产权。公司以其全部财产对外承担责任。

4. 具有法人资格

公司是企业法人，能独立承担民事责任。公司的责任与股东的责任相互独立。股东只以其出资额或认购的股份为限对公司承担有限责任，公司只以其全部资产为限对外承担责任。当公司资产不足以抵偿其债务时，就依法宣告破产，清算结束后未受清偿的债务不再清偿。公司的责任与公司管理人员和工作人员的责任也是相互独立的，虽然他们是以公司的名义对外进行经营活动的，但他们不对公司的债务承担责任。

公司的本质就是承担有限责任的法人。但在公司法人人格制度的运作中，出现了大股东滥用公司独立人格和股东有限责任给他人或社会造成损害的现象，损害公司制度公平、正义的价值目标。为防止对公司独立人格的滥用，有必要对公司的法人地位予以限制，规定公司法人资格否认制度。我国《公司法》规定："公司股东滥用股东权利给公司或者其他股东造成损失的，应当依法承担赔偿责任。公司股东如滥用公司法人地位和股东有限责任，逃避债务，严重损害公司债权人利益的，应当对公司债务承担连带责任。"

【知识拓展】

公司法人人格否认制度

我国司法实践和《公司法》采纳了公司法人人格否认制度。2003 年 1 月 3 日最高人民法院公布的《关于审理与企业改制相关的民事纠纷案件若干问题的规定》第三十五条规定："以收购方式实现对企业控股的，被控股企业的债务仍由其自行承担。但因控股企业抽逃资金、逃避债务，致使被控股企业无力偿还债务的，被控股企业的债务则由控股企业承担。"《公司法》第二十条规定："公司股东应当遵守法律、行政法规和公司章程，依法行使股东权利……不得滥用公司法人独立地位和股东有限责任，损害公司债权人的利益。公司股东滥用公司法人独立地位和股东有限责任，逃避债务，严重损害债权人利益的，应当对公司债务承担连带责任。"《公司法》第六十四条规定："一人有限责任公司的股东不能证明公司财产独立于股东自己的财产的，应当对公司债务承担连带责任。"

二、公司的种类

公司按不同的标准，可以有不同的分类。依据股东对公司的责任形式不同，可以将公司分为无限公司、有限责任公司、两合公司、股份有限公司和股份两合公司；依据公司的股份是否公开发行及股份是否可以自由转让，可以将公司分为封闭式公司（也称不上市公司）和开放式公司（也称上市公司）；依据公司的国籍不同，可以将公司分为本国公司、外国公司和跨国公司；等等。

1. 母公司和子公司

按照公司之间控制和依附关系的不同，公司可分母公司和子公司。

母公司，也称控股公司，是指拥有另一个公司一定比例股权或股份，并能够控制另一个公司的公司。子公司，也称为被控股公司，是指被另一个公司拥有一定比例的股权或股份，并被另一个公司控制的公司。我国《公司法》第二百一十七条第二款规定："控股股东，是指其出资额占有限责任公司资本总额 50% 以上或者其持有的股份占股份有限公司股本总额 50% 以上的股东；出资额或者持有股份的比例虽然不足 50%，但依其出资额或者持有的股份所享有的表决权已足以对股东会、股东大会的决议产生重大影响的股东。"可见子公司主要有以下情形：一是全资子公司，即母公司持有子公司100% 的股权；二是绝对控股子公司，即母公司持有子公司超过 50% 但不足 100% 的股权；三是相对控股子公司，即母公司持有子公司的股权虽然低于 50%，但仅仅依赖该股权或者股份的表决权足以控制子公司。如果持有其他公司的股份，但仅凭股权或股份控制机制又不足以控制该公司的，理论上称该公司为"参股公司"。

母公司、子公司均具有企业法人资格，均能独立承担法律责任。《公司法》第十四条第二款规定："公司可以设立子公司，子公司具有法人资格，依法独立承担民事责任。"

2. 总公司和分公司

以公司的管辖关系为标准，公司分为总公司和分公司。总公司从组织上、业务上管辖分公司。分公司只是总公司的一个分支机构，分公司可以取得营业执照，可以以自己的名义进行经营活动，有经营资格；但没有法人资格，没有独立的财产，不能独立承担责任，其民事责任由总公司承担。

分公司的名称不具有独立性，反映的是与总公司的隶属关系。根据《企业名称登记管理规定》的有关规定，企业设立分支机构的，企业及分支机构的名称应当符合有关要求，如：在企业名称中使用"总"字的，必须下设三个以上分支机构；不能独立承担民事责任的分支机构，其名称应当冠以其所从属的企业名称，缀以"分"、"分厂"、"分店"、"分公司"等字样。

分公司设立时也需依法登记，但其设立程序比较简便。

分公司不同于公司内部的其他机构。公司内部的管理机构和经营机构，如财务部、办公室、采购部、生产车间等，这些内部机构只能以公司的名义活动，不能以自己的名义对外开展活动，也无需进行登记。

3. 有限责任公司和股份有限公司

根据我国《公司法》规定，我国的公司包括有限责任公司和股份有限公司。有限责任公司是指股东以其认缴的出资额为限对公司承担责任，公司以其全部财产对公司的债务承担责任。股份有限公司的全部资本分为等额股份，股东以其认购的股份为限对公司承担责任，公司以其全部财产对公司的债务承担责任。

三、公司法

公司法有广义和狭义之分。广义的公司法是调整公司设立、组织、活动和解散过程中所发生的社会关系以及股东的权利义务关系的法律规范的总称，包括涉及公司的所有法律、法规，如《公司法》、《公司登记管理条例》、《民法通则》、《中外合资经营企业法》等。狭义的公司法即《中华人民共和国公司法》（简称《公司法》），该法于1993年通过，并经1999年、2004年、2005年、2013年全国人大常委会四次修订，新修订的《公司法》自2014年3月1日起实施（本章有关《公司法》的表达均以2013年12月28日第十二届全国人民代表大会常务委员会第六次会议修订的《中华人民共和国公司法》为依据）。

【案例2-1】甲公司的分公司在其经营范围内以自己的名义对外签订一份货物买卖合同。请问该合同是否有效？民事责任如何承担？

【案例解析】该合同有效，其民事责任由甲公司承担。《公司法》规定，分公司有经营资格，但没有法人资格，不能独立承担责任，其民事责任由总公司承担。

第二节 有限责任公司

一、有限责任公司的设立

（一）设立条件

1. 股东符合法定人数

《公司法》第二十四条规定："有限责任公司由 50 个以下股东出资设立。"

2. 有符合公司章程规定的全体股东认缴的出资额

股东出资达到法定资本的最低限额，公司必须有充足的资金才能正常运营，股东没有出资，公司就不可能设立。

3. 有股东共同制定的公司章程

公司章程是公司的行为准则，是确定股东权利义务的纲领性文件，对公司、股东、董事、监事、高级管理人员具有约束力。公司章程由全体出资者在自愿协商的基础上制定，经全体出资者同意，所有股东应当在公司章程上签名、盖章。

4. 有公司名称和符合有限责任公司要求的组织机构

设立有限责任公司，除其名称应符合企业法人名称的一般性规定外，还必须在公司名称中标明"有限责任公司"或"有限公司"字样。公司应当设立符合有限责任公司要求的组织机构，即股东会、董事会或者执行董事、监事会或者监事。

5. 有公司住所

住所是公司进行经营活动的中心场所，同时也是发生纠纷时确定诉讼及行政管辖的依据，是向公司送达文件的法定地址。一个公司可以有多个经营场所，但登记的住所只能有一个。

公司住所依法确定后，不得任意变更。确需变动的，应当依法办理变更登记。通常情况下，公司以其主要办事机构所在地为住所。

（二）设立程序

有限责任公司设立主要经过以下程序：

（1）订立公司章程。

（2）申请公司名称预先核准。设立公司应当申请名称预先核准。预先核准的公司名称保留期为 6 个月。在保留期内，预先核准的公司名称不得用于从事经营活动，不得转让。

（3）法律、行政法规规定须经有关部门审批的要进行报批，获得批准文件。

（4）出资及开设注册验资临时存款账户。股东缴纳出资并经验资机构验资后出具证明。股东缴纳的货币形式的出资，存入注册验资临时存款账户。

(5) 向公司登记机关申请设立登记。申请设立有限责任公司，申请人为全体股东指定的代表或共同委托的代理人，国有独资公司由国务院或者地方人民政府授权的本级人民政府国有资产监督管理委员会代表国家作为申请人。

(6) 登记发证。登记机关对符合条件的即予以登记并发给企业法人营业执照，有限责任公司即告成立。

公司成立后，可凭企业法人营业执照刻制印章、开立银行账户、申请税务登记，并以公司名义对外从事经营活动。

二、有限责任公司的组织机构

有限责任公司的组织机构包括股东会、董事会、监事会及高级管理人员。高级管理人员，是指公司的经理、副经理、财务负责人、上市公司董事会秘书和公司章程规定的其他人员。公司的组织形式不同，组织机构的组成也有相应的区别。

（一）股东会

1. 股东会的职权

有限责任公司股东会由全体股东组成，股东会是公司权力机构，行使下列职权：①决定公司的经营方针和投资计划；②选举和更换非由职工代表担任的董事、监事，决定有关董事、监事的报酬事项；③审议批准董事会的报告；④审议批准监事会或者监事的报告；⑤审议批准公司的年度财务预算方案、决算方案；⑥审议批准公司的利润分配方案和弥补亏损方案；⑦对公司增加或者减少注册资本作出决议；⑧对发行公司债券作出决议；⑨对公司合并、分立、变更公司形式、解散和清算等事项作出决议；⑩修改公司章程；⑪公司章程规定的其他职权。

对上述事项，股东以书面形式一致表示同意的，可以不召开股东会议，直接作出决定，并由全体股东在决定文件上签名、盖章。

2. 股东会的形式

股东会会议分为定期会议和临时会议。定期会议应当按照公司章程的规定按时召开。有限责任公司的定期会议一般在每一个会计年度结束之后召开，每年召开一次。临时会议是指在定期会议之外必要的时间，由于法定事由或者根据法定人员、机构的提议召开的股东会议。根据《公司法》的规定，由代表十分之一以上表决权的股东，三分之一以上的董事，监事会或者不设监事会的监事提议召开临时会议的，应当在两个月内召开临时股东会议。

3. 股东会的召集

首次股东会会议由出资最多的股东召集和主持，依法行使职权。以后的股东会会议，公司设立董事会的，由董事会召集，董事长主持；董事长不能或者不履行职务的，由副董事长主持；副董事长不能或者不履行职务的，由半数以上董事共同推举1名董事主持。公司不设董事会的，股东会会议由执行董事召集和主持。董事会或者执行董事不

能或者不履行召集股东会会议职责的,由监事会或者不设监事会的公司的监事召集和主持;监事会或者监事不召集和主持的,代表十分之一以上表决权的股东可以自行召集和主持。

召开股东会会议,应当于会议召开15日以前通知全体股东,但公司章程另有规定或者全体股东另有约定的除外。股东会应当对所议事项的决定作成会议记录,出席会议的股东应当在会议记录上签名。

4. 股东会的决议

股东会会议由股东按照出资比例行使表决权,但公司章程另有规定的除外。股东会的议事方式和表决程序,一般由公司章程规定。

股东会会议作出修改公司章程、增加或者减少注册资本的决议,以及公司合并、分立、解散或者变更公司形式的决议,必须经代表三分之二以上表决权的股东通过。

(二) 董事会

有限责任公司的董事会是公司股东会的执行机构,向股东会负责。

1. 董事会的组成

有限责任公司的董事会成员为3~13人。两个以上的国有企业或者其他两个以上的国有投资主体投资设立的有限责任公司,其董事会成员中应当有公司职工代表;其他有限责任公司董事会成员中也可以有公司职工代表。董事会中的职工代表由公司职工通过职代会、职工大会或者其他形式民主选举产生。

董事会设董事长1人,可以设副董事长。董事长、副董事长的产生办法由公司章程规定。董事任期由公司章程规定,但每届任期不得超过3年。董事任期届满,连选可以连任。董事任期届满未及时改选,或者董事在任期内辞职导致董事会成员低于法定人数的,在改选出的董事就任前,原董事仍应当依照法律、行政法规和公司章程的规定,履行董事职务。

2. 董事会的职权

董事会应对股东会负责,行使下列职权:①召集股东会会议,并向股东会报告工作;②执行股东会的决议;③决定公司的经营计划和投资方案;④制订公司的年度财务预算方案、决算方案;⑤制订公司的利润分配方案和弥补亏损方案;⑥制订公司增加或者减少注册资本以及发行公司债券的方案;⑦制订公司合并、分立、变更公司形式、解散的方案;⑧决定公司内部管理机构的设置;⑨决定聘任或者解聘公司经理及其报酬事项,并根据经理的提名决定聘任或者解聘公司副经理、财务负责人及其报酬事项;⑩制定公司的基本管理制度;⑪公司章程规定的其他职权。

3. 董事会会议

董事会会议由董事长召集和主持;董事长不能或者不履行职务的,由副董事长召集和主持;副董事长不能或者不履行职务的,由半数以上董事共同推举1名董事召集和主持。董事会的议事方式和表决程序,一般由公司章程规定。董事会决议的表决,实行一人一票。董事会应当对所议事项的决定作成会议记录,出席会议的董事应当在会议记录上签名。

股东人数较少或者规模较小的有限责任公司，可以设1名执行董事，不设立董事会。执行董事可以兼任公司经理。执行董事的职权由公司章程规定。

4. 经理

有限责任公司可以设经理，由董事会决定聘任或者解聘。经理应对董事会负责，行使下列职权：①主持公司的生产经营管理工作，组织实施董事会决议；②组织实施公司年度经营计划和投资方案；③拟订公司内部管理机构设置方案；④拟订公司的基本管理制度；⑤制定公司的具体规章；⑥提请聘任或者解聘公司副经理、财务负责人；⑦决定聘任或者解聘除应由董事会决定聘任或者解聘以外的负责管理人员；⑧董事会授予的其他职权。

（三）监事会

监事会是公司的监督机构，是由依法产生的监事组成，对董事和经理的经营管理行为以及对公司财务进行监督的常设机构。它代表全体股东对公司经营管理进行监督，行使监督职能。

1. 监事会的组成

有限责任公司设立监事会，其成员不得少于3人。股东人数较少或者规模较小的有限责任公司，可以设1~2名监事，不设立监事会。监事会应当包括股东代表和适当比例的公司职工代表，其中职工代表的比例不得低于三分之一，具体比例由公司章程规定。监事会中的职工代表由公司职工通过职代会、职工大会或者其他形式民主选举产生。监事会设主席1人，由全体监事过半数选举产生。董事、高级管理人员不得兼任监事。

2. 监事的任期

监事的任期每届为3年。监事任期届满，连选可以连任。监事任期届满未及时改选，或者监事在任期内辞职导致监事会成员低于法定人数的，在改选出的监事就任前，原监事仍应当依照法律、行政法规和公司章程的规定，履行监事职务。

3. 监事会的职权

监事会、不设监事会的公司的监事行使下列职权：①检查公司财务；②对董事、高级管理人员执行公司职务的行为进行监督，对违反法律、行政法规、公司章程或者股东会决议的董事、高级管理人员提出罢免的建议；③当董事、高级管理人员的行为损害公司的利益时，要求董事、高级管理人员予以纠正；④提议召开临时股东会会议，在董事会不履行本法规定的召集和主持股东会会议职责时召集和主持股东会会议；⑤向股东会会议提出提案；⑥依照《公司法》第一百五十二条的规定，对董事、高级管理人员提起诉讼；⑦公司章程规定的其他职权。

4. 监事会会议

监事会会议由监事会主席召集和主持；监事会主席不能或者不履行职务的，由半数以上监事共同推举1名监事召集和主持监事会会议。

 金融法规

监事会每年度至少召开一次，监事可以提议召开临时监事会议。监事会的议事方式和表决程序，除《公司法》有规定的外，由公司章程规定。监事会决议应当经半数以上监事通过。监事会应当对所议决事项的决定作成会议记录，出席会议的监事应在会议记录上签名。

三、有限责任公司的股权转让

股权转让是指有限责任公司的股东依照一定程序将自己持有的股权让与受让人，受让人取得该股权而成为公司股东或增加持有公司的出资额的行为。

（一）股权转让的限制

1. 股东之间转让股权

有限责任公司的股东之间可以相互转让股权。股东之间只要双方协商一致，即可转让股权。公司章程对股东之间股权转让另有规定的，从其规定。

2. 股东向股东以外的人转让股权

股东向股东以外的人转让股权，应当经其他股东过半数同意。股东应就其股权转让事项书面通知其他股东征求同意，其他股东自接到书面通知之日起满30日未答复的，视为同意转让。其他股东半数以上不同意转让的，不同意的股东应当购买该转让的股权；不购买的，视为同意转让。

经股东同意转让的股权，在同等条件下，其他股东有优先购买权。两个以上股东主张行使优先购买权的，协商确定各自的购买比例；协商不成的，按照各自的出资比例行使优先购买权。公司章程对股权转让另有规定的，从其规定。

3. 人民法院强制执行的股权转让

人民法院依照法律规定的强制执行程序转让股东股权的，应当通知公司及全体股东，其他股东在同等条件下有优先购买权。其他股东自人民法院通知之日起满20日不行使优先购买权的，视为放弃优先购买权。

（二）股权转让的程序

公司内部股东之间股权转让的，出让方与受让方签订股权转让协议，完成股权转让后，公司应当注销原股东的出资证明书，向受让股东重新签发出资证明书，由公司相应修改公司章程和股东名册中有关股东及其出资额的记载。但对公司章程的该项修改不需要再由股东会表决。

股东向股东之外的人转让股权的，除了新股东要提交主体资格证明或自然人身份证明，并向新股东签发出资证明之外，其他手续与前述转让手续相同。即使股东向股东之外的人转让股权，也无需经过股东会作出决议。

四、有限责任公司的特殊形式：一人有限责任公司和国有独资公司

（一）一人有限责任公司

一人有限责任公司是指股东仅为一人，并由该股东持有公司全部出资的有限责任公司。一人有限责任公司有以下特殊规定：

（1）一个自然人只能投资设立一个一人有限责任公司；该一人有限责任公司不能投资设立新的一人有限责任公司。

（2）一人有限责任公司应当在公司登记中注明自然人独资或者法人独资，并在公司营业执照中载明。

（3）一人有限责任公司章程由股东制定。

（4）一人有限责任公司不设股东会。

（5）一人有限责任公司应当在每一会计年度终了时编制财务会计报告，并经会计师事务所审计。

（6）一人有限责任公司的股东不能证明公司财产独立于股东自己财产的，应当对公司债务承担连带责任。

（二）国有独资公司

国有独资公司，是指国家单独出资、由国务院或者地方人民政府授权本级人民政府国有资产监督管理机构履行出资人职责的有限责任公司。国务院确定的生产特殊产品的公司或者属于特定行业的公司，应当采取国有独资公司形式。国有独资公司有以下特殊规定：

（1）国有独资公司章程由国有资产监督管理机构制定，或者由董事会制定，报国有资产监督管理机构批准。

（2）国有独资公司不设股东会，由国有资产监督管理机构行使股东会职权。国有资产监督管理机构可以授权公司董事会行使股东会的部分职权，决定公司的重大事项，但公司的合并、分立、解散、增加或者减少注册资本和发行公司债券，必须由国有资产监督管理机构决定；其中，重要的国有独资公司合并、分立、解散、申请破产的，应当由国有资产监督管理机构审核后，报本级人民政府批准。

（3）国有独资公司设董事会，董事每届任期不得超过 3 年。董事会成员中应当有公司职工代表。董事会成员由国有资产监督管理机构委派；但是，董事会成员中的职工代表由公司职工代表大会选举产生。董事会设董事长一人，可以设副董事长。董事长、副董事长由国有资产监督管理机构从董事会成员中指定。

（4）国有独资公司设监事会，其成员不得少于 5 人，其中职工代表的比例不得低于 1/3，具体比例由公司章程规定。监事会成员由国有资产监督管理机构委派，但监事会中的职工代表由职工代表大会选举产生。监事会主席由国有资产监督管理机构从监事会成员中指定。

第三节 股份有限公司

一、股份有限公司的设立

(一) 股份有限公司的设立条件

1. 发起人符合法定人数

发起人,即公司的创办人。设立股份有限公司,应当有2人以上200人以下为发起人,其中须有半数以上的发起人在中国境内有住所。

2. 有符合公司章程规定的全体发起人认购的股本总额或者募集的实收股本总额

3. 股份发行、筹办事项符合法律规定

股份有限公司采取发起设立方式设立的,注册资本为在公司登记机关登记的全体发起人认购的股本总额。全体发起人的首次出资额不得低于注册资本的20%,其余部分由发起人自公司成立之日起2年内缴足;其中,投资公司可以在5年内缴足。采取募集方式设立的,不允许分期缴付出资,注册资本为在公司登记机关登记的实收股本总额。

4. 发起人制定公司章程,采用募集方式设立的经创立大会通过

股份有限公司采取发起设立方式设立的,公司章程由全体发起人共同制定;采取募集方式设立的,章程由发起人制定,但要经有其他认股人参加的创立大会通过,以出席会议的认股人所持表决权的半数以上通过,方为有效。

5. 有公司名称,建立符合股份有限公司要求的组织机构

6. 有公司住所

(二) 股份有限公司的设立程序

1. 发起设立方式设立股份有限公司的程序

(1) 发起人书面认足公司章程规定其认购的股份。

(2) 缴纳出资。

(3) 选举董事会和监事会。

(4) 申请设立登记。

2. 募集设立方式设立股份有限公司的程序

(1) 发起人认购股份。

(2) 向社会公开募集股份。公开招股说明书,并制作认股书。

(3) 召开创立大会。发起人应当在股款缴足之日起30日内主持召开由发起人、认股人组成的创立大会。创立大会对诸如通过公司章程、选举董事会成员、监事会成员、是否设立公司等重大事项作出决议。

(4) 申请设立登记并公告。董事会于创立大会结束后 30 日内向公司登记机关申请设立登记。登记机关依法核准登记后发给《企业法人营业执照》，营业执照签发日期为公司成立日期。

二、股份有限公司的组织机构

(一) 股东大会

1. 股东大会职权

股东大会的职权与有限责任公司股东会的职权基本相同。

2. 股东大会形式

股东大会分为年会与临时大会。股东大会年会应当每年召开一次。上市公司的年度股东大会应当于上一会计年度结束后的 6 个月内举行。

有下列情形之一的，应当在 2 个月内召开临时股东大会：①董事人数不足《公司法》规定人数或者公司章程所定人数的 2/3 时；②公司未弥补的亏损达实收股本总额 1/3 时；③单独或者合计持有公司 10% 以上股份的股东请求时；④董事会认为必要时；⑤监事会提议召开时；⑥公司章程规定的其他情形。

3. 股东大会召开

股东大会会议由董事会召集，董事长主持；董事长不能或者不履行职务的，由副董事长主持；副董事长不能或者不履行职务的，由半数以上董事共同推举一名董事主持。董事会不能或者不履行召集股东大会会议职责的，监事会应当及时召集和主持；监事会不召集和主持的，连续 90 日以上单独或者合计持有公司 10% 以上股份的股东可以自行召集和主持。

召开股东大会会议，应当将会议召开的时间、地点和审议的事项于会议召开 20 日前通知各股东；临时股东大会应当于会议召开 15 日前通知各股东；发行无记名股票的，应当于会议召开 30 日前公告会议召开的时间、地点和审议事项。单独或者合计持有公司 3% 以上股份的股东，可以在股东大会召开 10 日前提出临时提案并书面提交董事会；董事会应在收到提案后 2 日内通知其他股东，并将该临时提案提交股东大会审议。无记名股票持有人出席股东大会会议的，应当在会议召开 5 日前至股东大会闭会时将股票交存于公司。

4. 股东大会决议

股东出席股东大会会议，所持每一股份有一表决权。公司持有的本公司的股份没有表决权。

股东大会作出决议，必须经出席会议的股东所持表决权过半数通过。但是，股东大会作出修改公司章程，增加或者减少注册资本的决议，以及公司合并、分立、解散或者变更公司形式的决议，必须经出席会议的股东所持表决权的 2/3 以上通过。

股东大会应当对所议事项的决定作成会议记录，主持人、出席会议的董事应当在会议记录上签名。会议记录应当与出席股东的签名册及代理出席的委托书一并保存。

(二) 董事会

1. 董事会组成

股份有限公司董事会的成员为 5~19 人。董事由股东大会选举产生。董事会成员中可以有公司职工代表。董事会中的职工代表由公司职工通过职工代表大会、职工大会或者其他形式民主选举产生。

董事会设董事长一人，可以设副董事长。董事长和副董事长由董事会以全体董事的过半数选举产生。董事长召集和主持董事会会议，检查董事会决议的实施情况。副董事长协助董事长工作，董事长不能或者不履行职务的，由副董事长履行职务；副董事长不能或者不履行职务的，由半数以上董事共同推举一名董事履行职务。

2. 董事的任期和董事会的职权

股份有限公司董事的任期、董事会的职权与有限责任公司相同。

3. 董事会的召开

董事会每年度至少召开两次会议，每次会议应当于会议召开 10 日前通知全体董事和监事。代表 1/10 以上表决权的股东、1/3 以上董事或者监事会，可以提议召开董事会临时会议。董事长应当自接到提议后 10 日内，召集和主持董事会会议。董事会召开临时会议，可以另定召集董事会的通知方式和通知时限。

董事会会议应有过半数的董事出席方可举行。董事会作出决议必须经全体董事的过半数通过。董事会决议的表决实行一人一票。董事会会议应由董事本人出席，董事因故不能出席，可以书面委托其他董事代为出席，委托书中应载明授权范围。

董事会应当对会议所议事项的决定作成会议记录，出席会议的董事应当在会议记录上签名。董事应当对董事会的决议承担责任。董事会的决议违反法律、行政法规或者公司章程、股东大会决议，致使公司遭受严重损失的，参与决议的董事对公司负赔偿责任。但经证明在表决时曾表明异议并记载于会议记录的，该董事可以免除责任。

4. 经理

经理负责公司的日常管理工作，由董事会决定聘任或解聘。经理对董事会负责，其职权与有限责任公司的经理职权相同。经理可以由董事会成员兼任。

(三) 监事会

1. 监事会的组成

股份有限公司应当设监事会，其成员不得少于 3 人。监事会应当包括股东代表和适当比例的公司职工代表，其中职工代表的比例不得低于 1/3，具体比例由公司章程规定。监事会中的职工代表由公司职工通过职工代表大会、职工大会或者其他形式民主选举产生。董事、高级管理人员不得兼任监事。

监事会设主席一人，可以设副主席。监事会主席和副主席由全体监事过半数选举产生。监事会会议由监事会主席召集和主持；监事会主席不能或者不履行职务的，由监事会副主席召集和主持；监事会副主席不能或者不履行职务的，由半数以上监事共同推举一名监事召集和主持。

2. 监事会的任期和职权

股份有限公司监事会的职权监事的任期与有限责任公司监事会的职权和监事的任期

基本相同。

3. 监事会会议的召开

股份有限公司监事会每 6 个月至少召开一次会议。监事可以提议召开临时监事会会议。监事会的议事方式和表决程序，除法律有规定的外，由公司章程规定。

三、股份有限公司的股份发行与转让

（一）股份发行

股份的发行，实行公平、公正的原则，同种类的每一股份应当具有同等权利。同次发行的同种类股票，每股的发行条件和价格应当相同；任何单位或个人所认购的股份，每股应当支付相同价额。

公司发行的股票，可以为记名股票，也可以为无记名股票，但公司向发起人、法人发行的股票，应当为记名股票，应当记载发起人、法人的名称或者姓名，不得另立户名或者以代表人姓名记名。

（二）股份转让

股东持有的股份可以依法转让。股东转让其股份，应当在依法设立的证券交易场所进行或者按照国务院规定的其他方式进行。公司法对股份转让有如下限制：

（1）发起人持有的本公司股份，自公司成立之日起 1 年内不得转让，公司公开发行股份前已发行的股份，自公司股票在证券交易所上市交易之日起 1 年内不得转让。

（2）公司董事、监事、高级管理人员应当向公司申报所持有的本公司的股份及其变动情况，任职期间每年转让的股份不得超过其所持有本公司股份总数的 25%；所持本公司股份自公司股票上市交易之日起 1 年内不得转让。上述人员离职后半年内，不得转让其所持有的本公司股份。

（3）公司不得收购本公司股份，有下列情形之一的除外：①减少公司注册资本；②与持有本公司股份的其他公司合并；③将股份奖励给本公司职工；④股东因对股东大会作出的公司合并、分立决议持异议，要求公司收购其股份的。

（4）公司不得接受本公司的股票作为质押权的标的。

第四节　公司的财务会计

一、公司财务会计报告的基本规定

公司财务会计报告包括会计报表及其附注和其他应当在财务会计报告中披露的相关信息和资料。公司应当于年度终了编报财务会计报告。

公司对外提供的财务会计报告,应由公司负责人和主管会计工作的负责人、会计机构负责人(会计主管人员)签名并盖章。设置总会计师的企业,还应由总会计师签名并盖章。

财务会计报告须经注册会计师审计的,公司应当将注册会计师及其会计师事务所出具的审计报告随同财务会计报告一并对外提供。

二、利润分配

公司利润是指公司在一定会计期间的经营成果,包括营业利润、投资净收益和营业外收支净额等。根据《公司法》以及有关规定,公司应当按照如下顺序进行利润分配:

(1)弥补以前年度的亏损,但最长不得超过5年。
(2)缴纳企业所得税。
(3)弥补在税前利润亏损之后仍存在的亏损。
(4)提取法定公积金。
(5)提取任意公积金。
(6)向股东分配利润。

公司弥补亏损和提取公积金后所余税后利润,有限责任公司按照股东实缴的出资比例分配,但全体股东约定不按照出资比例分配的除外;股份有限公司按照股东持有的股份比例分配,但股份有限公司章程规定不按持股比例分配的除外。

公司股东(大)会或者董事会违反规定,在公司弥补亏损和提取法定公积金之前向股东分配利润的,股东必须将违规分配的利润退还给公司。公司持有的本公司股份不得分配利润。

三、公积金

公积金是公司在资本之外所保留的资金金额,又称为附加资本或准备金。

(一)公积金的种类

公积金分为盈余公积金和资本公积金两类。

1. 盈余公积金

盈余公积金是从公司税后利润中提取的公积金,分为法定公积金和任意公积金两种。任意公积金按照公司股东会或者股东代表大会决议,从公司税后利润中提取。法定公积金按照公司税后利润的10%提取,当公司法定公积金累计额为公司注册资本的50%以上的,可不再提取。

2. 资本公积金

资本公积金是直接由资本原因等形成的公积金,股份有限公司以超过股票票面金额的发行价格发行股份所得的溢价款,以及国务院财政部门规定列入资本公积金的其他收入,应当列为公司资本公积金。

(二)公积金的用途

(1) 弥补公司亏损。公司的亏损可以用公司税后利润弥补,税后利润仍不足弥补的,可以用公积金弥补。但是,资本公积金不得用于弥补公司的亏损。

(2) 扩大公司生产经营。

(3) 转增公司资本。对用任意公积金转增资本的,法律没有限制,但用法定公积金转增资本时,所留存的该项公积金不得少于转增前公司注册资本的25%。

第五节 公司的合并、分立、解散和清算

一、公司合并

公司合并是指两个以上的公司依照法定程序变为一个公司的行为。

(一) 公司合并的形式

1. 吸收合并

吸收合并是指一个公司吸收其他公司加入本公司,被吸收的公司解散。

2. 新设合并

新设合并是指两个以上公司合并设立一个新的公司,合并各方解散。

(二) 公司合并的程序

1. 签订合并协议

合并协议应当包括以下主要内容:①合并各方的名称、住所;②合并后存续公司或新设公司的名称、住所;③合并各方的债权债务处理办法;④合并各方的资产状况及其处理办法;⑤存续公司或新设公司因合并而增资所发行的股份总额、种类和数量;⑥合并各方认为需要载明的其他事项。

2. 编制资产负债表及财产清单

3. 通知债权人

公司应当自作出合并决议之日起10日内通知债权人,并于30日内在报纸上公告。债权人自接到通知书之日起30日内,未接到通知书的自公告之日起45日内,可以要求公司清偿债务或者提供相应的担保。

4. 依法进行登记

公司合并后,应当依法向公司登记机关办理相应的变更登记、注销登记、设立登记。

(三) 公司合并各方的债权、债务的承接

公司合并时,合并各方的债权、债务应当由合并后存续的公司或者新设的公司承继。

二、公司分立

公司分立是指一个公司依法分为两个以上的公司。

（一）公司分立的形式

1. 派生分立

派生分立是指公司以其部分财产另设一个或数个新的公司，原公司存续。

2. 新设分立

新设分立是公司以其全部财产分别归入两个以上的新设公司，原公司解散。

（二）公司分立的程序

公司分立的程序与公司合并的程序基本一样，要签订分立协议，编制资产负债表及财产清单，作出分立决议，通知债权人，办理工商变更登记等。

（三）公司分立前债务的承担

公司分立前的债务由分立后的公司承担连带责任。但是，公司在分立前与债权人就债务清偿达成的书面协议另有约定的除外。

三、公司的解散

公司有以下情形之一的，应当解散：①公司章程规定的营业期限届满或者公司章程规定的其他解散事由出现；②股东会或者股东大会决议解散；③因公司合并、分立需要解散；④依法被吊销营业执照、责令关闭或者被撤销；⑤人民法院依法予以解散。

四、公司的清算

（一）清算组

公司应当在解散事由出现之日起 15 日内成立清算组。有限责任公司的清算组由股东组成，股份有限公司的清算组由董事或者股东大会确定的人员组成。

（二）债权登记

清算组应当自成立之日起 10 日内通知债权人，并于 60 日内在报纸上公告。债权人自接到通知书之日起 30 日内，未接到通知书的自公告之日起 45 日内，向清算组申报债权。

（三）清算

清算方案应当报股东大会或者人民法院确认。清算组执行未经确认的清算方案给公司或者债权人造成损失，公司、股东或者债权人有权要求清算组成员承担赔偿责任。公司解散时，股东尚未缴纳的出资均应作为清算财产。清算组如发现公司财产不足清偿债务的，应当依法向人民法院申请宣告破产。

（四）债务清偿

公司财产在分别支付清算费用、职工的工资、社会保险费用和法定补偿金，缴纳所欠税款，清偿公司债务后的剩余财产，有限责任公司按照股东的出资比例分配，股份有限公司按照股东所持有的股份比例分配。

（五）注销登记

公司清算结束后，清算组应当制作清算报告，报股东（大）会或人民法院确认，并报送公司登记机关，申请注销公司登记，公告公司终止。

公司未经清算即办理注销登记，导致公司无法进行清算的，债权人有权要求有限责任公司的股东、股份有限公司的董事和控股股东，以及公司的实际控制人对公司债务承担清偿责任。

本章小结：

1. 公司是依法设立的，以营利为目的，股东以其认缴的出资额或认购的股份为限对公司承担责任，公司以其全部资产对公司债务承担责任的企业法人。

2. 有限责任公司的设立需要在股东人数、资本最低限额、公司章程、名称、组织机构、生产经营场所和生产经营条件等方面符合《公司法》规定。

3. 有限责任公司的组织机构包括股东会、董事会、监事会及高级管理人员。

4. 有限责任公司的股权转让包括股东之间转让股权、股东向股东以外的人转让股权和人民法院强制执行的股权转让。

5. 一人有限责任公司和国有独资公司在出资和组织机构等方面具有与一般有限责任公司不同的规定。

6. 股份有限责任公司的设立需要在股东人数、资本最低限额、公司章程、名称、组织机构、生产经营场所和生产经营条件等方面符合《公司法》规定。

7. 股份有限公司的组织机构与一般有限责任公司的组织机构基本相同。但对股东大会、董事会、监事会在会议形式、召集和会议决议等方面有特别规定。

8. 上市公司组织机构在股东大会特别决议事项、独立董事、董事会秘书、关联关系董事的表决权排除制度和股权激励机制等方面有特殊规定。

9. 股份有限责任公司的股东持有的股份可以依法转让。但发起人、董事、监事、高级管理人员等持有的股份转让时受到一定的限制。

10. 公司应当于年度终了编报财务会计报告。

11. 法定公积金按照公司税后利润的10%提取，当公司法定公积金累计额为公司注册资本的50%以上的，可不再提取。

12. 公司合并时，合并各方的债权、债务，应当由合并后存续的公司或者新设的公司承继。公司分立前的债务由分立后的公司承担连带责任。但是，公司在分立前与债权人就债务清偿达成的书面协议另有约定的除外。

练习题：

一、单项选择题

1. 下列关于国有独资公司组织机构的表述中，符合《公司法》规定的是(　　)。
   A. 国有独资公司不设股东会
   B. 国有独资公司必须设1名董事长和1名副董事长
   C. 国有独资公司董事长由董事会选举产生
   D. 国有独资公司监事由董事长任命

2. 下列关于股份有限公司股票发行的表述中，符合《公司法》规定的是(　　)。
   A. 公司历次发行股票的价格都必须相同
   B. 公司发行的股票面额必须为每股1元
   C. 公司发行的股票必须为无记名股票
   D. 公司股票的发行价格不得低于票面金额

3. 下列关于公司股东出资方式的表述中，不符合公司法律制度规定的是(　　)。
   A. 股东可以用债权出资　　　　B. 股东可以用股权出资
   C. 股东可以用非专利技术出资　D. 股东可以用劳务出资

4. 根据公司法律制度的规定，有限责任公司的股东不得抽回其投资的是(　　)。
   A. 缴纳出资后　　　　　　　　B. 经法定验资机构验资后
   C. 提出公司设立登记申请后　　D. 公司成立后

5. 下列公司组织机构中关于公司职工代表的表述中，不符合公司法律制度规定的是(　　)。
   A. 股份有限公司董事会成员中应当包括公司职工代表
   B. 股份有限公司监事会成员中应当包括公司职工代表
   C. 国有独资公司董事会成员中应当包括公司职工代表
   D. 国有独资公司监事会成员中应当包括公司职工代表

6. 下列关于一人有限责任公司的表述中，符合《公司法》规定的是(　　)。
   A. 一人有限责任公司的股东只能是自然人
   B. 一人有限责任公司的股东应当对公司债务承担无限连带责任
   C. 一人有限责任公司的注册资本最低限额为3万元
   D. 一人有限责任公司的股东不得分期交付出资

7. 下列有关公司董事、监事以及高级管理人员兼任的表述中，符合公司法律制度规定的是(　　)。
   A. 公司董事可以兼任公司经理　　B. 公司董事可以兼任公司监事
   C. 公司经理可以兼任公司监事　　D. 公司董事会秘书可以兼任公司监事

8. 甲、乙、丙、丁四人拟共同出资设立一家贸易有限责任公司，注册资本为100万元。其草拟的公司章程记载的下列事项中，不符合公司法律制度规定的是(　　)。
   A. 公司由甲同时担任经理和法定代表人

B. 公司不设监事会，由乙担任监事

C. 股东向股东以外的人转让股权，应当经其他股东过半数同意

D. 甲、乙、丙、丁首次出资额各为5万元，其余部分出资自公司成立之日起3年内缴足

二、多项选择题

1. 甲公司为有限责任公司，根据公司法律制度的规定，下列各项中，属于甲公司解散事由的有（　　）。

A. 甲公司章程规定的营业期限届满

B. 甲公司被丁公司吸收合并

C. 经代表2/3以上表决权的股东同意，甲公司股东会通过了解散公司的决议

D. 甲公司被依法吊销营业执照

2. 根据公司法律制度规定，下列关于分公司法律地位的表述，正确的有（　　）。

A. 分公司具有独立的法人资格

B. 分公司独立承担民事责任

C. 分公司可以依法独立从事生产经营活动

D. 分公司从事经营活动的民事责任由其总公司承担

3. 根据公司法律制度的规定，有限责任公司股东会会议对下列事项作出的决议中，必须经代表2/3以上表决权的股东通过的有（　　）。

A. 修改公司章程　　　　　　　B. 减少注册资本

C. 更换公司董事　　　　　　　D. 变更公司形式

4. 甲、乙、丙三人共同出资设立了一个有限责任公司。根据公司法律制度的规定，下列关于该有限责任公司董事会的表述中，正确的是（　　）。

A. 董事会成员中必须包括职工代表

B. 公司章程可以规定董事的任期为2年

C. 该公司必须设1名副董事长

D. 公司章程可以直接规定由甲担任董事长

5. 甲、乙、丙三人共同出资100万元设立了一个有限责任公司，其中甲以现金出资60万元，乙以财产出资25万元，丙出资15万元。2010年4月公司成立后，召开了第一次股东会会议。有关这次会议的下列情况中，符合《公司法》规定的有（　　）。

A. 会议由乙召集和主持

B. 会议决定不设董事会，由甲担任执行董事，甲为公司的法定代表人

C. 会议决定设1名监事，由乙担任，任期3年

D. 会议决定了公司的经营计划和投资方案

6. 关于国有独资公司组织机构的下列表述中，错误的有（　　）。

A. 国有独资公司监事会中的职工代表由国有资产监督管理机构委派

B. 国有独资公司设立董事会

C. 国有独资公司不设监事会

D. 国有独资公司董事会成员均由国家授权投资的机构委派

7. 某股份有限公司发行新股，其实施的下列行为中，不符合公司法律制度关于股票发行规定的有(　　)。

A. 以低于其他投资者的价格向公司原股东发行股票

B. 以超过股票票面金额的价格发行股票

C. 向公司发起人发行无记名股票

D. 向某法人股东发行记名股票，并将该法人法定代表人的姓名记载于股东名册

8. 根据公司法律制度的规定，股份有限公司在发生下列事项时，可以收购本公司股份的有(　　)。

A. 减少公司注册资本

B. 与持有本公司股份的其他公司合并

C. 将股份奖励给本公司职工

D. 股东因对股东大会作出的公司合并、分立决议持异议，要求公司收购其股份

三、简答题

比较有限责任公司和股份有限公司的区别。

第三章 银行法律制度

【学习目的】

掌握中国人民银行的职责、组织机构、业务;了解中国人民银行的金融监督管理、财务会计制度;掌握《商业银行法》的适用范围、商业银行的设立条件、业务规则及业务范围;了解商业银行的组织机构、接管和终止;掌握银行业监督管理机构的监管职责、监管措施。

【案例导入】

银行存单纠纷案件中银行的举证责任

某城市商业银行 A 支行柜员张某于 2009 年 5 月的一天在前台营业厅值班时,客户丁某拿 80 万元现金来办理为期一年的定期存款,张某办好储蓄存款手续后,将一张出票金额 80 万元、为期一年的人民币定期存单交给了丁某。随后张某神秘失踪。一年后,丁某携带 80 万元定期存单要求银行支付本金和利息,银行人员进行查对后,发现银行的进账单及相应手续上均记载丁某只有存款 30 万元,而不是 80 万元,因此,银行拒绝支付。丁某与银行协商未果,遂以银行为被告向法院起诉,要求法院判令被告立即支付原告 80 万元的本金及相应的利息。

试问:该银行是否承担支付本金和利息的责任?

【案例解析】根据《商业银行法》第三十三条规定,商业银行应当保证存款本金和利息的支付,不得拖延、拒绝支付存款本金和利息。另外,依据最高人民法院《关于审理存单纠纷案件的若干规定》,一般存单纠纷案件中,不适用"谁主张谁举证"的原则,而是举证责任倒置,由银行承担证明存单、进账单、入账单、存款合同的真实性的举证责任,同时银行还要承担证明存款是否实际交付的举证责任。

存单是原告与被告之间存款合同的有效证明。只要存单形式要件齐全,银行不能提供否定存单记载内容的有力证据,就应依存单记载承担责任。本案例中,银行提供的相应手续上的记载是银行的自制凭证,不能单独作为存款合同内容的

有效证明。因此银行不能依据进账单及相应手续上的记载内容抗辩丁某存单上的内容。

因此,法院认定定期存单真实有效,银行应按存单记载承担还本付息的责任。

资料来源:韩良:《论存单纠纷案件中金融机构的举证责任》,《河北法学》2002年第20期。

第一节 中国人民银行法

《中华人民共和国银行法》是关于中华人民共和国银行的性质、职能、法律地位、组织体系、业务范围、金融监管等方面的法律规范。它是中国金融法体系中的基本法。

1995年3月18日,第八届全国人民代表大会第三次会议审议通过并公布了《中华人民共和国中国人民银行法》(以下简称《中国人民银行法》)。这是我国关于中央银行的第一部法律。2003年12月27日,十届人大常委会第六次会议通过了《全国人大常委会关于修改〈中华人民共和国中国人民银行法〉的决定》,自2004年2月1日起施行。

一、中国人民银行的性质和法律地位

《中国人民银行法》第二条规定:"中国人民银行是中华人民共和国的中央银行。中国人民银行在国务院领导下,制定和执行货币政策,防范和化解金融风险,维护金融稳定。"

中国人民银行作为我国的中央银行,代表国家进行金融调控与管理,是具有国家机构性质的特殊金融机构。

中国人民银行与其他商业银行相比,其在经营目的、资金来源、资金运用、业务对象、业务方式等方面存在不同,具有特殊性。另外,中国人民银行作为中央银行,为政府和金融机构办理银行业务与提供服务,发行货币,代理国库业务。其不仅依靠行政手段,还通过强有力的经济手段,为国家的宏观调控发挥举足轻重的作用。

二、中国人民银行的职责

中国人民银行根据其承担的发行的银行、银行的银行和政府的银行的职能,具体履行以下的职责:

1. 发布与履行其职责有关的命令和规章

中国人民银行宏观调控职能的履行和货币政策的实施,必须有健全的法制作为前提和保障。中国人民银行作为国务院的职能部门,有权根据法律、行政法规在本部门的权限范围内制定和发布规章和命令。

2. 依法制定和执行货币政策

货币政策是中央银行调节货币供求以实现宏观经济调控目标的方针和政策的总称，是国家宏观经济政策的重要组成部分。正确制定和实施货币政策，是各国中央银行的主要职责。中国人民银行在国务院领导下，制定和实施货币政策；就年度货币供应量、利率、汇率和国务院规定的其他重要事项作出的决定，报国务院批准后执行，并就其他有关货币政策事项作出决定后，即予执行，并报国务院备案；中国人民银行应当向全国人民代表大会常务委员会提出有关货币政策情况和金融业运行情况的工作报告。

3. 发行人民币，管理人民币流通

发行与管理货币是世界各国中央银行通常的职责。中国人民银行作为我国的中央银行，发行与管理人民币也是其法定职责。中国人民银行有权发行人民币，是国家的唯一的货币发行机构，除中国人民银行以外的任何单位、个人或者其他组织不得发行人民币。中国人民银行不仅负责人民币的发行，还要管理好人民币和流通：依法及时收回、销毁残缺、污损的人民币；禁止伪造、变造人民币；禁止出售、购买伪造、变造的人民币；禁止运输、持有、使用伪造、变造的人民币；禁止故意毁损人民币；禁止在宣传品、出版物或者其他商品上非法使用人民币图样；对印刷、发售代币票券，以代替人民币在市场上流通的行为要进行处罚。

4. 监督管理银行间同业拆借市场和银行间债券市场

银行同业拆借市场是银行业同业之间融通短期资金的交易市场，是货币市场的重要组成部分。主要通过电讯手段成交，每笔拆借交易的数额较大，主要解决市场参与者短期资金流动性的需要。全国银行间债券市场是指依托于全国银行间同业拆借中心和中央国债登记结算公司，包括商业银行、农村信用联社、保险公司、证券公司等金融机构进行债券买卖和回购的市场。银行间债券市场的债券交易包括债券回购和现券买卖两种。主要交易工具是政府债券、中央银行债券和金融债券等债券。

由于银行间同业拆借市场和银行间债券市场隐含着较大的系统风险，银行间债券市场还是中国人民银行公开市场操作的主要平台，因此中国人民银行应该对其进行监督和管理。

5. 实施外汇管理，监督管理银行间外汇市场

外汇管理是政府对外汇收、支、存、兑所进行的一种管理活动。外汇存储、外汇的汇出汇入、购入外汇、人民币与外汇的兑换等活动，以及银行间的外汇买卖等，均由中国人民银行管理。

银行间外汇市场是指经国家外汇管理局批准可以经营外汇业务的境内金融机构（包括银行、非银行金融机构和外资金融机构）之间通过中国外汇交易中心进行人民币与外币之间的交易市场。该市场的主要职能是为各外汇指定银行互相调剂余缺和提供清算服务，由中国人民银行授权国家外汇管理局监督管理。

6. 监督管理黄金市场

黄金市场是指黄金买卖和兑换的交易市场。根据我国的有关规定，国家对于金银实

行统一管理、统购统配的政策。黄金管理的主管机关是中国人民银行。中国人民银行不仅负责国家的黄金储备,还负责收购与配售;会同国家物价主管机关制定和管理黄金的收购与配售价格;会同国家有关主管机关审批经营金银制品等。根据有关规定,国家工商机关、海关等单位在金银管理中有相应的职责,但黄金市场主要、并且一直由中国人民银行监督管理。

7. 持有、管理、经营国家外汇储备、黄金储备

外汇储备,指一国政府所持有的国际储备资产中的外汇部分,它是国际收支最后结算手段的可兑换货币,其主要作用是:平衡国际收支逆差和干预外汇市场,以维护本国货币的汇率。一般包括国际上广泛使用的可兑换货币。黄金储备是指一国政府为了应付国际支付和维护货币信用而储备的金块、金币总额。虽然黄金的作用目前已削弱,但仍然是主要的国际储备资产和国际结算的最后手段。一国黄金储备的多少关系到它的国际支付能力和本国货币的国际信用。因此,外汇、黄金始终是稳定币值的重要储备。为了集中储备,调节资金,改善结构,实现稳定币值的货币政策目标,便于国际间的支付,各国银行法一般都明确规定中央银行负责掌管外汇储备、黄金储备,在必要时可以开展外汇、黄金的买卖业务。

8. 经理国库

中央银行作为政府的银行,一般都被授权经理国库,即财政的收支由中央银行代理完成。中国人民银行专设机构为政府开立各种账户,承办近百个政府的财政预算收支划拨与清算业务,为政府代为办理国债的发行、还本付息事宜。

9. 维护支付、清算系统的正常运行

许多国家的银行法规定,商业银行或者其他金融机构之间进行的资金往来,必须通过中央银行或者商业银行联办的票据交换所进行结算,其差额一般通过中央银行在各商业银行账户上转账实现。因此,中国人民银行应该承担维护支付、清算系统的正常运行的职责。

10. 指导、部署金融业反洗钱工作,负责反洗钱的资金监测

"洗钱"是指将毒品犯罪、黑社会性质的组织犯罪、恐怖活动犯罪、走私犯罪或者其他犯罪的违法所得及其产生的收益,通过各种手段掩饰、隐瞒其来源和性质,使其在形式上合法化的行为。

反洗钱工作是金融机构应该承担的社会责任之一,也是维护金融体系健康运行的重要环节。中国人民银行应当组织、协调国家反洗钱工作,加强金融业反洗钱制度建设及业务指导,提高对大额资金异常流动的监测水平。中国人民银行要设立反洗钱局,承办组织、协调国家反洗钱工作;研究和拟订金融机构反洗钱规划和政策;承办反洗钱的国际合作与交流工作;汇总和跟踪分析各部门提供的人民币、外币等可疑支付交易信息,涉嫌犯罪的,移交司法部门处理,并协助司法部门调查涉嫌洗钱犯罪案件;承办中国人民银行系统的安全保卫工作,制定防范措施;组织中国人民银行系统的金银、现钞、有价证券的保卫和武装押运工作。

11. 负责金融业的统计、调查、分析和预测

中央银行的地位和职能决定它有能力对商业银行以及其他金融机构的业务活动进行系统的分析研究，对经济、金融形势作出预测，以影响整个社会资金的营运在比例关系和经济效益等方面服从国家宏观经济的要求。同时，代表政府对商业银行以及其他金融机构实行行政管理，控制全国的金融活动，促进货币流通正常化，保障宏观决策的顺利实现。

中央银行应当定期公布自己的业务状况，将资产负债情况向社会公布，并向社会提供有关统计资料。这样有利于提高中央银行的信誉地位，有利于国内外有关方面了解中央银行的金融政策，以便各界分析研究这些金融政策对国民经济可能带来的影响，有利于企业界、金融界拟订自己的经营计划，预测未来的经济形势，确定它们的经营方针和策略。

12. 作为国家的中央银行，从事有关的国际金融活动

中国人民银行作为我国的中央银行，从事有关的国际金融活动主要有：代表政府参加国际金融机构、签订国际金融协定以及从事国际金融活动、与外国中央银行进行交易等。

13. 国务院规定的其他职责

这是一项弹性条款，既包括现有的但没有必要或者不宜列出的职责，也包括随着国家经济、金融形势的发展，以后国务院赋予中国人民银行的职责。

三、中国人民银行的组织机构

根据履行中央银行金融调控、稳定金融、提供服务职能的需要，中国人民银行的组织机构分为三个层次，即最高权力机构和咨询议事机构、总行内部的职能机构和分支机构。

（一）最高权力机构

《中国人民银行法》对中国人民银行的最高权力机构未作明确规定，但规定了中国人民银行设立行长1人，副行长若干人，并实行行长负责制。

1. 行长

中国人民银行行长是中国人民银行的最高行政领导人，是中国人民银行的法定代表人，同时，他又是国务院的重要组成人员。

2. 行长负责制

中国人民银行实行行长负责制，由行长全权领导中国人民银行的工作，享有对内管理和执行中国人民银行内部事务、对外代表中国人民银行的权力。副行长协助行长工作。

中国人民银行的行长、副行长应当恪尽职守，不得滥用职权、徇私舞弊，不得在任何金融机构、企业、基金会兼职。中国人民银行的行长、副行长，应当依法保守国家秘密，并有责任为与履行其职责有关的金融机构及当事人保守秘密。

（二）咨询议事机构

1. 咨询议事机构的组织构成

中国人民银行设立货币政策的咨询议事机构，即货币政策委员会。货币政策委员会

由国务院主管财经的综合职能部委组成。货币政策委员会设主席1人,副主席1人。主席由中国人民银行行长担任,副主席由主席指定。货币政策委员会设立秘书处,作为货币政策委员会的常设办事机构。

2. 货币政策委员会的职责

中国人民银行货币政策委员会应当在国家宏观调控、货币政策制定和调整中,发挥重要作用。货币政策委员会的基本职责是,在综合分析国家宏观经济形势的基础上,依据国家的宏观经济调控目标,讨论货币政策事项,并提出建议。货币政策委员会实行季度例会制度。

(三) 总行内部的职能机构

为履行规定的职责,保证科学制定和实施货币政策,有效实施金融监管,中国人民银行总行设立多个职能司(局),包括办公厅、条法司、货币政策司、金融市场司、金融稳定局、调查统计司、会计财务司、支付结算司、科技司、货币金银局、国库局、国际司、内审司、人事司、研究局、征信管理局、反洗钱局等内部职能部门。

(四) 分支机构

1. 分支机构的设立

中央银行的分支机构是中央银行执行货币政策和实施金融监管的主要组织基础,是中央银行组织体系的重要组成部分。

2. 分支机构的法律地位及职责

中国人民银行的分支机构是中国人民银行的派出机构,不具备法人资格,不享有独立的权力。其履行职责必须根据中国人民银行的授权进行。中国人民银行的分支机构根据中国人民银行的授权,维护本辖区的金融稳定,承办有关业务。

四、中国人民银行的主要业务

(一) 中国人民银行业务活动的原则

中央银行开展业务,是为履行其央行职能而开展的,这就与商业银行在经营方针、经营原则和管理方法等方面存在很大的不同。其业务活动主要特点表现在:不以营利为目的;不经营普通银行业务;业务活动是代表国家的;资产具有高度流动性;定期公布业务状况。中国人民银行业务活动应遵循的基本原则有以下两点:

1. 守法原则

中央银行开展业务活动,应贯彻国家经济、方针、政策,严格遵守国家法律、法规。

2. 市场原则

中央银行开展业务,应遵循市场经济活动的基本规则,平等、自愿、公平交易。

(二) 中国人民银行的主要业务内容

一般而言,中央银行的业务主要有三个方面:①负债业务。包括发行货币;吸收存款;其他负债和资本项目。②资产业务。包括再贴现及放款;买卖政府债券和金融债券；买卖黄金、外汇，以及其他资产业务。③清算业务，即为商业银行等金融机构提供跨行支付服务。

根据《中国人民银行法》的规定，中国人民银行的主要业务有：

1. 执行货币政策实施的业务

（1）要求银行业金融机构按照规定的比例缴存存款准备金。为保证商业银行及其他金融机构能够应付客户提取存款的需要，防止商业银行及其他金融机构盲目扩大信用，损害客户利益，各国的中央银行法都授权中央银行通过存款准备金政策对资金市场进行调控。

存款准备金是指商业银行及其他吸收存款的金融机构吸收存款后，必须按照中央银行规定的比率向中央银行缴存一部分，作为一种必要的准备。中央银行规定的这个比率叫存款准备金率。中央银行通过提高或者降低存款准备金率，实现扩张或者收缩信用规模。

中央银行集中商业银行及其他存款机构的一部分存款作为存款准备金，不但是为了调节信贷及货币供应规模，满足流动性和清偿能力的需要，同时也是中央银行的一种负债业务。存款准备金可分为两种，一种是法定存款准备金，另一种是超额或自由准备金。

中央银行根据一定时期的货币政策要求，为不同的存款种类和规模制定不同的存款准备金率，各商业银行及其他存款机构，必须根据存款类别和数额，按照相应的法定准备金率，按时计提和上缴存款准备金。

中国人民银行为实现货币政策目标，制定和调整存款准备金比率。调整法定存款准备金率是中央银行的重要货币政策手段。在经济高涨时，提高法定存款准备金率，意味着金融机构在吸收的存款中必须保留更高的准备金，这样能够使作为贷款放出的货币量减少，银行所能派生出的货币也就随之下降。其结果是市场上的货币供应量减少，货币的供求关系发生变化，利息率上升。利息率的上升和货币供应量的减少，势必会抑制投资需求，社会总需求的扩张势头就会得到抑制。在经济衰退时期，中央银行降低法定存款准备金率，其结果与上述经济上涨时期的情况正好相反。

（2）确定中央银行基准利率。中央银行基准利率包括：①存款利率：商业银行及其他金融机构在中国人民银行的准备金存款、备付金存款，保险公司活期存款、财产保险总准备金、未到期责任准备金，邮政储蓄转存款，以及对农村信用社开办的特种存款、短期融资券利率等；②贷款利率：中国人民银行对商业银行年度性贷款、季节性（三个月、六个月）贷款、日拆性贷款、铺底资金、再贴现、逾期贷款惩罚性利率等；③人民银行内部联行利率。

在社会主义市场经济条件下，通货的稳定、信用总规模及其结构的合理化，是协调整个国民经济发展，促进生产要素合理流动和配置的重要保证。而利率作为资金借贷的参照物，与国民经济生产、流通、分配和消费的各个环节都是息息相关的。进一步完善中央银行宏观调控机制，加强对利率的管理，促进国民经济健康、稳定、协调地发展，就构成了整个金融宏观管理体系中的一个重要环节。而基准利率是决定利率政策和机构利率体系结构的中心环节，其利率水平的高低影响金融机构、金融市场对中央银行货币的需求，从而达到调控货币供应量和信用总量的目的。

 金融法规

(3) 为在中国人民银行开立账户的银行业金融机构办理再贴现。再贴现是指商业银行或者其他金融机构以贴现所获得的未到期票据向中央银行所做的票据转让。对中央银行而言，再贴现是买进商业银行持有的票据。再贴现其实也是一种普遍的放款方式。再贴现之所以成为货币政策工具，是因为中央银行通过制定或者调整再贴现率干预和影响市场利率及货币市场的供给和需求，以调整货币供应量，实现对宏观经济调控的作用。

(4) 向商业银行提供贷款。中央银行向商业银行提供的贷款，也称最后贷款，中央银行由此获得"最后贷款人"的称谓。中央银行对商业银行的贷款，具有严格的限制，一般只能用于解决临时的资金周转困难，弥补"头寸"的临时短缺或者保持商业银行的最后清偿能力，而不能用于证券投资和发放长期贷款。

向商业银行提供贷款，作为中央银行的一种货币政策工具，对于中央银行市场货币供应量和信用规模，实现货币政策目标具有重要作用。中央银行对商业银行提供贷款，意味着中央银行注入市场的基础货币增加；反之，中央银行收回对商业银行的贷款，就意味着基础货币的减少。

中国人民银行根据执行货币政策的需要，可以决定对商业银行贷款的数额、期限、利率和方式，但贷款的期限不得超过一年。中国人民银行在决定对商业银行的贷款数额时，一般主要考虑以下因素：①国家货币政策的要求；②货币流通的状况；③当前的经济状况；④申请商业银行的经营状况；⑤商业银行的贷款理由。

【知识拓展】

中国人民银行再贷款的种类

根据我国现行的信贷资金管理办法，中国人民银行对商业银行的贷款主要包括四种。

(1) 年度性贷款。用于解决商业银行因经济合理增长而引起的年度性信贷资金不足。期限一般为一年。

(2) 季节性贷款。商业银行因信贷资金先支后付或存款贷款的季节性变动引起暂时性资金不足时，可向中国人民银行申请季节性贷款。这种贷款期限一般为两个月，最长不超过四个月。

(3) 日拆性贷款。商业银行因汇划款项未到等因素，发生临时性资金短缺可申请此种贷款，期限一般为十天，最长不超过二十天。

(4) 再贴现。这种贷款期限从再贴现之日起至票据到期日止，一般六个月左右。中国人民银行可以根据货币政策的需要决定对商业银行贷款的方式。

(5) 公开市场业务。公开市场业务是指中央银行在金融市场（证券市场）上公开买卖有价证券（主要指国库券、政府债券、金融债券）和银行承兑票据等，从而起到

扩张或收缩信用规模，调节货币供应量作用的一种业务活动。公开市场业务能够直接改变商业银行在中央银行的超额储备，影响商业银行创造信用的能力，进而影响信用规模和流通中的货币量，是一个灵活、直接、有效的调节工具。《中国人民银行法》将其作为可以运用的货币政策工具的一种，规定中国人民银行为执行货币政策，可以在公开市场上买卖国债、其他政府债券和金融债券及外汇。

公开市场业务的操作一般有两种形式：一种是直接买卖或称一次性买卖；另一种是附有回购协议的买卖。当中央银行认为需要增加或者压缩商业银行的超额储备时，就会一次性直接购买或者出售某种证券，一般由证券商出面，按最高价出售，按低价购进，一直到购足或者售足为止。当需要临时调节商业银行的准备金或者流动性时，就采取附有回购协议的形式进行买卖。在购买时订下协议，卖者必须在指定的日期按固定价格购回所卖的证券；而当出售时，中央银行在指定的时间，按商定的价格购回那些原出售的证券，这种形式也被称为逆回购方式。

除上述五种货币政策工具外，中国人民银行为执行货币政策，还可以运用经国务院确定的其他货币政策工具。

2. 为金融机构、政府部门和其他机构提供服务而经营的业务

（1）经理国库业务。国库是国家金库的简称，负责办理国家预算资金的收入和支出，是国家预算执行工作的重要组成部分。国库是国家预算的统一出纳机关。在我国，财政部门代表国家管理预算资金，中国人民银行负责经理国库。国库的设置和预算的级次相适应，一级财政设一级国库。

中央银行在执行代理国库的职能过程中，中央银行管理着政府存款。财政部门作为国库的管理者，在中央银行开设账户。当财政部门征缴税款、国有企业的利润以及收进国有股份的股息和发行政府债券时，其收入款项都记在财政部门的存款账户上，以支票的方式，从有关的存款机构的账户转入中央银行的账户。当财政部门拨付政府各项经费和资金给指定部门时，就直接从财政部门存款账户划拨到有关单位存款账户。财政部门收支相抵后形成的差额，如果是正的，就是财政存款结余；如果是负的，就属于财政透支。

（2）代理政府债券业务。中央银行作为政府的银行，一般都有代理政府财政部门发行公债和还本付息的职能。根据规定，中国人民银行可以代理国务院财政部门向各金融机构组织发行、兑付国债和其他政府债券。但是，为了制约中国人民银行与财政部门的关系，防止国家财政出现赤字时向中国人民银行透支，增加过多的货币供应量，中国人民银行不得直接认购、包销国债和其他政府债券。

（3）提供资金清算业务。清算是指一定经济行为所引起的货币关系的计算和结清，是中央银行为商业银行之间的资金清偿提供的一种服务。各国中央银行法都赋予中央银行主持全国票据清算的职能。中央银行执行票据清算的过程是：各商业银行都必须在中央银行开立存款准备金账户并保有足够的支付余额，通过中央银行划拨转账的方式结清债权债务。

中央银行建立清算划转系统，是保障金融业健康有序发展，避免商业银行大量占有

 金融法规

汇差资金,减少在途资金,分清汇兑资金和信贷资金,保证正常支付秩序,防止支付危机的重要措施。中国人民银行作为国家的中央银行,是各金融机构的支付中介。主持、组织银行业金融机构之间的清算,提供清算服务,是中央银行的主要业务之一,也是中央银行的重要职责之一。它对于加速资金周转,提高资金效益,促进经济建设发展具有重要意义。同时,也有利于中国人民银行清晰地掌握全社会的金融状况和资金运用趋势,从而有效地进行宏观金融管理和监督。

3. 人民币发行业务

(1) 人民币的法定地位。根据《中国人民银行法》的规定:"中华人民共和国的法定货币是人民币。以人民币支付中华人民共和国境内的一切公共的和私人的债务,任何单位和个人不得拒收。"这个规定从法律上确定了人民币作为我国法定货币的地位,也明确了在我国境内的一切公共费用的支出,包括各类行政经费、国债、国家赔偿费用等支出,都必须使用人民币;各种经济合同的债务履行、劳务报酬以及其他原因形成的债权债务也都必须以人民币为支付工具进行计价结算。当以人民币进行实际支付时,任何单位和个人不得以任何理由拒绝接受人民币,这是公民、法人和其他组织必须遵守的义务。

(2) 人民币的发行。人民币由中国人民银行统一印制、发行。将人民币的印制、发行权以法律的形式授予了中国人民银行。长期以来,中国人民银行在国务院的领导下,作为国家货币发行银行,统一负责印制和发行人民币,管理人民币的流通。实践证明,由中国人民银行集中统一负责人民币的印制和发行,对于稳定货币币值,发展国民经济,适应货币流通规律是十分必要的。

中国人民银行行使这一权利的具体职责有:负责人民币票券的设计、印刷及人民币的储备,编制货币、信贷、外汇信贷和社会信用计划,确定货币供给增长率指标等。中国人民银行法授权中国人民银行印制、发行人民币,也就同时排除了其他机构发行人民币的权利。其他任何部门、任何个人、任何地区都无权印制、发行人民币,否则是违法行为,要受到法律的制裁。

发行人民币应当坚持以下三个原则:第一是集中统一发行。多年的经验证明,只有集中统一发行人民币,才能稳定货币,适应货币流通规律,促进国家经济可持续发展。第二是有计划地印制、发行。有计划地印制、发行是指,要从国民经济发展的需要出发,有计划地印制、发行人民币。印制、发行人民币的计划应当报经国务院批准后组织实施。第三是信贷发行。信贷发行,是根据国民经济发展的需要,有计划地通过信贷收支活动来发行货币。由于信贷发行适应国民经济发展的需要,所以我国人民币的印制、发行多是通过这种办法来发行的。

人民币的发行工作,是通过银行的发行库与业务库之间的现金调拨工作来进行的。为了搞好人民币的发行工作,中国人民银行设立人民币发行库,在其分支机构设立分支库。分支库调拨人民币发行基金,应当按照上级库的调拨命令办理。任何单位和个人不得违反规定,动用发行基金。

(3) 人民币的保护。根据《中国人民银行法》的规定:"禁止伪造、变造人民币。

第三章 银行法律制度

禁止出售、购买伪造、变造的人民币。禁止运输、持有、使用伪造、变造的人民币。禁止故意毁损人民币。禁止在宣传品、出版物或者其他商品上非法使用人民币图样。"

人民币是我国的法定货币，受法律保护，对人民币进行伪造、变造或者出售、购买、运输、持有、使用伪造、变造人民币的行为，为法律所禁止。伪造人民币是指模仿真的货币形象，非法印刷、影印、描画、加工制作人民币的行为。变造人民币是指采用揭张（即将纸币正、背面揭开）、剪割拼凑、涂改面额等手段制作货币的行为。出售伪造、变造的人民币是指以盈利为目的，以各种方式、通过种种途径以一定的价格出售伪造、变造人民币的行为。运输伪造、变造的人民币是指行为人明知是伪造、变造的人民币，而使用工具将伪造、变造的人民币从一地携带到另一地的行为。

为了维护人民币的尊严，确立人民币的威信和信誉，人民币的图样受法律保护，不得滥用。

【案例3-1】某高级酒店印制了10000张餐券，用于酒店的促销活动。餐券的色泽和100元面额的人民币非常相近，大小几乎一致。餐券正面对应毛泽东头像的位置，换成了"用餐券"的字样。餐券背面的图案和人民币图案完全相同。餐券正面盖有公司公章，并有负责人的签名和截止日期。顾客可以在酒店消费时凭此餐券抵用100元价款。

试问该酒店的做法是否合法？

【案例解析】酒店的做法不合法。根据《中国人民银行法》第十九条的规定：禁止在宣传品、出版物或者其他商品上非法使用人民币图样。在宣传品、出版物或者其他商品上非法使用人民币图样的，中国人民银行应当责令改正，并销毁非法使用的人民币图样，没收违法所得，并处五万元以下罚款。

（三）中国人民银行业务的禁止性规定

中国人民银行是我国的中央银行，其开展业务活动须以履行其职责、维护金融稳定为出发点，故对其业务活动应有严格的限制。《中国人民银行法》对其业务活动规定了一系列禁止性内容。

(1) 不得规定政府财政透支，不得直接认购、包销国债和其他政府债券。
(2) 不得对金融机构账户透支。
(3) 不得向地方政府、各级政府部门和非银行金融机构提供贷款。
(4) 不得向任何单位和个人提供担保。

五、中国人民银行的金融监督管理

（一）金融监管概述

金融监管是指各监管主体依法对金融机构和金融业务及金融市场进行直接限制和约束的一系列行为的总称。

金融监管有广义和狭义之分。狭义的监管仅指国家专门金融监管机构的金融监管。广义的金融监管还包括国家其他机构如审计、财政、税务等部门对金融业的监管。金融机构内部自律监管、金融行业自律机构的监管以及社会鉴证机构的监管。

金融监管的目的是：保护投资者和存款人的利益；维护金融体系的安全与稳定；促进金融业公平竞争。金融监管主要采用直接监管和间接监管的方式。直接监管包括现场检查和非现场检查。间接监管是指监管当局委托或聘用其他机构对金融机构进行审计和评估，实施间接监管。

（二）中国人民银行金融监管的范围

《中国人民银行法》第三十一条规定："中国人民银行依法监测金融市场的运行情况，对金融市场实施宏观调控，促进其协调发展。"根据中国人民银行履行其宏观调控、维护金融稳定职能的需要，中国人民银行金融市场监管的必要职能主要包括以下四个方面：

（1）监管银行间同业拆借市场和银行间债券市场。

（2）监督管理黄金市场。

（3）实施外汇管理，监管银行间外汇市场。

（4）管理支付结算、清算。

其中，管理支付结算、清算主要包括：①负责维护支付、清算系统的正常运行；②组织清算系统、协调清算事项和提供清算服务；③会同中国银监会制定支付结算规则；④人民银行对清算行为的检查监督和违反清算管理规定的处罚权。

（三）中国人民银行的检查监督权

1. 直接检查监督权

中国人民银行有权对金融机构及其他单位和个人的下列九种行为进行检查监督：执行有关存款准备金管理规定的行为；与中国人民银行特种贷款有关的行为；执行有关人民币管理规定的行为；执行有关银行间同业拆借市场、银行间债券市场管理规定的行为；执行有关外汇管理规定的行为；执行有关黄金管理规定的行为；代理中国人民银行经理国库的行为；执行有关清算管理规定的行为；执行有关反洗钱规定的行为。

2. 建议检查权

中国人民银行根据执行货币政策和维护金融稳定的需要，可以建议国务院银行业监督管理机构对银行业金融机构进行检查监督。国务院银行业监督管理机构应当自收到建议之日起三十日内予以回复。

3. 全面检查监督权

当银行业金融机构出现支付困难，可能引发金融风险时，为了维护金融稳定，中国人民银行经国务院批准，有权对银行业金融机构进行检查监督。

（四）信息监管权

中国人民银行根据履行职责的需要，有权要求银行业金融机构报送必要的资产负债表、利润表以及其他财务会计、统计报表和资料。中国人民银行应当和国务院银行业监督管理机构、国务院其他金融监督管理机构建立监督管理信息共享机制。

第三章 银行法律制度

中国人民银行负责统一编制全国金融统计数据、报表,并按照国家有关规定予以公布。

六、中国人民银行财务会计制度

中国人民银行的财务会计制度,由财务预算管理、财务收支与会计事务、年度报表和年度报告三部分内容构成。

1. 财务预算管理

中国人民银行实行独立的财务预算管理制度。中国人民银行的预算经国务院财政部门审核后,纳入中央预算,接受国务院财政部门的预算执行监督。

2. 财务收支与会计事务

中国人民银行每一会计年度的收入减除该年度支出,并按照国务院财政部门核定的比例提取总准备金后的净利润,全部上缴中央财政。中国人民银行的亏损由中央财政拨款弥补。

中国人民银行的财务收支与会计事务,应当执行法律、行政法规和国家统一的财务会计制度,接受国务院审计机关和财政部门依法分别进行的审计和监督。

3. 年度报表和年度报告

编制年度报表和年度报告是中国人民银行的一项重要的财务会计工作。因此,中国人民银行应当于每一会计年度结束后的 3 个月内,编制资产负债表、损益表和相关的财务会计报表,并编制年度报告,按照国家有关规定予以公布。

第二节 商业银行法律制度

商业银行法是调整商业银行的设立、变更、终止及其业务经营的法律规范。1995年5月10日第八届全国人大常务委员会第十三次会议通过《中华人民共和国商业银行法》(以下简称《商业银行法》),并于1995年7月1日开始施行。2003年12月27日第十届全国人大常务委员会第六次会议审议通过了《关于修改〈中华人民共和国商业银行法〉的决定》,对其进行了修订。

《商业银行法》的立法宗旨是保护商业银行、存款人和其他客户的合法权益,规范商业银行的行为,提高信贷资产质量,加强监督管理,保障商业银行的稳健运行,维护金融秩序,促进社会主义市场经济的发展。

一、商业银行的性质及经营范围

(一)商业银行的性质

商业银行是指以经营工商业的存、贷款为主要业务,并以利润为其主要经营目标的

信用机构。从各国金融业的情况看，商业银行是金融业务范围最为广泛、实力最为雄厚的金融机构，是各国金融体系的骨干，在金融系统中居于主导地位。

《商业银行法》规定了我国商业银行的性质。与一般企业相比，我国的商业银行具有以下四个特征：

1. 商业银行是具备商业银行法规定的条件的企业法人

任何一个企业法人其设立时都应当具备一定的条件。商业银行作为专门经营货币的企业，其要求具备的条件更为严格。商业银行法规定商业银行设立的条件，诸如注册资本金，银行的董事长、总经理和其他高级管理人员具备任职的专业知识和业务工作经验以及健全的管理制度等方面均要高于一般企业。

2. 商业银行是经营吸收公众存款、发放贷款、办理结算业务的企业法人

从法律规定的商业银行业务范围看，其与一般的企业有明显的不同，一般企业从事普通商品的生产和流通，其活动范围是生产和流通领域；商业银行则是直接经营货币这种特殊商品，其活动范围是货币信用领域。商业银行经营业务范围具有广泛性和综合性，尤其是银行经营业的吸收公众存款、发放贷款和办理结算业务等是非银行金融机构所不具备的。

3. 商业银行是按照公司制度建立的企业法人

商业银行不仅具有一般企业法人的特征，即实行自主经营、自负盈亏，开展业务不受任何单位和个人的干涉，出现风险时以其法人的全部财产承担民事责任；而且商业银行的组织形式、组织机构要适用《中华人民共和国公司法》的规定，可以是有限责任公司，也可以是股份有限公司。

4. 商业银行是按照商业银行法规定的审批程序设立的

商业银行的审批程序较为严格。设立商业银行，应当经国务院银行业监督管理机构审查批准。未经国务院银行业监督管理机构批准，任何单位和个人不得从事吸收公众存款等商业银行业务，任何单位不得在名称中使用"银行"字样。经批准设立的商业银行，由国务院银行业监督管理机构颁发经营许可证，并凭该许可证向工商行政管理部门办理登记，领取营业执照。

【知识拓展】

认识"影子银行"

"影子银行"是美国次贷危机爆发之后出现的一个重要金融学概念。按照金融稳定理事会的定义，"影子银行"是指游离于银行监管体系之外、可能引发系统性风险和监管套利等问题的信用中介体系（包括各类相关机构和业务活动）。"影子银行"引发系统性风险的因素主要包括四个方面：期限错配、流动性转换、信用转换和高杠杆。

"影子银行"是通过银行贷款证券化进行信用无限扩张的一种方式。这种方

式的核心是把传统的银行信贷关系演变为隐藏在证券化中的信贷关系。这种信贷关系看上去像传统银行但仅是行使传统银行的功能而没有传统银行的组织机构，即类似一个"影子银行"体系的存在。

中国的"影子银行"主要指银行理财部门中典型的业务和产品，特别是贷款池、委托贷款项目、银信合作的贷款类理财产品。

"影子银行"有几个基本特征：第一，资金来源受市场流动性影响较大；第二，由于其负债不是存款，不受针对存款货币机构的严格监管；第三，由于其受监管较少，杠杆率较高。它具有和商业银行类似的融资贷款中介功能，却游离于货币当局的传统货币政策监管之外。

资料来源：张化桥：《影子银行内幕》，机械工业出版社，2013年10月。

（二）商业银行的经营范围

商业银行以安全性、流动性、效益性为经营原则，实行自主经营、自担风险、自负盈亏、自我约束，并以其全部法人财产独立承担民事责任。商业银行依法开展业务，不受任何单位和个人的干涉。商业银行可以经营下列部分或者全部业务：

1. 吸收公众存款

吸收公众存款是商业银行最基本的业务。公众存款是商业银行资产的主要来源，商业银行吸收社会上的闲散资金提供给工商企业等使用，是商业银行最基本的信用中介职能的体现。

2. 发放短期、中期和长期贷款

商业银行吸收公众存款的目的就是将其贷放给工商企业，满足其资金需要，支持生产、建设等。同时，商业银行也收取贷款利息，获取利润，维持商业银行的运营、对存款人支付存款利息。商业银行依据企业等的不同需要，发放期限不同的贷款，分为短期、中期和长期。

3. 办理国内外结算

这也是商业银行最基本的业务之一，体现了商业银行的支付中介职能。结算按其形式可分为现金结算和转账结算，按区域划分可分为同域结算和异域结算。结算的具体方式有汇付、托付、信用证、即期付款、迟期付款、货到付款、凭单付款等。

4. 办理票据承兑与贴现

票据指支票、汇票、本票等用于支付、结算的证件、凭证，承兑是指按照票据的要求进行支付。贴现是指当事人为了取得现金，以未到期的票据融通资金，商业银行按市场利息率以及票据的信誉程度确定一个贴现率，扣去贴现日至到期日的贴现利息后，将票面余额支付给持票人。办理票据承兑与贴现，也是商业银行的基本业务之一，是商业银行支付中介职能的体现。

5. 发行金融债券

公司对外借款发行的债券称为公司债券，商业银行对外借款发行的债券称为金融债券。商业银行不能随意发行金融债券，必须按照有关规定执行。

6. 代理发行、代理兑付、承销政府债券

政府向企业、单位、个人等借款而发行的债券如国库券等称为政府债券。对于政府债券，商业银行可以代理发行，还款时代理兑付，同时也可以承销。

7. 买卖政府债券、金融债券

商业银行为取得利息收入或市场价差收益，以自己的名义，自担风险，买入或者卖出政府债券、金融债券。买卖政府债券、金融债券是商业银行调整资产结构、保持资产流动性的重要手段。

8. 从事同业拆借

同业拆借是商业银行之间为了满足"头寸"不足而相互之间的短期借款。通过同业拆借，商业银行可以及时对其资金"头寸"进行余缺调剂。

9. 买卖、代理买卖外汇

买卖、代理买卖外汇是外汇之间的买卖，商业银行买进或者卖出外汇，或者代理他人买进或者卖出外汇。

10. 从事银行卡业务

使用银行卡可以使付款、结算更为简单，减少现金的使用，对于广大消费者也十分便利。

11. 提供信用证服务及担保

信用证是信用结算方式的简称。它是指付款人将款项预先交给商业银行，由商业银行开出信用证，通知异地收款人开户银行转告收款人，收款人按照合同和信用证的规定的条件发货，或者付款人将商品自行提运以后，商业银行代付款人支付货款的结算方式。担保是指商业银行为在商业银行有存款的工商企业向与其有业务关系的当事人提供保证。

12. 代理收付款项及代理保险业务

代理收付款是商业银行的基本业务之一，是商业银行支付中介职能的体现。代理保险业务是指代理保险公司收付款。

13. 提供保管箱服务

保管箱服务是指商业银行提供保管箱，为客户保管贵重物品。保管箱业务对于方便群众，完善商业银行的服务功能，增加非利息收入，具有一定的现实意义。

14. 经国务院银行业监督管理机构批准的其他业务

以上只是法定的允许商业银行经营的业务种类，具体到特定的商业银行，其经营范围有章程规定，并须报国务院银行业监督管理机构批准。

第三章 银行法律制度

> **【知识拓展】**
>
> **商业银行禁止的业务范围**
>
> 为了适应金融监管体制改革的需要，明确国务院银行监督管理机构履行对商业银行的监管职责，同时，为适应我国商业银行改革与发展的实际需要，促进商业银行的发展，增强其综合竞争能力，2003年在对《商业银行法》进行修订时，对商业银行不得违反国家规定从事投资业务的规定进行了重新的界定。《商业银行法》第四十三条规定："商业银行在中华人民共和国境内不得从事信托投资和证券经营业务，不得向非自用不动产投资或者向非银行金融机构和企业投资，但国家另有规定的除外。"理解该条款应当注意以下两点：
>
> (1) 商业银行不得从事的投资业务，指的是在中华人民共和国境内。在中华人民共和国境外，商业银行能否从事信托投资和证券经营业务，能否向非自用不动产投资或者向非银行金融机构和企业投资，本条未加以限制。
>
> (2) 在中华人民共和国境内，商业银行能否从事信托投资和证券经营业务，能否向非自用不动产投资或者向非银行金融机构和企业投资，要依据国家的规定。这里"国家的规定"，包括法律、行政法规的规定，也包括国务院作出的具体决定。

二、商业银行的设立和变更

(一) 商业银行的设立

商业银行的设立是指商业银行创办人依照法律规定的程序，通过筹建商业银行并使商业银行取得法律关系主体资格的法律行为。我国对商业银行的设立实行行政许可制度。

1. 商业银行的设立条件

根据《商业银行法》的规定，设立商业银行，应当具备下列条件：

(1) 有符合《商业银行法》和《公司法》规定的章程。银行章程是关于银行组织和行为的基本准则，主要内容有：银行的名称、住所、注册资本、经营范围、法人代表、内部管理制度、利润分配等，是体现银行性质、地位、权利能力、行为能力、责任能力以及银行对内对外关系的规范性文件。银行章程一经有关部门批准，即产生法律效力。银行按照其章程从事经营活动，受法律保护；违反章程，将会受到制裁。商业银行的章程，应当符合《商业银行法》和《公司法》的规定。

(2) 有符合《商业银行法》规定的注册资本最低限额。注册资本是指银行在有关部门登记的资本总额，既是银行经营所需要的资本，又是银行对外承担民事责任的保障。鉴于注册资本对银行具有重要作用，明确规定了设立商业银行应当有符合商业银行法规定的注册资本最低限额。设立全国性商业银行的注册资本最低限额为十亿元人民币；设立城市商业银行的注册资本最低限额为一亿元人民币；设立农村商业银行的注册资本最低限额为五千万元人民币。注册资本应当是实缴资本。

（3）有具备任职专业知识和业务工作经验的董事、高级管理人员。银行是一种特殊企业。因此，银行必须具有懂得金融专业知识、熟悉银行业务、拥有丰富工作经验的金融管理人员，否则就不能有效地开展经营活动。按照2000年中国人民银行《金融机构高级管理人员任职资格管理办法》的规定，担任金融机构高级管理职务的人员，应接受和通过中国人民银行任职资格审核。

（4）有健全的组织机构和管理制度。组织机构是银行开展业务的基础，管理制度是维持银行正常运行的保障。因此，要求商业银行必须有健全的组织机构和管理制度。

（5）有符合要求的营业场所、安全防范措施和与业务有关的其他设施。没有经营场所，银行就无法从事经营活动。所以，设立银行必须具有固定的、符合要求的营业场所。营业场所必须具有防盗、报警、通信、消防等安全防范设施和安全防范规章、制度等措施以及与业务有关的其他设施，如电子计算机等。

2. 商业银行的设立程序

《商业银行法》将设立程序分为筹建和开业两个阶段以及申请、审批、登记和公告四个环节。

（1）筹建阶段。

1）申请。申请人设立商业银行应当向国务院银行业监督管理机构提出申请，并提交有关的文件及资料。这些文件和资料主要包括：申请书，申请书应当载明拟设立的商业银行的名称、所在地、注册资本、业务范围等；可行性研究报告；章程草案；拟任职的董事、高级管理人员的资格证明；法定验资机构出具的验资证明；股东名册及其出资额、股份；持有注册资本百分之五以上的股东的资信证明和有关资料；经营方针和计划；营业场所、安全防范措施和与业务有关的其他设施的资料；国务院银行业监督管理机构规定的其他文件、资料。

2）审批。经国务院银行业监督管理机构对申请人的正式申请表及开业申请所提交的文件、资料审查后，认为符合设立商业银行的条件的，批准其设立商业银行，由国务院银行业监督管理机构颁发经营许可证。

（2）开业阶段。

1）登记。经批准设立的商业银行，申请人应当在批准之日起30天内，凭经营许可证向工商行政管理部门办理工商登记，领取营业执照。商业银行只有在设立登记后，才具有法人资格，才可在法律许可的范围内开展经营活动。

2）公告。经批准设立的商业银行，由国务院银行业监督管理机构予以公告。商业银行自取得营业执照之日起无正当理由超过六个月未开业的，或者开业后自行停业连续六个月以上的，由国务院银行业监督管理机构吊销其经营许可证，并予以公告。

3. 商业银行分支机构的设立

（1）商业银行设立其分支机构，根据本行的业务需要可以在我国境内外设立分支机构。商业银行设立分支机构必须经国务院银行业监督管理机构审查批准，对符合条件的，才颁发经营许可证。

（2）商业银行是企业法人，不是行政机关，商业银行在我国境内设立商业银行分支机构，可根据本行的业务需要来设立，不必按行政区划设立。

（3）商业银行分支机构应当有与自己经营规模相适应的营运资金。由于商业银行分支机构是商业银行的组成部分，其分支机构不具有法人资格，没有独立的财产，因此，其营运资金应当由商业银行总行拨付。为了保证商业银行自身业务的正常营运，防止不正当竞争，明确规定拨付各分支机构营运资金额的总和，不得超过总行资本金总额的60%。

【案例3-2】某股份制商业银行，资本金总额为20亿元，总资产已经达到100多亿元。因开展业务需要，现欲在A市等五个城市同时设立分支机构。拨付资本金13亿元，向中国人民银行申请批准时，拨付资本金违反法律规定，被中国人民银行纠正后，取得经营许可证，并领取了营业执照。2009年，该行设在A市的分支机构在办理结算业务中，甲公司委托A市分支机构将一笔款项划转到乙公司，但该分支机构错误地划到丙公司账户。由于乙公司没有及时收到预付款，甲乙之间的买卖合同解除，为此，甲公司的损失达20万元。甲公司将A市分支机构告上法院，要求赔偿损失。根据以上资料，试分析：

1. 某股份制商业银行设立分支机构时哪个方面违反了《商业银行法》的规定？
2. A市分支机构能否独立承担责任？为什么？

【案例解析】

1. 按照《商业银行法》第十九条的规定，商业银行在中华人民共和国境内设立分支机构，应当按照规定拨付与其经营规模相适应的营运资金。拨付各分支机构营运资金额的总和，不得超过总行资本金总额的60%。上述案例中的行为不符合本条的规定。

2. A市分支机构不能承担独立承担责任。按照《商业银行法》的规定，商业银行分支机构不具有法人资格，在总行授权范围内依法开展业务，其民事责任由总行承担，但分支机构具有诉讼主体资格。

（二）商业银行的变更

商业银行的变更是指商业银行在某些重大事项上的变动，一般是指银行的名称、注册资本、业务范围等的变动。商业银行设立后，在经营过程中，由于各种原因，可能需要在某些方面进行变更。《商业银行法》规定，商业银行有下列变更事项之一的，应当经国务院银行业监督管理机构批准：①变更名称；②变更注册资本；③变更总行或者分支行所在地；④调整业务范围；⑤变更持有资本总额或者股份总额百分之五以上的股东；⑥修改章程；⑦国务院银行业监督管理机构规定的其他变更事项。更换董事、高级管理人员时，应当报经国务院银行业监督管理机构审查其任职资格。

商业银行在报请国务院银行业监督管理机构批准其变更以前，应依照《公司法》和银行章程的规定完成内部批准程序；变更批准以后，应依法向工商行政管理部门办理变更登记和予以公告。

三、商业银行存款业务和贷款业务规则

(一) 商业银行存款业务规则

1. 开展储蓄存款业务基本原则

商业银行办理个人储蓄存款业务,应当遵循存款自愿、取款自由、存款有息、为存款人保密的原则。

2. 存款利率确定及公告规则

商业银行应当按照中国人民银行规定的存款利率的上下限,确定存款利率,并予以公告。

3. 存款支付规则

商业银行应当保证存款本金和利息的支付,不得拖延、拒绝支付存款本金和利息。

4. 缴存准备金规则

商业银行应当按照中国人民银行的规定,向中国人民银行缴存存款准备金,留足备付金。

5. 保护存款权益规则

对个人储蓄存款,商业银行有权拒绝任何单位或者个人查询、冻结、扣划,但法律另有规定的除外。对单位存款,商业银行有权拒绝任何单位或者个人查询、冻结、扣划,但法律、行政法规另有规定的除外。

(二) 商业银行贷款业务规则

1. 贷款指导思想

商业银行根据国民经济和社会发展的需要,在国家产业政策指导下开展贷款业务。

2. 贷款审查规则

商业银行贷款,应当对借款人的借款用途、偿还能力、还款方式等情况进行严格审查。商业银行贷款,应当实行审贷分离、分级审批的制度。任何单位和个人不得强令商业银行发放贷款或者提供担保。

3. 提供担保规则

商业银行贷款,借款人应当提供担保。商业银行应当对保证人的偿还能力,抵押物、质物的权属和价值以及实现抵押权、质权的可行性进行严格审查。经商业银行审查、评估,确认借款人资信良好、确能偿还贷款的,可以不提供担保。

4. 借款合同管理规则

商业银行贷款,应当与借款人订立书面合同。合同应当约定贷款种类、借款用途、金额、利率、还款期限、还款方式、违约责任和双方认为需要约定的其他事项。

5. 利率管理规则

商业银行应当按照中国人民银行规定的贷款利率的上下限,确定贷款利率。商业银行不得违反规定提高或者降低利率以及采用其他不正当手段,进行吸收存款和发放贷款。

6. 资产负债管理规则

商业银行贷款，应当遵守下列资产负债比例管理的规定：①资本充足率不得低于百分之八；②贷款余额与存款余额的比例不得超过百分之七十五；③流动性资产余额与流动性负债余额的比例不得低于百分之二十五；④对同一借款人的贷款余额与商业银行资本余额的比例不得超过百分之十；⑤国务院银行业监督管理机构对资产负债比例管理的其他规定。

7. 对关系人贷款限制规则

商业银行的关系人，即与商业银行有着利害关系的人。界定的关系人的范围是：①商业银行的董事、监事、管理人员、信贷业务人员及其近亲属。这里的"近亲属"，包括本人的三代以内的直系血亲、配偶、兄弟姐妹。②前项所列人员投资或者担任高级管理职务的公司、企业和其他经济组织。根据规定，商业银行不得向关系人发放信用贷款；向关系人发放担保贷款的条件不得优于其他借款人同类贷款的条件。

【案例3-3】A公司因经营房地产业务急需资金，向其开户银行Y银行申请贷款。Y银行由于信贷规模有限，无法满足A公司的要求。A公司经理钱某与Y银行行长王某有近亲属关系。钱某提议王某向X银行办理同业拆借，用同业拆借拆入的钱贷给A公司。Y银行于是就从X银行拆入了为期3个月的资金。Y银行又将拆入的资金贷给A公司用于房地产开发，且未要求A公司提供担保。根据上述资料，试分析：

Y银行在给A公司的贷款中有哪些行为违反了《商业银行法》的规定？

【案例解析】Y银行的行为违反了《商业银行法》对商业银行贷款业务限制性的规定：①《商业银行法》禁止利用拆入资金发放房地产贷款或者投资，而Y银行却将拆入的资金用于发放房地产贷款。②《商业银行法》禁止商业银行向关系人发放信用贷款。由于A公司经理钱某和Y银行行长王某是近亲属关系，因此钱某以及钱某担任经理的A公司都是Y银行的关系人，而Y银行给A公司发放信用贷款显然违反了法律规定。

四、商业银行的监督管理

（一）商业银行的自律管理

1. 商业银行的内部控制制度

商业银行应当按照有关规定，制定本行的业务规则，建立健全本行的风险管理和内部控制制度。

银行业监督管理机构的监督管理只有通过银行内部的严格制度才能起作用。商业银行内部必须机构完备、制度严密，有合理有效的操作规程以及严格的内部监督机制。商业银行的内部管理和监督制度的合法有效是监督管理当局有效监督管理的前提。对于一个内部管理混乱的商业银行，监管当局的监督管理是很难发挥作用的。

2. 商业银行的内部稽核、检查制度

商业银行应当建立、健全本行对存款、贷款、结算、呆账等各项情况的稽核、检查制度。商业银行对分支机构应当进行经常性的稽核和检查监督。

建立、健全对自身及其分支机构的稽核、检查制度是对商业银行内部管理和监督制度的一个重要要求。内部稽核、检查是对商业银行自身及其分支机构所从事的业务活动，以会计核算资料为主要依据，以法律、行政法规等有关规定为标准，进行真实性、合法性、安全性和效益性检查的一种内部经济监督方式。内部监督管理制度对于银行业监督管理机构对商业银行的监督管理是十分必要的，内部监督管理制度的完善和有效执行有利于银行业监督管理机构对商业银行实施有效的监督管理。因此，商业银行应当按照法律、行政法规等有关规定建立健全内部稽核、检查制度并使之有效运作。

（二）外部监督管理

1. 中国人民银行对商业银行的检查监督

中国人民银行有权依照《中华人民共和国中国人民银行法》的相关规定对商业银行进行检查监督（参见第一节第五部分）。

2. 国务院银行业监督管理机构对商业银行的检查管理

国务院银行业监督管理机构有权对商业银行进行检查监督管理，并随时对商业银行的存款、贷款、结算、呆账等管理方面的情况进行检查监督。商业银行应当按照国务院银行业监督管理机构的要求，提供财务会计资料、业务合同和有关经营管理方面的其他信息。

3. 审计机关对商业银行的审计监督

我国实行审计监督制度。县以上各级政府都设立审计机关，对各级政府的各个部门、金融机构和企业事业单位的财务收支进行审计监督。按照规定，国有的金融机构的财务收支接受审计监督。审计机关对国有金融机构的资产、负债、损益，进行审计监督。

五、商业银行的接管和终止

（一）商业银行的接管

1. 商业银行接管的概念

商业银行接管是国务院银行业监督管理机构对商业银行进行监督和管理的一种手段，是国务院银行业监督管理机构在商业银行已经或者可能发生信用危机，严重影响存款人利益时，对该银行采取的整顿、改组等措施。

2. 接管的条件和目的

（1）接管的条件。

1）商业银行已经发生信用危机的。对于银行经营管理不善，或者违反法律、公司章程的规定，造成银行资金无法收回，存款人到期存款不能兑现，严重影响存款人利益的，国务院银行业监督管理机构可以采取接管措施。

2）银行可能发生信用危机的。有的商业银行虽然从目前的经营状况看还可以支付到期的债务，但是由于发生重大事项，该银行将没有能力支付存款人存款，比如，某商业银行的巨额贷款无法收回，必然会影响存款人的利益。在这种可能发生信用危机的情况下，国务院银行业监督管理机构也可以采取接管措施。

（2）接管的目的。接管的目的是对被接管的商业银行采取必要措施，以保护存款人的利益，恢复商业银行的正常经营能力。被接管的商业银行的债权债务关系不因接管而变化。

接管不是法律对国务院银行业监督管理机构规定的强制业务，国务院银行业监督管理机构有权根据具体情况，决定接管或者不接管。接管也不是商业银行破产前的必经程序。

3. 接管的决定

接管由国务院银行业监督管理机构决定并组织实施。国务院银行业监督管理机构决定采取接管措施时，应当以书面形式作出接管决定。接管决定应当包括以下内容：①被接管的商业银行的名称；②接管理由；③接管组织；④接管期限。

接管决定做出后，国务院银行业监督管理机构应当予以公告，使被接管银行的存款人、客户及广大公众能了解该银行已经被接管的情况，从而能够配合接管组织采取的相关措施。

根据规定，接管期限届满，国务院银行业监督管理机构可以决定延长接管期间，但接管期限最长不得超过2年，接管组织应当在法定的期限内采取接管措施。

4. 接管的终止

接管终止是指由于发生法律规定的情形，导致接管工作停止。根据规定，有以下情形之一的，接管终止：①接管决定规定的期限届满或者国务院银行业监督管理机构决定的接管延期届满；②接管期限届满前，该商业银行已恢复正常经营能力；③接管期限届满前，该商业银行被合并或者被依法宣告破产。

（二）商业银行的终止

1. 商业银行终止的概念

商业银行终止是指商业银行由于出现法律规定的情形，其权利和义务全部结束，即退出市场的行为。商业银行的终止会对存款人的利益以至整个金融秩序产生一定的影响，国家必须在这方面加强监管的力度。商业银行没有自行决定其终止的最终权利，只有经国务院银行业监督管理机构同意后，商业银行才能依法终止。

2. 商业银行终止的情形

根据《商业银行法》规定，商业银行在以下三种情况下终止：

（1）因解散而终止。商业银行会因合并、分立或者因出现公司章程规定的解散事由被依法解散。在商业银行因分立或者合并被解散的，原商业银行被依法终止后，其权利和义务由合并或者分立后的新银行承担。在出现公司章程规定的事由被解散时，一般没有承受其权利和义务的银行。商业银行出现可以解散的情况时，必须向国务院银行业监督管理机构提出申请，并附解散的理由和支付存款的本金和利息等债务清偿计划，经

金融法规

国务院银行业监督管理机构批准后才能解散。同时，还应当依法成立清算组，进行清算，按照清偿计划及时偿还存款本金和利息等债务。

（2）因被撤销而终止。因被撤销而终止主要是针对商业银行的经营许可证被吊销的情况。商业银行设立后，如果违反法律、行政法规的规定进行经营活动，国务院银行业监督管理机构有权吊销其经营许可证，撤销违法经营的商业银行。商业银行因吊销经营许可证被撤销的，国务院银行业监督管理机构应当依法及时组织成立清算组，进行清算，按照清偿计划及时偿还存款本金和利息等债务。

（3）因被宣告破产而终止。商业银行不能支付到期债务，经国务院银行业监督管理机构同意，由人民法院依法宣告其破产。商业银行被宣告破产的，由人民法院组织国务院银行业监督管理机构等有关部门和有关人员成立清算组，进行清算。

第三节　银行业监督管理法

《银行业监督管理法》是调整银行业监督管理关系的法律规范的总称。其主要内容包括监管目标、原则、监管对象与内容、监管机构及其职责权限、监管措施以及违反监管规定的法律责任等。

为了加强对银行业的监督管理，规范监督管理行为，防范和化解银行业风险，保护存款人和其他客户的合法权益，促进银行业健康发展，第十届全国人大常务委员会第六次会议于2003年12月27日通过了《中华人民共和国银行业监督管理法》（以下简称《银行业监督管理法》），并于2004年2月1日起实施。2006年10月31日，第十届全国人大常务委员会第二十四次会议审议通过了《关于修改〈中华人民共和国银行业监督管理法〉的决定》，自2007年1月1日起施行。

银行业监督管理的目标是促进银行业的合法、稳健运行，维护公众对银行业的信心。

一、银行业监督管理法的调整范围和监管原则

（一）银行业监督管理法的调整范围

国务院银行业监督管理机构负责对全国银行业金融机构及其业务活动（含在境外的业务活动）监督管理的工作。

银行业监督管理机构的监管对象有两类：一是银行业金融机构，即在中华人民共和国境内设立的商业银行、城市信用合作社、农村信用合作社等吸收公众存款的金融机构以及政策性银行；二是非银行业金融机构，即在中华人民共和国境内设立的金融资产管理公司、信托投资公司、财务公司、金融租赁公司以及经国务院银行业监督管理机构批准设立的其他金融机构。

（二）监管的原则

1. 依法、公开、公正和效率的原则

中国银行业监督管理委员会（以下简称银监会）的监管行为属于法律授权的行政行为，因此监管应当坚持依法原则。

公开原则即透明度原则，是指监管行为除依法应当保密的以外，应当一律公开进行。

公正原则是指银行业金融市场的参与者具有平等的法律地位，银监会进行监管活动时应当平等对待所有参与者。

效率原则是指银监会在进行监管活动中要合理配置和利用监管资源，提高监管效率。

2. 独立监管原则

独立监管原则是指银监会及其从事监督管理工作的人员依法独立履行监督管理职责，地方政府、各级政府部门、社会团体和个人不得干涉。

3. 监管信息共享原则

监管信息共享原则是指银监会应当和中国人民银行、中国证监会、中国保监会将各自在依法履行职责过程中掌握的金融机构、金融市场和金融管理信息互相进行交流的一种制度安排。监管信息共享机制是监管协调机制的一项重要内容。

金融监督管理协调机制是指在中央银行、各金融监管机构之间建立的协调合作机制。

4. 国际合作与跨境监管原则

跨境监督管理是指各国的银行监管当局要同时负责对境内外资银行监管和对本国银行的境外分支机构监管，即在一些情况下担当母国监管者的角色，在另外一些情况下担当东道国监管者的角色。同时，任何一个跨国银行的分支机构都要同时接受母国和东道国的监管当局的双重监督管理。

二、监督管理机构

1. 国务院银行业监督管理机构及其派出机构

国务院银行业监督管理机构负责对全国银行业金融机构及其业务活动监督管理的工作。国务院银行业监督管理机构根据履行职责的需要设立派出机构。国务院银行业监督管理机构对派出机构实行统一领导和管理。国务院银行业监督管理机构的派出机构在国务院银行业监督管理机构的授权范围内，履行监督管理职责。

银行业监督管理机构从事监督管理工作的人员，应当具备与其任职相适应的专业知识和业务工作经验；应当忠于职守，依法办事，公正廉洁，不得利用职务便利牟取不正当的利益，不得在金融机构等企业中兼任职务；应当依法保守国家秘密，并有责任为其监督管理的银行业金融机构及当事人保守秘密。

2. 地方政府、各级有关部门

银行业监督管理机构在处置银行业金融机构风险、查处有关金融违法行为等监督管理活动中，地方政府、各级有关部门应当予以配合和协助。

金融法规

三、监督管理职责

(一) 制定和发布银行业监管的规章和规则

国务院银行业监督管理机构依照法律、行政法规制定并发布对银行业金融机构及其业务活动监督管理的规章、规则。银行业金融机构的审慎经营规则，由法律、行政法规规定，也可以由国务院银行业监督管理机构依照法律、行政法规制定。审慎经营规则，包括风险管理、内部控制、资本充足率、资产质量、损失准备金、风险集中、关联交易、资产流动性等内容。

(二) 审批银行业金融机构的市场准入和市场退出

1. 审批银行业金融机构的设立、变更、终止以及业务范围

银监会应依照法律、行政法规规定的条件和程序，审查批准银行业金融机构的设立、变更、终止以及业务范围。

国务院银行业监督管理机构应当在规定的期限，对下列申请事项作出批准或者不批准的书面决定；决定不批准的，应当说明理由：①银行业金融机构的设立，自收到申请文件之日起六个月内；②银行业金融机构的变更、终止，以及业务范围和增加业务范围内的业务品种，自收到申请文件之日起三个月内；③审查董事和高级管理人员的任职资格，自收到申请文件之日起三十日内。

【案例3-4】2009年8月，中国人民银行A市分行接到群众举报，在某酒店挂有"中国富民银行江南分行筹备处"的招牌，经查举报属实。中国人民银行A市分行与当地公安部门迅速采取了取缔行动。案件主要事实如下：2008年初，贾某谎称贾氏家族在美国花旗银行有3.3亿美元存款，预谋非法筹备组建"中国富民银行"。贾某伙同汪某起草了"中国富民银行"的文件及一份虚假的5.5亿美元的资金承诺书，并委托他人伪造了国务院的批文，非法印制了"中国富民银行"字头的公文纸和非法刻制的印章。贾某将所有文件、印章交给魏某，出具"授权委托书"，委托魏某实际运作。魏某结识了A市某实业公司总经理马某，授意马某筹建"中国富民银行江南分行"，并以拨给开办费1000万美元为诱饵，以收取办理注册手续费和金融许可证费用的名义，骗取马某50万元，在魏某的授意下，A市某实业公司制作了"中国富民银行江南分行"的印章和招牌。

根据案例试回答下列问题：

1. 个人是否可以设立银行机构？

2. 中国人民银行A市分行取缔"中国富民银行江南分行筹备处"的行为是否有法律依据？

【案例解析】

1. 不能。商业银行是指依照《商业银行法》和《公司法》设立的吸收公众存款、发放贷款、办理结算等业务的企业法人。这一性质表明，我国法律不允许存在个人独资

或合伙性质的商业银行。

2. 没有法律依据，应由国务院银行业监督管理机构 A 市派出机构负责取缔。根据《商业银行法》第八十一条规定：未经国务院银行业监督管理机构批准，擅自设立商业银行，或者非法吸收公众存款、变相吸收公众存款，构成犯罪的，依法追究刑事责任；并由国务院银行业监督管理机构予以取缔。《银行业监督管理法》第四十三条规定：擅自设立银行业金融机构或者非法从事银行业金融机构的业务活动的，由国务院银行业监督管理机构予以取缔；构成犯罪的，依法追究刑事责任；尚不构成犯罪的，由国务院银行业监督管理机构没收违法所得，违法所得五十万元以上的，并处违法所得一倍以上五倍以下罚款；没有违法所得或者违法所得不足五十万元的，处五十万元以上二百万元以下罚款。

2. 审查股东资格

《商业银行法》和《银行业监督管理法》均对银行业金融机构的股东资格作出特殊的规定。要求银行业监督管理机构审查股东资格，重点审查其资金来源、财务状况、资本补充能力、诚信状况，以维护银行业金融机构的稳健经营。股东资格的审查分为设立时的股东资格审查和股东变更时的资格审查。

3. 批准或备案银行业金融机构业务品种

银行业金融机构业务范围内的业务品种，应当按照规定经国务院银行业监督管理机构审查批准或者备案。需要审查批准或者备案的业务品种，由国务院银行业监督管理机构依照法律、行政法规作出规定并公布。

4. 管理银行业金融机构的董事和高级管理人员实行任职资格

国务院银行业监督管理机构对银行业金融机构的董事和高级管理人员实行任职资格管理。审查董事和高级管理人员的任职资格，自收到申请文件之日起三十日内，作出批准或者不批准的书面决定；决定不批准的，应当说明理由。

（三）实施对银行业金融机构的经常性监督管理

1. 实施非现场监管

非现场监管，是指监管机构通过收集银行业金融机构的经营管理和财务数据，运用一定的技术方法，研究分析银行业金融机构经营的总体状况、风险管理状况、合规情况等，发现其风险管理中存在的问题，对其稳健性经营情况进行评价的行为。

非现场监管包括合规性监管和风险性监管两方面的内容。合规性监管要素包括：信贷规模、限额及资产负债比例的执行情况以及其他合规性内容。风险性监管的要素包括：资本充足性、资产质量、资产流动性、盈利状况、经营管理水平等。

2. 实施现场检查

现场检查，是指金融监管人员进入金融机构经营场所，通过实地查验，全面、深入了解金融机构的经营和风险状况，对金融机构的合法经营和风险状况作出客观、全面的判断和评价的行为。

根据现场检查的目的、范围和重点，现场检查可分为全面现场检查和专项现场检

查。全面现场检查涵盖金融机构的各项主要业务及风险状况，对金融机构的总体经营和风险状况作出判断、评价。专项现场检查则是对金融机构的一项或几项业务进行重点检查，具有较强的针对性和目的性。

3. 实施并表监督管理

并表监督管理，是指监管当局以整个银行集团为对象，对银行集团的总体经营和所有风险进行监管。这里的银行集团既包括银行直接的分支机构和子公司，又包括集团内的非银行机构和金融附属公司。

4. 建立银行业金融机构的监督管理评级体系和风险预警机制

银行业金融机构监督管理评级体系，是指银行业监督管理机构根据非现场监管、现场检查和其他渠道获得的银行业金融机构的信息，对该机构的资本充足水平、资产质量、经营管理状况、盈利能力、流动性及市场风险敏感性等方面进行客观定量分析及主观定性判断，在此基础上对该机构的经营管理和风险状况进行全面评估，确定该机构监督管理评级的方法和过程。

风险预警机制是指监管机构在对银行业金融机构的风险作出判断和评价后，将其与特定的风险控制标准进行比较，并及时采取相应的监管措施。

国务院银行业监督管理机构应当建立银行业金融机构监督管理评级体系和风险预警机制，根据银行业金融机构的评级情况和风险状况，确定对其现场检查的频率、范围和需要采取的其他措施。

【知识拓展】

资本充足率监管

资本充足率，是指商业银行持有的符合本办法规定的资本与风险加权资产之间的比率。

商业银行各级资本充足率不得低于如下最低要求：（一）核心一级资本充足率不得低于5%；（二）一级资本充足率不得低于6%；（三）资本充足率不得低于8%。

商业银行可以采用权重法或内部评级法计量信用风险加权资产。商业银行采用内部评级法计量信用风险加权资产的，应当符合本办法的规定，并经银监会核准。内部评级法未覆盖的风险暴露应采用权重法计量信用风险加权资产。未经银监会核准，商业银行不得变更信用风险加权资产计量方法。

资料来源：中国银监会：《商业银行资本管理办法（试行）》，2012年6月。

5. 报告、处置银行业突发事件

银行业金融机构突发事件，是指突然发生的，可能引发系统性银行业风险、严重影响社会稳定的事件。

国务院银行业监督管理机构应当建立银行业突发事件的发现、报告岗位责任制度。银行业监督管理机构发现可能引发系统性银行业风险、严重影响社会稳定的突发事件的，应当立即向国务院银行业监督管理机构负责人报告；国务院银行业监督管理机构负责人认为需要向国务院报告的，应当立即向国务院报告，并告知中国人民银行、国务院财政部门等有关部门。

国务院银行业监督管理机构应当会同中国人民银行、国务院财政部门等有关部门建立银行业突发事件处置制度，制定银行业突发事件处置预案，明确处置机构和人员及其职责、处置措施和处置程序，及时、有效地处置银行业突发事件。

6. 编制和发布全国银行业金融机构统计数据、报表

开展统计调查和统计分析，可以为中央银行和国家宏观经济决策，检查和监督经济、金融运行情况，加强金融监管和经营管理提供依据。

7. 指导和监督银行业自律组织

我国的行业自律机制不够健全，监管机构应给予行业协会以指导和监督。银行业自律组织的章程应当报国务院银行业监督管理机构备案。

8. 开展与银行业监管有关的国际交流与合作活动

国务院银行业监督管理机构可以开展与银行业监督管理有关的国际交流、合作活动。通过开展与国际性金融监管组织的合作，及时掌握国际上先进的监管准则、方式和手段，在人才培训、信息沟通、工作交流等方面进行国际合作，促进我国金融监管制度与国际通行做法接轨，大力提高监管水平。

四、监督管理措施

1. 要求按照规定报送各种报表资料

银行业监督管理机构负有非现场监管和金融调查统计的职责，为此，银行业监督管理机构根据履行职责的需要，有权要求银行业金融机构按照规定报送资产负债表、利润表和其他财务会计、统计报表、经营管理资料以及注册会计师出具的审计报告。

2. 基于审慎监管的现场检查措施

银行业监督管理机构根据审慎监管的要求，可以采取下列措施进行现场检查：进入银行业金融机构进行检查；询问银行业金融机构的工作人员，要求其对有关检查事项作出说明；查阅、复制银行业金融机构与检查事项有关的文件、资料，对可能被转移、隐匿或者毁损的文件、资料予以封存；检查银行业金融机构运用电子计算机管理业务数据的系统。

进行现场检查，应当经银行业监督管理机构负责人批准。现场检查时，检查人员不得少于两人，并应当出示合法证件和检查通知书；检查人员少于两人或者未出示合法证件和检查通知书的，银行业金融机构有权拒绝检查。

3. 监管谈话

银行业监督管理机构根据履行职责的需要，可以与银行业金融机构董事、高级管理

人员进行监督管理谈话，要求银行业金融机构董事、高级管理人员就银行业金融机构的业务活动和风险管理的重大事项作出说明。

4. 强制信息披露

银行业监督管理机构应当责令银行业金融机构按照规定，如实向社会公众披露财务会计报告、风险管理状况、董事和高级管理人员变更以及其他重大事项等信息。强制信息披露的目的在于加强对银行业金融机构的市场约束和监管，增加金融运行的透明度，这是银行监管的有效补充。

5. 违反审慎经营规则的处理措施

审慎经营是指银行业金融机构在经营活动中，应使其业务经营的性质、规模与其所能够承担的风险水平和风险管理能力的相适应，从而将经营风险控制在可以承受的范围内的一种经营思想和经营模式。

银行业金融机构违反审慎经营规则的，国务院银行业监督管理机构或者其省一级派出机构应当责令限期改正；逾期未改正的，或者其行为严重危及该银行业金融机构的稳健运行、损害存款人和其他客户合法权益的，经国务院银行业监督管理机构或者其省一级派出机构负责人批准，可以区别情形，采取下列措施：责令暂停部分业务、停止批准开办新业务；限制分配红利和其他收入；限制资产转让；责令控股股东转让股权或者限制有关股东的权利；责令调整董事、高级管理人员或者限制其权利；停止批准增设分支机构。

银行业金融机构整改后，应当向银监会或者其省级监管局提交报告。监管机构在审查整改报告后，认为符合有关审慎经营规则的，应当自验收完毕之日起三日内解除对其采取的前款规定的有关限制措施。

6. 接管或者重组有问题的银行业金融机构

银行业金融机构已经或者可能发生信用危机，严重影响存款人和其他客户合法权益的，国务院银行业监督管理机构可以依法对该银行业金融机构实行接管或者促成机构重组，接管和机构重组依照有关法律和国务院的规定执行。

7. 撤销银行业金融机构

银行业金融机构有违法经营、经营管理不善等情形，不予撤销将严重危害金融秩序、损害公众利益的，国务院银行业监督管理机构有权予以撤销。

8. 限制相关人员行为的措施

银行业金融机构被接管、重组或者被撤销的，国务院银行业监督管理机构有权要求该银行业金融机构的董事、高级管理人员和其他工作人员，按照国务院银行业监督管理机构的要求履行职责。同时，在接管、机构重组或者撤销清算期间，经国务院银行业监督管理机构负责人批准，对直接负责的董事、高级管理人员和其他直接责任人员，可以采取通知出境管理机关依法阻止其出境、申请司法机关禁止其转移、转让财产或者对其财产设定其他权利等措施，以限制其行为。

9. 查询、冻结

经国务院银行业监督管理机构或者其省一级派出机构负责人批准，银行业监督管理机构有权查询涉嫌金融违法的银行业金融机构及其工作人员以及关联行为人的账户；对

第三章 银行法律制度

涉嫌转移或者隐匿违法资金的,经银行业监督管理机构负责人批准,可以申请司法机关予以冻结。

本章小结:

1. 《中国人民银行法》是关于中央银行的性质、职能、法律地位、组织体系、业务范围、金融监管等方面的法律规范。它是一国金融法体系中的基本法。

2. 中国人民银行是中华人民共和国的中央银行。中国人民银行在国务院领导下,制定和执行货币政策,防范和化解金融风险,维护金融稳定。

3. 中国人民银行作为中央银行,为政府和金融机构办理银行业务与提供服务,发行货币,代理国库业务。其不仅依靠行政手段,还通过强有力的经济手段,为国家的宏观调控发挥举足轻重的作用。

4. 《商业银行法》是调整商业银行的设立、变更、终止及其业务经营的法律规范。我国《商业银行法》的立法宗旨是保护商业银行、存款人和其他客户的合法权益,规范商业银行的行为,提高信贷资产质量,加强监督管理,保障商业银行的稳健运行,维护金融秩序,促进社会主义市场经济的发展。

5. 商业银行以安全性、流动性、效益性为经营原则,实行自主经营,自担风险,自负盈亏,自我约束,并以其全部法人财产独立承担民事责任。商业银行依法开展业务,不受任何单位和个人的干涉。

6. 商业银行的设立是商业银行创办人依照法律规定的程序,通过筹建商业银行并使商业银行取得法律关系主体资格的法律行为。我国对商业银行的设立实行行政许可制度。

7. 商业银行接管是国务院银行业监督管理机构对商业银行进行监督和管理的一种手段,是国务院银行业监督管理机构在商业银行已经或者可能发生信用危机,严重影响存款人利益时,对该银行采取的整顿、改组等措施。

8. 商业银行终止是指商业银行由于出现法律规定的情形,其权利和义务全部结束,即退出市场的行为。

9. 《银行业监督管理法》是调整银行业监督管理关系的法律规范的总称。其主要内容包括监管目标、原则、监管对象与内容、监管机构及其职责权限、监管措施以及违反监管规定的法律责任等。

10. 国务院银行业监督管理机构负责对全国银行业金融机构及其业务活动(含在境外的业务活动)监督管理的工作,监管对象为银行业金融机构和非银行业金融机构。

11. 国务院银行业监督管理机构主要的监管职责是制定和发布银行业监管的规章和规则;审批银行业金融机构的市场准入和市场退出;实施对银行业金融机构的经常性监督管理。

练习题:

一、单项选择题

1. 我国货币政策的目标是(   )。

A. 稳定物价　　　　　　　　　　　　B. 充分就业
C. 平衡国际收支　　　　　　　　　　D. 保持币值稳定，并以此促进经济增长

2. 中国人民银行行长由(　　)任命。
A. 国务院总理　　　　　　　　　　　B. 国家主席
C. 委员长　　　　　　　　　　　　　D. 全国人大常委会

3. 货币政策委员会是中国人民银行(　　)。
A. 货币政策的决策机构　　　　　　　B. 货币政策的执行机构
C. 货币政策实施的监督机构　　　　　D. 制定货币政策的咨询议事机构

4. 下列不属于中国人民银行职能的是(　　)。
A. 服务职能　　　　　　　　　　　　B. 调控职能
C. 领导职能　　　　　　　　　　　　D. 管理和监督职能

5. 中国人民银行可以(　　)。
A. 向商业银行提供贷款　　　　　　　B. 向非金融机构提供贷款
C. 为单位提供担保　　　　　　　　　D. 直接认购、包销国债

6. 我国《商业银行法》规定商业银行的资本充足率不得低于(　　)。
A. 8%　　　　　　　　　　　　　　B. 5%
C. 10%　　　　　　　　　　　　　D. 13%

7. 我国《商业银行法》规定商业银行的资产流动性比例不得低于(　　)。
A. 30%　　　　　　　　　　　　　B. 25%
C. 20%　　　　　　　　　　　　　D. 35%

8. 我国《商业银行法》规定商业银行的存贷比例不得超过(　　)。
A. 65%　　　　　　　　　　　　　B. 70%
C. 75%　　　　　　　　　　　　　D. 80%

9. 下列可以充当贷款合同保证人的是(　　)。
A. 法人的分支机构　　　　　　　　　B. 国家机关
C. 具有代偿能力的法人　　　　　　　D. 人民银行

10. 商业银行破产清算时，在支付清算费用、所欠职工工资和劳动保险费用后，应优先支付(　　)。
A. 税金　　　　　　　　　　　　　　B. 存款利息
C. 单位存款　　　　　　　　　　　　D. 个人储蓄存款本金和利息

二、多项选择题

1. 《中国人民银行法》的立法目的是(　　)。
A. 确立中国人民银行的地位和职责　　B. 保证国家货币政策的正确制定和执行
C. 建立和完善中央银行宏观调控体系　D. 加强对金融业的监督管理

2. 中国人民银行实现货币政策目标运用的货币政策工具(　　)。
A. 存款准备金　　　　　　　　　　　B. 再贴现政策
C. 公开市场业务　　　　　　　　　　D. 利率

3. 货币发行根据其性质可分为( )。
A. 统一发行 B. 财政发行
C. 集中发行 D. 经济发行

4. 货币政策的中介目标主要有( )。
A. 国民收入 B. 利率
C. 汇率 D. 货币供应量

5. 货币政策按照其内容和调控措施，可分为( )。
A. 信贷政策 B. 金融政策
C. 利率政策 D. 外汇政策

6. 商业银行的经营原则( )。
A. 依法经营原则 B. 安全性原则
C. 流动性原则 D. 盈利性原则

7. 商业银行的三大业务是( )。
A. 负债业务 B. 资产业务
C. 中间业务 D. 贷款业务

8. 储蓄存款的原则( )。
A. 存款自愿 B. 取款自由
C. 存款有息 D. 为储户保密

9. 借款合同的担保方式有( )。
A. 保证 B. 抵押
C. 质押 D. 扣押

10. 我国商业银行的监管体制由以下方面构成( )。
A. 商业银行内部监督 B. 中国人民银行的监督
C. 全国人大的监督 D. 审计机关的监督

三、判断题

1. 中国人民银行应当向国务院提出有关货币政策情况和金融监督管理情况的工作报告。 ( )
2. 中国人民银行可以为在中国人民银行开立账户的金融机构办理再贴现。 ( )
3. 中国人民银行可以向非金融机构提供有担保的贷款。 ( )
4. 经国务院批准，中国人民银行可以向地方政府提供贷款。 ( )
5. 中国人民银行各分支机构具有独立的法人资格。 ( )
6. 商业银行的分支机构不具有诉讼主体资格。 ( )
7. 对个人储蓄存款，商业银行有权拒绝任何单位或个人查询、冻结、扣划。 ( )
8. 依据我国《商业银行法》的规定，商业银行不得发放信用贷款。 ( )
9. 我国商业银行在境内不得从事信托投资和股票业务。 ( )
10. 我国商业银行在境内可以向非银行金融机构投资。 ( )

四、综合案例题

2011年2月某城市商业银行与某房地产开发公司共同开发某经济特区的房地产项目，并成立项目公司，因该行副行长兼任房地产公司副董事长，商业银行向该项目公司投资1亿元人民币。同年6月房地产开发公司以该公司的房地产做抵押，向商业银行提出贷款申请，商业银行经审核后，向其发放了2亿元抵押贷款。该行当月资本余额为17.9亿元人民币。2012年7月房地产开发公司因经营亏损濒临破产，商业银行的贷款已无法收回。2012年底该商业银行被人民银行决定接管。

根据上述内容，结合法律规定，回答下列问题：
(1) 商业银行能否向项目公司投资？为什么？
(2) 商业银行能否向房地产开发公司发放抵押贷款？为什么？
(3) 商业银行向房地产开发公司发放2亿元人民币贷款是否合法？为什么？
(4) 人民银行对该商业银行的接管决定是否正确？为什么？

第四章 证券法律制度

【学习目的】

　　了解我国证券立法的情况和《证券法》的基本原则；掌握股票、债券发行和交易的基本制度，了解证券投资基金的有关知识；掌握股票和债券上市的条件和程序；掌握禁止的交易行为；了解我国各种证券机构的职能和我国证券监管体制。

【案例导入】

内幕交易行为的认定及责任承担

　　2007年5月20日，ABC公司总裁L先生打电话给公司董事E先生，通知他两天之内将召开一次特别董事会。这时，E先生正住在某饭店。虽然董事会还有两天才召开，他已经获悉了有关公司合并的传闻。他在饭店里给他的父亲Z先生、他的儿子C先生和他的秘书R小姐打了电话，建议他们指示各自的经纪人关注ABC公司的股票，并暗示他们应该买进该公司的股票。C先生又将此消息告诉了自己的老板N、大学里的同学S以及其他亲朋好友。S在接听C的电话时，电话内容被办公室的同事X听到，X为此专门到证券营业部门开立了证券交易账户，悄悄购进了ABC公司的股票。同时X又将此消息告诉了Y。除Z先生外，C、R、N、S、X、Y都在2007年5月21～22日，大量买进了ABC公司的股票。这一变化立即引起股票交易监察员的注意，并将之列入了可疑交易备忘录，股票交易监察员认为ABC股票成交量的短暂异动背后，极有可能潜伏着内幕交易行为。2007年5月29日，ABC公司向证券市场公布了其与兴盛公司合并的消息，初步证实了股票交易监察员的猜测。于是证券监管部门立即开展了对此案的调查工作。2009年6月，在数百万个电话记录和成堆的证词中埋头苦干了两年之后，证券监管部门通知E先生，准备对他提出指控。尽管他本人并未进行过非法的股票交易，但他被证监会认定为是一名触犯法律的内幕交易者，必须和C、R、N、S、X、Y等人一道接受每人30万元的罚款，并将这些人通过内幕交易获取的总计440万元的非法所得全部没收。E先生感到非常委屈。X也认为，没有任何人向他告知ABC公司的内幕信息，他是偶然听到的，他与内幕交易无关。

试分析以上案例中的 E 先生和 X 先生的行为是否属于内幕交易？为什么？

【案例解析】本案例中的 E 先生和 X 先生的行为属于内幕交易。

内幕交易又叫知情者交易，是指内幕信息的知情人员利用尚未公开的信息，以获利或者减少损失为目的，自己或者建议他人买卖证券的行为。

我国《证券法》第七十四条以列举的方式规定了下列人员为知悉证券交易内幕信息的知情人员：①发行人的董事、监事、高级管理人员；②持有公司百分之五以上股份的股东及其董事、监事、高级管理人员，公司的实际控制人及其董事、监事、高级管理人员；③发行人控股的公司及其董事、监事、高级管理人员；④由于所任公司职务可以获取公司有关内幕信息的人员；⑤证券监督管理机构工作人员以及由于法定职责对证券的发行、交易进行管理的其他人员；⑥保荐人、承销的证券公司、证券交易所、证券登记结算机构、证券服务机构的有关人员；⑦国务院证券监督管理机构规定的其他人员。《证券法》第七十六条规定，证券交易内幕信息的知情人和非法获取内幕信息的人，在内幕信息公开前，不得买卖该公司的证券，或者泄露该信息，或者建议他人买卖该证券。内幕交易行为给投资者造成损失的，行为人应当依法承担赔偿责任。

根据上述法律规定，内幕交易可分为三种情况：其一，内幕信息的知情人员利用内幕信息自己买卖证券；其二，内幕信息的知情人员泄露内幕信息或者建议他人买卖证券；其三，非法获取内幕信息的人员利用内幕信息买卖证券。这里，内幕信息的知情人员包括实际知晓内幕信息的人员和《证券法》中规定的虽不一定实际知晓但以身份被"视为"内幕信息知情人员的人。内幕信息的知情人员不一定自己买卖证券，泄露内幕信息致使他人据此买卖证券也一样构成内幕交易。非法获取内幕信息并据此买卖证券也属内幕交易。所谓非法获取信息，是指信息的获悉并非通过合法信息披露的渠道。

因此，本案例中的 E 先生和 X 先生的行为当然也属内幕交易。

资料来源：李良才：《论内幕交易的认定及其民事责任》，《经济师》2004 年第 11 期。

第一节 证券法律概述

一、证券法的概念及我国证券立法概况

（一）证券法的概念

证券法是规范证券发行与交易的法律。证券法的概念有狭义和广义之分。狭义的证

券法指《中华人民共和国证券法》（下称《证券法》）。广义的证券法是指调整证券发行与交易活动中以及证券监管过程中所发生的社会关系的法律规范的总称，包括《证券法》统辖下一系列有关证券发行、交易和监管的法律、行政法规、部门规章及规范性文件。

证券法调整的社会关系，包括发生在证券发行人、证券投资者、证券中介机构以及证券交易所、证券业协会、证券监管机构之间的证券发行关系、证券交易关系、证券中介服务关系、证券统一监管关系以及证券自律性管理关系等。

本章所述的证券法是指广义的证券法。

（二）我国证券立法

1998年12月29日，第九届全国人民代表大会常务委员会第六次会议通过了《证券法》，自1999年7月1日起施行。2004年8月28日，根据第十届全国人民代表大会常务委员会第十一次会议《关于修改〈中华人民共和国证券法〉的决定》，对《证券法》作了个别条款的修正。2005年10月27日，第十届全国人民代表大会常务委员会第十八次会议对《证券法》作了大幅修订后重新颁布，自2006年1月1日起施行。新的《证券法》共十二章二百四十条，对我国证券的发行、交易以及证券交易、中介机构和监督管理等内容做出了详细的规定。

《证券法》以及其他法律中有关证券管理的规定、国务院和政府有关部门发布的有关证券方面的法规、规章以及规范性文件，构成了我国的证券法律体系。具体如下：

（1）法律，包括《证券法》和《证券投资基金法》等。

（2）行政法规，包括《期货交易管理条例》、《证券公司监督管理条例》和《证券公司风险处置条例》等。

（3）部门规章、规范性文件，主要由中国证券监督管理委员会（以下简称证监会）制定，包括《首次公开发行股票并上市管理办法》、《上市公司证券发行管理办法》、《证券发行与承销管理办法》、《上市公司信息披露管理办法》、《证券投资基金销售管理办法》、《证券期货业信息安全保障管理办法》等。

此外，证券交易所、证券行业协会或其他证券业自律性机构制定的组织章程、交易规章和其他自律规范，尽管不属于法律规范的范畴，但是，也具有法律承认的约束力，是《证券法》的补充。

（三）证券法适用的对象

《证券法》适用于在中国境内发行和上市交易的各类证券品种：

（1）《证券法》适用于在中国境内，股票、公司债券和国务院依法认定的其他证券的发行和交易；《证券法》未规定的，适用《公司法》和其他法律、行政法规的规定。

（2）《证券法》适用于政府债券、证券投资基金份额的上市交易；其他法律、行政法规另有规定的，适用其规定，如《证券投资基金法》等。

（3）证券衍生品种发行、交易的管理办法，由国务院依照《证券法》的原则规定，如《期货交易管理条例》等。

（4）境内公司股票以外币认购和交易的，由国务院另行规定具体办法，如《国务

金融法规

院关于股份有限公司境内上市外资股的规定》。

《证券法》主要规范境内发行和上市交易的证券品种,据此,首次公开发行股票、公开发行公司债券、上市公司发行新股和可转换公司债券均需获得中国证监会的核准,国债、金融债、企业债的发行由其他政府主管部门负责核准;股票、可转换公司债券、公司债券、国债、企业债的上市交易由证券交易所进行核准和监督。对境内企业到境外发行证券或将其证券在境外上市交易,《证券法》规定:"境内企业直接或者间接到境外发行证券或者将其证券在境外上市交易,必须经国务院证券监督管理机构依照国务院的规定批准。"

二、《证券法》的基本原则

《证券法》的基本原则是《证券法》的基本精神的体现,是证券发行、交易和监管都必须遵循的最基本的准则。《证券法》的立法宗旨是为了规范证券发行和交易行为,保护投资者的合法权益,维护社会经济秩序和社会公共利益,促进社会主义市场经济的发展。根据《证券法》的规定,在证券发行、交易和监管中,应当遵循以下六大原则:

1. 公开、公平、公正原则

《证券法》规定:"证券的发行、交易活动,必须实行公开、公平、公正的原则。"

其中,公开原则是证券发行、交易制度的核心,只有以公开为基础,才能实现公平和公正。

公开原则是指市场信息要公开。在内容上,凡是可能影响投资者决策的信息都应当公开,如公司章程、招股说明书、有关财务会计资料等。公开的形式包括向社会公告,将有关信息刊登在报纸或刊物上,将有关资料置备于有关场所,供公众随时查阅等。公开的信息必须及时、完整、真实、准确。

公平原则是指所有市场参与者都具有平等的地位,其合法权益都应受到公平的保护。它们在证券发行和交易中应当机会均等、待遇相同。

公正原则是指在证券发行和交易的有关事务处理上,要在坚持客观事实的基础上,做到一视同仁,对所有证券市场参与者都要给予公正的待遇,尤其是证券监管机关要坚持公正原则。

2. 自愿、有偿、诚实信用原则

《证券法》规定:"证券发行、交易活动的当事人具有平等的法律地位,应当遵守自愿、有偿、诚实信用的原则。"

自愿是指当事人有权按照自己的意愿参与证券发行与证券交易活动,其他人不得干涉,也不得采取欺骗、威吓或胁迫等手段影响当事人决策。在市场交易活动中,任何一方都不得把自己的意志强加给对方。

有偿是指在证券发行和交易活动中,一方当事人不得无偿占有他方当事人的财产和劳动。

诚实是指要客观真实,不欺人、不骗人;信用是指遵守承诺,并及时、全面地履行承诺。

第四章 证券法律制度

3. 守法原则

法律、法规是我们在一切社会活动中都必须遵守的原则。《证券法》规定："证券发行、交易活动必须遵守法律、行政法规；禁止欺诈、内幕交易和操纵证券市场的行为。"这一原则得到《证券法》具体规则的充分贯彻。

4. 分业经营、分业管理原则

《证券法》规定："证券业和银行业、信托业、保险业实行分业经营、分业管理，证券公司与银行、信托、保险业务机构分别设立。国家另有规定的除外。"

5. 保护投资者的合法权益原则

"保护投资者的合法权益"是《证券法》的立法宗旨之一。为了切实保护投资者的合法权益，《证券法》规定："国家设立证券投资者保护基金。证券投资者保护基金由证券公司缴纳的资金及其他依法筹集的资金组成，其筹集、管理和使用的具体办法由国务院规定。"证券法中的具体规则，诸如发行上市保荐、控股股东、实际控制人、高管人员诚信义务与责任、关联融资、担保的限制、证券投资者保护基金、信息披露、禁止证券欺诈行为等，均贯彻了保护投资者的合法权益原则。

6. 政府统一监管与行业自律原则

制约和化解市场风险，维护市场正常秩序，必须对证券市场进行监管。各国对证券市场的监管包括由政府设立证券监管部门进行监管和由证券经营机构等成立自律性组织进行监管两种模式。我国实行政府统一监管与行业自律相结合的模式。《证券法》规定："国务院证券监督管理机构依法对全国证券市场实行集中统一监督管理。国务院证券监督管理机构根据需要可以设立派出机构，按照授权履行监督管理职责。""在国家对证券发行、交易活动实行集中统一监督管理的前提下，依法设立证券业协会，实行自律性管理。"

三、与证券发行、交易有关的机构

《证券法》规定了与证券发行、交易有关的六大机构，包括证券交易所、证券公司、证券登记结算机构、证券交易服务机构、证券业协会和证券监督管理机构。以下我们重点介绍证券交易所、证券公司和证券监督管理机构。

（一）证券交易所

1. 证券交易所的概念

证券交易所是为证券集中交易提供场所和设施，组织和监督证券交易，实行自律管理的法人。

按照证券交易所的组织形式不同，证券交易所可以分为会员制证券交易所和公司制证券交易所两类。会员制证券交易所是非营利性的法人组织；公司制证券交易所是以公司形式出现的营利性法人。《证券法》规定，进入证券交易所参与集中交易的，必须是证券交易所的会员。我国实行会员制，上海证券交易所、深圳证券交易所在章程中规定其为"实行自律管理的会员制法人"。

2. 证券交易所的设立和解散

证券交易所的设立和解散，由国务院决定。申请设立证券交易所，首先由证监会进行审核，再报国务院进行批准。

设立证券交易所必须制定章程。证券交易所章程的制定和修改，必须经国务院证券监督管理机构批准。证券交易所必须在其名称中标明证券交易所字样。其他任何单位或者个人不得使用证券交易所或者近似的名称。

【知识拓展】

证券交易所简介

证券交易所是证券市场发展到一定程度的产物，是为证券集中交易提供场所和设施、组织和监督证券交易、实行自律管理的法人。

最早的证券交易所是1613年成立的荷兰的阿姆斯特丹证券交易所。中国最早的证券交易所是1905年设立的"上海众业公所"。1990~1991年，上海和深圳相继设立了证券交易所。

与证券公司等证券经营机构不同，证券交易所本身并不从事证券买卖业务，而是为证券交易提供场所、设施和各项服务，组织证券交易，并履行对证券交易的一线监管职能。

证券交易所在证券市场活动中扮演的角色极具特殊性：它既是一个集中交易场所，又是由众多证券从业机构组成的市场中介组织；它既是市场运营组织，又是市场监管机构；既是具体监管上市企业、证券商和市场交易行为的一线监管机构，又是受政府管理机构监管的主要对象。这种特殊性使得证券交易所同时具备监管者和被监管者的双重性质和职能，居于承上启下的市场中枢地位。

作为被监管对象的交易所，其法律地位主要体现在两个方面：一是交易所的设立要受到监管；二是交易所的自律管理活动要受到监督。

作为市场监管者的交易所，其法律地位主要体现为自律性管理组织。自律管理始终是证券市场监管体制中不可替代的组成部分，交易所和政府机构在分工监管的基础上，相互协同、紧密合作。其中，政府更多地作为法律的执行者、规则的提供者、违法行为的查处者，而交易所更多地作为市场运作的组织者、市场秩序的一线监管者、违规行为的发现者。

资料来源：周正庆：《证券知识读本（修订本）》，中国金融出版社，2006年3月。

3. 证券交易所的组织机构

会员大会是证券交易所的权力机构，决定证券交易所的重大问题。证券交易所可以自行支配的各项费用收入，应当首先用于保证其证券交易场所和设施的正常运行并逐步改善。实行会员制的证券交易所的财产积累归会员所有，其权益由会员共同享有，在其

第四章 证券法律制度

存续期间，不得将其财产积累分配给会员。证券交易所设理事会。证券交易所设总经理一人，由国务院证券监督管理机构任免。

有下列情形之一的，不得担任证券交易所的负责人：

（1）因违法行为或者违纪行为被解除职务的证券交易所、证券登记结算机构的负责人或者证券公司的董事、监事、高级管理人员，自被解除职务之日起未逾5年。

（2）因违法行为或者违纪行为被撤销资格的律师、注册会计师或者投资咨询机构、财务顾问机构、资信评级机构、资产评估机构、验证机构的专业人员，自被撤销资格之日起未逾5年。

（3）无民事行为能力或者限制民事行为能力。

（4）因贪污、贿赂、侵占财产、挪用财产或者破坏社会主义市场经济秩序，被判处刑罚，执行期满未逾5年，或者因犯罪被剥夺政治权利，执行期满未逾5年。

（5）担任破产清算的公司、企业的董事或者厂长、经理，对该公司、企业的破产负有个人责任的，自该公司、企业破产清算完结之日起未逾3年。

（6）担任因违法被吊销营业执照、责令关闭的公司、企业的法定代表人，并负有个人责任的，自该公司、企业被吊销营业执照之日起未逾3年。

（7）个人所负数额较大的债务到期未清偿。

4. 证券交易所的职责

（1）证券交易所应当为组织公平的集中交易提供保障，公布证券交易即时行情，并按交易日制作证券市场行情表，予以公布。未经证券交易所许可，任何单位和个人不得发布证券交易即时行情。

（2）证券交易所有权依照法律、行政法规，以及国务院证券监督管理机构的规定，办理股票、公司债券的暂停上市、恢复上市或者终止上市的事务。

（3）因突发性事件而影响证券交易的正常进行时，证券交易所可以采取技术性停牌的措施；因不可抗力的突发性事件或者为维护证券交易的正常秩序，证券交易所可以决定临时停市。证券交易所采取技术性停牌或者决定临时停市，必须及时报告国务院证券监督管理机构。

（4）证券交易所对证券交易实行实时监控，并按照国务院证券监督管理机构的要求，对异常交易的情况提出报告。证券交易所应当对上市公司及相关信息披露义务人披露的信息进行监督，督促其依法及时、准确地披露信息。证券交易所根据需要，可以对出现重大异常交易情况的证券账户限制交易，并报国务院证券监督管理机构备案。

（5）证券交易所应当从其收取的交易费用和会员费、席位费中提取一定比例的金额设立风险基金。风险基金由证券交易所理事会管理。证券交易所应当将收存的风险基金存入开户银行专门账户，不得擅自使用。

（6）证券交易所依照证券法律、行政法规制定上市规则、交易规则、会员管理规则和其他有关规则，并报国务院证券监督管理机构批准。

（二）证券公司

证券公司，是指依法成立、经营证券业务以及相关业务的机构。设立证券公司，必

须经国务院证券监督管理机构审查批准。未经国务院证券监督管理机构批准，任何单位和个人不得经营证券业务。证券公司是依照《公司法》和《证券法》规定设立的经营证券业务的有限责任公司或者股份有限公司。证券公司必须在其名称中标明证券有限责任公司或者证券股份有限公司字样。

1. 证券公司的业务范围

经国务院证券监督管理机构批准，证券公司可以经营下列部分或者全部业务：①证券经纪；②证券投资咨询；③与证券交易、证券投资活动有关的财务顾问；④证券承销与保荐；⑤证券自营；⑥证券资产管理；⑦其他证券业务。

证券公司应当自领取营业执照之日起 15 日内，向国务院证券监督管理机构申请经营证券业务许可证。未取得经营证券业务许可证的证券公司不得经营证券业务。

2. 证券公司的设立条件

设立证券公司，应当具备下列条件：

（1）有符合法律、行政法规规定的公司章程。

（2）主要股东具有持续盈利能力，信誉良好，最近 3 年无重大违法违规记录，净资产不低于人民币 2 亿元。

（3）有符合证券法规定的注册资本。证券公司的注册资本因业务范围的不同而有不同的要求。其经营前列业务范围第①项至第③项业务的，注册资本最低限额为人民币 5000 万元；经营第④项至第⑦项业务之一的，注册资本最低限额为人民币 1 亿元；经营第④项至第⑦项业务中两项以上的，注册资本最低限额为人民币 5 亿元。证券公司的注册资本应当是实缴资本。国务院证券监督管理机构根据审慎监管原则和各项业务的风险程度，可以调整注册资本最低限额，但不得少于前款规定的限额。

（4）董事、监事、高级管理人员具备任职资格，从业人员具有证券从业资格。

（5）有完善的风险管理与内部控制制度。

（6）由合格的经营场所和业务设施。

（7）法律、行政法规规定的和经国务院批准的国务院证券监督管理机构规定的其他条件。

国务院于 2008 年 4 月 23 日通过《证券公司监督管理条例》（自 2008 年 6 月 1 日起施行），规定了设立与变更、组织机构业务规则与风险控制、客户资产的保护、监督管理措施等。证券公司应当遵守法律、行政法规和国务院证券监督管理机构的规定，审慎经营，履行对客户的诚信义务。证券公司的股东和实际控制人不得滥用权力，占用证券公司或者客户的资产，损害证券公司或者客户的合法权益。国家鼓励证券公司在有效控制风险的前提下，依法开展经营方式创新、业务或者产品创新、组织创新和激励约束机制创新。国务院证券监督管理机构依法履行对证券公司的监管职责。

【案例 4-1】证券公司可以从事一些证券类业务，现在有以下一些说法：①证券公司均可以从事证券自营业务；②证券公司均不得从事证券自营业务；③证券公司只能从事由包销产生的证券自营业务；④一部分证券公司可以从事证券自营业务。根据《证券法》的规定,以上说法正确的是哪一种?

【案例解析】第④种说法是正确的。根据《证券法》规定,证券公司可以经营下列部分或者全部业务。只从事证券经纪、证券投资咨询以及与证券交易和投资活动有关的财务顾问业务的证券公司要求的注册资本最低限额为人民币 5000 万元;而从事证券自营业务的证券公司要求的注册资本最低限额为人民币 1 亿元。因此,并不是所有的证券公司都可以从事证券自营业务。

3. 证券公司的经营权限

证券公司依法享有自主经营的权利,其合法经营不受干涉。此外,《证券法》还对证券公司的经营限制进行了规定:

(1)证券公司不得为其股东或者股东的关联人提供融资或者担保。

(2)证券公司应当建立健全内部控制制度,采取有效隔离措施,防范公司与客户之间、不同客户之间的利益冲突。证券公司必须将其证券经纪业务、证券承销业务、证券自营业务和证券资产管理业务分开办理,不得混合操作。

(3)证券公司的自营业务必须以自己的名义进行,不得假借他人名义或者以个人名义进行。证券公司不得将其自营账户借给他人使用。

(4)证券公司客户的交易结算资金应当存放在商业银行,以每个客户的名义单独立户管理。证券公司不得将客户的交易结算资金和证券归入其自有财产。禁止任何单位或者个人以任何形式挪用客户的交易结算资金和证券。

(5)证券公司办理经纪业务,不得接受客户的全权委托而决定证券买卖、选择证券种类、决定买卖数量或者买卖价格。

(6)证券公司不得以任何方式对客户证券买卖的收益或者赔偿证券买卖的损失作出承诺。

(7)证券公司及其从业人员不得未经过其依法设立的营业场所私下接受客户委托买卖证券。

(8)证券公司应当妥善保存客户开户资料、委托记录、交易记录和与内部管理、业务经营有关的各项资料,任何人不得隐匿、伪造、篡改或者毁损。上述资料的保存期限不得少于 20 年。

(9)证券公司应当按照规定向国务院证券监督管理机构报送业务、财务等经营管理信息和资料。国务院证券监督管理机构有权要求证券公司及其股东、实际控制人在指定的期限内提供有关信息、资料。证券公司及其股东、实际控制人向国务院证券监督管理机构报送或者提供的信息、资料,必须真实、准确、完善。

(三)证券监督管理机构

国务院证券监督管理机构依法对证券市场实行监督管理,维护证券市场秩序,保障其合法运行。国务院证券监督管理机构是指中国证监会,它是国务院直属事业单位,是全国证券期货市场的主管部门。

1. 证券监督管理机构的职责

国务院证券监督管理机构在对证券市场实施监督管理中履行下列职责：

(1) 依法制定有关证券市场监督管理的规章、规则，并依法行使审批或者核准权；

(2) 依法对证券的发行、上市、交易、登记、存管、结算进行监督管理；

(3) 依法对证券发行人、上市公司、证券交易所、证券公司、证券登记结算机构、证券投资基金管理公司、证券服务机构的证券业务活动，进行监督管理；

(4) 依法制定从事证券业务人员的资格标准和行为准则，并监督实施；

(5) 依法监督检查证券发行、上市和交易的信息公开情况；

(6) 依法对证券业协会的活动进行指导和监督；

(7) 依法对违反证券市场监督管理法律、行政法规的行为进行查处；

(8) 法律、行政法规规定的其他职责。

2. 证券监督管理机构有权采取的措施

国务院证券监督管理机构依法履行职责，有权采取下列措施：

(1) 对证券发行人、上市公司、证券公司、证券投资基金管理公司、证券服务机构、证券交易所、证券登记结算机构进行现场检查。

(2) 进入涉嫌违法行为发生场所调查取证。

(3) 询问当事人和与被调查事件有关的单位和个人，要求其对与被调查事件有关的事项作出说明。

(4) 查阅、复制与被调查事件有关的财产权登记、通信记录等资料。

(5) 查阅、复制当事人和与被调查事件有关的单位和个人的证券交易记录、登记过户记录、财务会计资料及其他相关文件和资料；对可能被转移、隐匿或者毁损的文件和资料，可以予以封存。

(6) 查询当事人和与被调查事件有关的单位和个人的资金账户、证券账户和银行账户；对有证据表明已经或者可能转移或者隐匿违法资金、证券等涉案财产或者隐匿、伪造、毁损重要证据的，经国务院证券监督管理机构主要负责人批准，可以冻结或者查封。

(7) 在调查操纵证券市场、内幕交易等重大证券违法行为时，经国务院证券监督管理机构主要负责人批准，可以限制被调查事件当事人的证券买卖，但限制的期限不得超过15个交易日；案情复杂的，可以延长15个交易日。

第二节　证券发行

证券发行和证券交易是证券市场的主要构成部分，两者相辅相成。证券发行是发行人、上市公司筹集资金的基本途径。依据发行的证券品种不同，证券发行可以分为股票发行、公司债券发行与投资基金份额发售。本节介绍股票与公司债券发行和投资基金份额发售的条件和程序。

第四章 证券法律制度

一、证券发行的一般规定

（一）证券发行的概念与规定

证券发行，是指符合发行条件的政府、金融机构、工商企业等组织，以筹集资金为目的，依照法律规定的程序向公众投资者出售代表一定权利的资本证券的行为。证券发行本质上是一种直接融资方式，与通过银行等金融机构进行的间接融资方式相对应。

《证券法》将证券的发行分为公开发行与非公开发行，并对公开发行作出了定义。

《证券法》第十条规定："公开发行证券，必须符合法律、行政法规规定的条件，并依法报经国务院证券监督管理机构或者国务院授权的部门核准；未经依法核准，任何单位和个人不得公开发行证券。"

有下列情形之一的，为公开发行：

（1）向不特定对象发行证券；

（2）向累计超过200人的特定对象发行证券；

（3）法律、行政法规规定的其他发行行为。

非公开发行证券，不得采用广告、公开劝诱和变相公开方式。"

发行人申请公开发行股票、可转换为股票的公司债券，依法采取承销方式的，或者公开发行法律、行政法规规定实行保荐制度的其他证券的，应当聘请具有保荐资格的机构担任保荐人。保荐人应当遵守业务规则和行业规范，诚实守信，勤勉尽责，对发行人的申请文件和信息披露资料进行审慎核查，督导发行人规范运作。

【知识拓展】

证券发行上市保荐制度

证券发行上市保荐制度，是指证券发行人申请其证券发行上市交易，必须聘请依法具有保荐资格的保荐人为其出具保荐意见，确认其证券符合发行或上市交易条件的制度。实行保荐制度的目的在于规范证券发行上市行为，提高上市公司质量和证券经营机构的执业水平，保护投资者的合法权益，促进证券市场健康发展。

我国《证券法》第十一条规定："发行人申请公开发行股票、可转换为股票的公司债券，依法采取承销方式的，或者公开发行法律、行政法规规定实行保荐制度的其他证券的，应当聘请具有保荐资格的机构担任保荐人。"2004年1月1日实施的《证券发行上市保荐制度暂行办法》规定："保荐机构应当遵守法律、行政法规、中国证监会的规定和行业规范，诚实守信，勤勉尽责，尽职推荐发行人证券发行上市，持续督导发行人履行相关义务。保荐机构履行保荐职责应当指定保荐代表人具体负责保荐工作。保荐机构应当尽职推荐发行人证券发行上市。发行人证券上市后，保荐机构应当持续督导发行人履行规范运作、信守承诺、信息披露等义务。"

(二) 证券发行的方式及类型

1. 证券发行的方式

(1) 上网定价发行,是指证券保荐人利用证券交易所的交易系统发行所承销的股票,证券投资者在指定的时间内以确定的发行价格通过与证券交易所联网的各证券营业网点进行委托申购股票的一种发行方式。

(2) 上网询价发行,与上网定价发行类似,两者的区别在于:发行当日(申购日),保荐机构只给出股票的发行价格区间而非固定的发行价格。投资者在申购价格区间进行申购委托(区间之外的申购为无效申购),申购结束后,保荐机构根据申购结果按照发行方案确定有效申购,之后由交易所及证券登记结算公司确定申购者的认购股数。

(3) 市值配售发行,是指向二级市场投资者配售发行,是按投资者持有的已上市流通人民币普通股市值向其进行股票配售的一种发行方式。

(4) 网上、网下累计投标询价发行,又称询价配售方式,这种发行方式比较复杂,发行价格及网上与网下发行数量都是在申购日之后根据申购情况确定的。发行日,保荐机构给出申购价格区间,以及网上、网下的预计发行数量,最终的发行数量和发行价格需根据网上、网下的申购结果而定。这种方式已成为目前证券发行的主要方式。

2. 证券发行的类型

(1) 根据证券发行的目的不同,证券发行可以分为设立发行和增资发行。设立发行,是指发行人为设立股份有限公司,而向社会投资者发行股票的行为。设立发行的法律结果为成立新的股份有限公司。增资发行,是指对已成立股份有限公司因生产经营需要,追加资本而发行股票的行为。增资发行的法律结果是扩大已有的公司规模。

(2) 根据证券发行的方式不同,证券发行可以分为直接发行和间接发行。直接发行,又称自办发行,是指证券发行人不通过证券承销机构,自行承担风险,办理发行事宜的发行方式。间接发行,又称承销发行,是指证券发行人委托证券承销机构发行证券,并由证券承销机构办理证券发行事宜,承担证券发行风险的行为。

(3) 根据证券发行价格与证券票面金额之间的关系,证券发行可以分为平价发行、溢价发行和折价发行。平价发行,又称面值发行或等价发行,是指证券发行时的发行价格与票面金额相同的发行方式。溢价发行,是指证券发行时的发行价格超过票面金额的发行方式,其通常按某一时期(一般是指发行时期)金融证券市场的价格,或接近于当时金融证券市场的同类证券价格所确定的价格发行。折价发行,又称贴现发行,是指证券发行时的发行价格低于票面金额的发行方式。

我国《公司法》规定:"股票发行价格可以按票面金额,也可以超过票面金额,但不得低于票面金额。"可见,我国允许股票平价发行、溢价发行,但禁止折价发行,以保障公司资本的充足。

二、股票发行的条件

（一）首次公开发行股票的条件

设立股份有限公司公开发行股票（以下简称首次公开发行股票），应当符合《证券法》、《公司法》规定的发行条件和经国务院批准的国务院证券监督管理机构规定的其他发行条件。

设立股份有限公司公开发行股票，即首次公开发行股票，应当符合《公司法》规定的条件：

(1) 发起人符合法定人数。
(2) 发起人认购和募集的股本达到法定资本最低限额。
(3) 股份发行、筹办事项符合法律规定。
(4) 发起人制定公司章程，采用募集方式设立的经创立大会通过。
(5) 有公司名称，建立符合股份有限公司要求的组织机构。
(6) 有公司住所。

此外，首次公开发行股票，还应当符合经国务院批准的国务院证券监督管理机构规定的其他条件：①发行人应当是依法设立且合法存续的股份有限公司；②发行人应当具有完整的业务体系和直接面向市场独立经营的能力；③发行人已经依法建立健全股东大会、董事会、监事会、独立董事、董事会秘书制度，相关机构和人员能够依法履行职责；④发行人资产质量良好，资产负债结构合理，盈利能力较强，现金流量正常；⑤募集资金应当有明确的使用方向，原则上应当用于主营业务。

（二）上市公司公开发行新股的条件

1. 《证券法》规定的上市公司公开发行新股的条件

上市公司公开发行新股，应当具备以下条件：

(1) 具备健全且运行良好的组织机构。
(2) 具有持续盈利能力，财务状况良好。
(3) 最近3年财务会计文件无虚假记载，无其他重大违法行为。
(4) 经国务院批准的国务院证券监督管理机构规定的其他条件。

上市公司非公开发行新股，应当符合经国务院批准的国务院证券监督管理机构规定的条件，并报国务院证券监督管理机构核准。

公司对公开发行股票所募集的资金，必须按照招股说明书所列资金用途使用。如需改变招股说明书所列资金用途，必须经股东大会作出决议。擅自改变用途而未作纠正的，或者未经股东大会认可的，不得公开发行新股，上市公司也不得非公开发行新股。

【案例4-2】甲公司为上市公司，为筹集资金而准备发行新股。在上市后，有股东发现，公司将所募集资金用于建造办公大楼，而招股说明书中列明所募集资金的用途是更新生产设备，因此反映到董事会。董事会认为，所募资金用途变更已由董事会做出决

议，且已经过监事会和上级主管部门批准，是合法有效的。

甲公司的行为是否违法？为什么？该行为对公司股票的发行有何影响？

【案例解析】甲公司行为违法。根据《证券法》第十五条的规定，上市公司对发行股票所募集的资金，必须按照招股说明书所列的资金用途使用。改变招股说明书所列资金用途，必须经股东大会批准。因此，由于甲公司未经股东大会批准而改变招股说明书所列资金用途，属于违法行为。

《证券法》规定，上市公司擅自改变用途而未经纠正的或者未经股东大会许可的，不得发行新股。故本案例中甲公司发行新股的计划将落空。

2. 上市公司向原股东配售股份公开发行证券的条件

上市公司向原股东配售股份（以下简称配股），按照《上市公司证券发行管理办法》规定的条件有：

（1）上市公司的组织机构健全、运行良好；
（2）上市公司的盈利能力具有可持续性；
（3）上市公司的财务状况良好；
（4）上市公司最近36个月内财务会计文件无虚假记载，且不存在重大违法行为；
（5）上市公司募集资金的数额和使用应当符合该办法的规定；
（6）上市公司存在规定的不得公开发行证券情形之一的，不得公开发行证券；
（7）拟配售股份数量不超过本次配售股份前股本总额的30%；
（8）控股股东应当在股东大会召开前公开承诺认配股份的数量；
（9）采用证券法规定的代销方式发行。

控股股东不履行认配股份的承诺，或者代销期限届满，原股东认购股票的数量未达到拟配售数量的70%的，发行人应当按照发行价并加算银行同期借款利息返还已经认购的股东。

向不特定对象公开募集股份（以下简称增发），除符合上述条件外，还要符合下列条件：

（1）最近三个会计年度加权平均净资产收益率不低于6%。扣除非经常性损益后的净利润与扣除前的净利润相比，以低者作为加权平均净资产收益率的计算依据。
（2）除金融类企业外，最近一期期末不存在持有金额较大的交易性金融资产和可供出售的金融资产、借予他人款项、委托理财等财务性投资的情形。
（3）发行价格应不低于公告招股意向书前30个交易日公司股票均价或前1个交易日的均价。

3. 上市公司非公开发行股票的条件

上市公司非公开发行股票的特定对象应当符合有关规定：特定对象符合股东大会决议规定的条件；发行对象不超过10名。发行对象为境外战略投资者的，应当经国务院相关部门事先批准。

上市公司非公开发行股票，应当符合下列规定：

（1）发行价格不低于定价基准日前20个交易日公司股票均价的90%。

(2) 本次发行的股份自发行结束之日起，12个月内不得转让；控股股东、实际控制人及其控制的企业认购的股份，36个月内不得转让。

(3) 募集资金使用符合下列规定：募集资金数额不超过项目需要量；募集资金用途符合国家产业政策和有关环境保护、土地管理等法律和行政法规的规定；除金融类企业外，本次募集资金使用项目不得为持有交易性金融资产和可供出售的金融资产、借予他人、委托理财等财务性投资，不得直接或间接投资于以买卖有价证券为主要业务的公司；投资项目实施后，不会与控股股东或实际控制人产生同业竞争或影响公司生产经营的独立性；建立募集资金专项存储制度，募集资金必须存放于公司董事会决定的专项账户。

(4) 本次发行将导致上市公司控制权发生变化的，还应当符合证监会的其他规定。

【案例4-3】ABC股份有限公司为上市公司，准备公开发行新股，公司近期实施了一系列行为：①因公司经营状况欠佳，公司的股东大会决议发行新股；②除两年前财务会计文件有一次虚假记载外，无其他重大违法行为；③拟向原股东配售股份数量为本次配售股份前股本总额的40%。ABC股份有限公司的上述行为是否符合法律关于股票发行的有关规定？

【案例解析】以上行为均不符合法律关于股票发行的有关规定。根据规定，上市公司公开发行新股，要求公司具有持续盈利能力，财务状况良好；最近3年财务会计文件无虚假记载，无其他重大违法行为；拟配售股份数量不超过本次配售股份前股本总额的30%。

三、公司债券发行的条件

(一) 公开发行公司债券的条件

(1) 股份有限公司的净资产不低于人民币3000万元，有限责任公司的净资产不低于人民币6000万元；

(2) 累计债券余额不超过公司净资产的40%；

(3) 最近3年平均可分配利润足以支付公司债券1年的利息；

(4) 筹集的资金投向符合国家产业政策；

(5) 债券的利率不超过国务院限定的利率水平；

(6) 国务院规定的其他条件。

公开发行公司债券募集的资金，必须用于核准的用途，不得用于弥补亏损和非生产性支出。上市公司发行可转换为股票的公司债券，除应当符合《证券法》规定的公开发行公司债券的条件外，还应当符合《证券法》关于公开发行股票的条件，并报国务院证券监督管理机构核准。

【案例4-4】ABC股份有限公司于2009年5月，成功发行了5年期公司债券2500万元，1年期公司债券1100万元。该公司截至2010年6月30日的净资产额为人民币12000

万元,除前述债券外,其余到期需要归还的债券已全部归还本息,计划于2010年7月初再次发行公司债券。根据证券法律制度的规定,该公司此次发行公司债券的最高限额是多少?

【案例解析】最高限额为人民币2300万元。根据规定,公司累计债券余额不超过公司净资产的40%,至2010年7月再次发行公司债券时,该公司2009年5月发行的1年期公司债券已到期,尚余5年期公司债券2500万元。因此,该公司再次发行公司债券不得超过2300(12000×40%－2500)万元。

(二)不得再次公开发行公司债券的情形

根据《证券法》第十八条规定,有下列情形之一的,不得再次公开发行公司债券:

(1)前一次公开发行的公司债券尚未募足;

(2)对已公开发行的公司债券或者其他债务有违约或者延迟支付本息的事实,仍处于继续状态;

(3)违反《证券法》规定,改变公开发行公司债券所募资金的用途。

四、证券发行的程序

(一)证券发行的核准

发行人依法申请核准发行证券所报送的申请文件的格式、报送方式,由依法负责核准的机构或者部门规定。发行人申请核准公开发行股票、公司债券,应当按照规定缴纳审核费用。

国务院证券监督管理机构依照法定条件负责核准股票发行申请。核准程序应当公开,依法接受监督。参与审核和核准股票发行申请的人员,不得与发行申请人有利害关系,不得直接或者间接接受发行申请人的馈赠,不得持有所核准的发行申请的股票、公司债券,不得私下与发行申请人进行接触。

国务院证券监督管理机构或者国务院授权的部门应当自受理证券发行申请文件之日起3个月内,依照法定条件和法定程序作出予以核准或者不予核准的决定,发行人根据要求补充、修改发行申请文件的时间不计算在内;不予核准的,应当说明理由。

(二)证券发行的程序

1. 证券发行决议

上市公司申请发行证券,董事会应当作出决议并提请股东大会批准。

2. 保荐人保荐

发行人申请公开发行股票、可转换为股票的公司债券,依法采取承销方式的,或者公开发行法律、行政法规规定实行保荐制度的其他证券的,应当聘请具有保荐资格的机构担任保荐人。保荐人应当遵守业务规则和行业规范,诚实守信,勤勉尽责,对发行人的申请文件和信息披露资料进行审慎核查,督导发行人规范运作。

3. 证券监督管理机构核准

证监会依照法定条件负责核准股票发行申请。其在收到申请文件后5个工作日内决

第四章 证券法律制度

定是否受理。受理后,对文件进行初审,然后由发行审核委员会审核,并由证监会审核,并作出核准或者不核准的决定。

4. 发行证券

上市公司自证监会核准发行之日起,应该在6个月内发行证券;超过6个月未发行的,核准文件失效,需重新经证监会核准后方可发行。上市公司发行证券,应当由证券公司承销。

(三) 证券发行的承销

1. 证券承销的概念及方式

证券承销,是指证券经营机构依照协议包销或者代销发行人向社会公开发行的证券的行为。发行人向不特定对象公开发行的证券,法律、行政法规规定应当由证券公司承销的,发行人应当同证券公司签订承销协议。公开发行证券的发行人有权依法自主选择承销的证券公司。证券公司不得以不正当竞争手段招揽证券承销业务。

证券承销业务采取代销或者包销方式:

(1) 证券代销,是指证券公司代发行人发售证券,在承销期结束时,将未售出的证券全部退还给发行人的承销方式。

(2) 证券包销,是指证券公司将发行人的证券按照协议全部购入或者在承销期结束时,将售后剩余证券全部自行购入的承销方式。

此外,向不特定对象公开发行的证券票面总值超过人民币5000万元的,应当由承销团承销。承销团应当由主承销和参与承销的证券公司组成。

2. 证券承销的期限

证券的代销、包销期限最长不得超过90日。证券公司在代销、包销期内,对所代销、包销的证券应当保证先行出售给认购人,证券公司不得为本公司预留所代销的证券和预先购入并留存所包销的证券。

股票发行采用代销方式,代销期限届满,向投资者出售的股票数量未达到拟公开发行股票数量的70%的,为发行失败。发行人应当按照发行价并加算银行同期存款利息返还股票认购人。

公开发行股票,代销、包销期限届满,发行人应当在规定的期限内将股票发行情况报国务院证券监督管理机构备案。

【案例 4-5】2009 年 12 月,甲股份有限公司拟公开发行股票,甲公司得知本公司的股票发行申请已通过核准后,在公告公开发行募集文件前,将拟发行股票总额的 15% 自行卖给当地投资者,其余部分委托乙证券公司代销,并确定代销期限为 4 个月。请问甲公司的哪些行为不符合规定?

【案例解析】不符合规定之处有:①甲公司不应在公告公开发行募集文件前发行股票;②甲公司不应私自将拟发行股票总额的 15% 卖给当地投资者,而应通过证券公司承销;③代销证券的期限最长不应超过 90 天。

 金融法规

五、证券投资基金的发行

证券投资基金,依照其运作方式不同,可以分为封闭式基金和开放式基金。基金管理人由依法设立的基金管理公司担任。担任基金管理人,应当经国务院证券监督管理机构核准。基金托管人由依法设立并取得基金托管资格的商业银行担任。

(一) 基金管理人与基金托管人

1. 设立基金管理公司的条件

设立基金管理公司,应当具备下列条件,并经国务院证券监督管理机构批准:

(1) 符合《证券投资基金法》和《公司法》规定的章程;

(2) 注册资本不低于1亿元人民币,且必须为实缴货币资本;

(3) 主要股东具有从事证券经营、证券投资咨询、信托资产管理或者其他金融资产管理的较好的经营业绩和良好的社会信誉,最近3年没有违法记录,注册资本不低于3亿元人民币;

(4) 取得基金从业资格的人员达到法定人数;

(5) 有符合要求的营业场所、安全防范措施和与基金管理业务有关的其他设施;

(6) 有完善的内部稽核监控制度和风险控制制度;

(7) 法律、行政法规规定的和经国务院批准的国务院证券监督管理机构规定的其他条件。

2. 申请取得基金托管资格的条件

申请取得基金托管资格,应当具备下列条件,并经国务院证券监督管理机构和国务院银行业监督管理机构核准:

(1) 净资产和资本充足率符合有关规定;

(2) 设有专门的基金托管部门;

(3) 取得基金从业资格的专职人员达到法定人数;

(4) 有安全保管基金财产的条件;

(5) 有安全高效的清算、交割系统;

(6) 有符合要求的营业场所、安全防范设施和与基金托管业务有关的其他设施;

(7) 有完善的内部稽核监控制度和风险控制制度;

(8) 法律、行政法规规定的和经国务院批准的国务院证券监督管理机构、国务院银行业监督管理机构规定的其他条件。

(二) 基金份额发售的条件和程序

1. 基金份额发售的条件

基金管理人依照《证券投资基金法》发售基金份额,募集资金,应当向国务院证券监督管理机构提交下列文件,并经国务院证券监督管理机构核准:

(1) 申请报告;

(2) 基金合同草案;

(3) 基金托管协议草案;
(4) 招募说明书草案;
(5) 基金管理人和基金托管人的资格证明文件;
(6) 经会计师事务所审计的基金管理人和基金托管人最近3年或者成立以来的财务会计报告;
(7) 律师事务所出具的法律意见书;
(8) 国务院证券监督管理机构规定提交的其他文件。

2. 基金份额发售的程序

(1) 国务院证券监督管理机构应当自受理基金募集申请之日起6个月内依照法律、行政法规及国务院证券监督管理机构的规定和审慎监管原则进行审查,作出核准或者不予核准的决定,并通知申请人;不予核准的,应当说明理由。

(2) 基金募集申请经核准后,方可发售基金份额。

(3) 基金份额的发售,由基金管理人负责办理;基金管理人可以委托经国务院证券监督管理机构认定的其他机构代为办理。

(4) 基金管理人应当在基金份额发售的3日前公布招募说明书、基金合同及其他有关文件。

(5) 基金管理人应当自收到核准文件之日起6个月内进行基金募集。超过6个月开始募集,原核准的事项未发生实质性变化的,应当报国务院证券监督管理机构备案;发生实质性变化的,应当向国务院证券监督管理机构重新提交申请。

(6) 基金募集期限届满,封闭式基金募集的基金份额总额达到核准规模的80%以上,开放式基金募集的基金份额总额超过核准的最低募集份额总额,并且基金份额持有人人数符合国务院证券监督管理机构规定的,基金管理人应当自募集期限届满之日起10日内聘请法定验资机构验资,自收到验资报告之日起10日内,向国务院证券监督管理机构提交验资报告,办理基金备案手续,并予以公告。

基金募集期限届满,不能满足上述条件的,基金管理人应当承担下列责任:以其固有财产承担因募集行为而产生的债务和费用;在基金募集期限届满后30日内返还投资人已缴纳的款项,并加计银行同期存款利息。

(7) 投资人缴纳认购的基金份额的款项时,基金合同成立;基金管理人依法向国务院证券监督管理机构办理基金备案手续,基金合同生效。

第三节 证券上市与交易

《证券法》规定:"依法公开发行的股票、公司债券及其他证券,应当在依法设立的证券交易所上市交易或者在国务院批准的其他证券交易场所转让。"本节着重介绍证券上市制度、证券交易制度、持续信息公开制度、上市公司的收购、限制的交易行为和

 金融法规

禁止的交易行为。

一、证券上市制度

(一) 证券上市概述

1. 证券上市的概念

证券上市是指公开发行的有价证券,依据法定条件和程序,在证券交易所或其他依法设立的交易市场公开挂牌交易的行为。在证券交易所内买卖的有价证券,称为上市证券;发行上市证券的公司称为上市公司。证券上市制度,是指有关证券上市的标准和程序、上市证券的暂停与终止等一系列规则的总称。

证券上市的意义在于,证券上市是连接证券发行市场和证券交易市场的桥梁,是依法发行的证券进入证券交易所进行证券交易的前提。对于上市公司来说,有利于其提高知名度和信誉;为其今后进一步筹措资金,开拓新的市场领域提供了有利条件;并能促使其改善经营管理,提高经济效益。对于投资者来说,则有利于其减少投资风险;证券上市有利于形成公正的证券价格,促进证券流通,可以保护投资者的利益。

2. 证券上市的类型

根据不同的标准,证券上市可以分为不同的类型:

(1) 授权上市与认可上市。根据证券上市的程序不同,证券上市可以分为授权上市与认可上市。

1) 授权上市,又称核准上市,是指证券交易所根据证券发行人的申请,依照规定程序核准的证券上市。

2) 认可上市,是指经证券交易所认可后,证券即可进入证券交易所上市交易的上市方式,主要适用于各种政府债券。

(2) 普通上市与首次发行上市。根据证券上市与证券发行之间的关系不同,证券上市可以分为普通上市与首次发行上市。

1) 普通上市,是指证券发行人于股票或公司债券发行后,另择日期申请并获准上市。

2) 首次发行上市,是指公司发行人在公开发行股票或者公司债券的同时,已确定近期上市计划,并于发行成功后的合理时间内申请股票或公司债券上市交易。

(3) 股票上市与债券上市。股票上市,是指符合规定条件的公司的股票在证券交易所挂牌交易。股份有限公司申请股票上市交易,应当向证券交易所提出申请,由证券交易所依法审核同意,并由双方签订上市协议。同时应聘请有保荐资格的机构担任保荐人,依法进行保荐。

债券上市,主要是指经证券交易所依法审核同意的公司所发行的债券在证券交易所上市交易。此外,证券交易所根据国务院授权的部门的决定安排政府债券上市交易。

(二) 证券上市的条件

1. 股票上市的条件

股份有限公司申请股票上市,应当符合下列条件:

(1) 股票经国务院证券监督管理机构核准已公开发行；
(2) 公司股本总额不少于人民币 3000 万元；
(3) 公开发行的股份达到公司股份总数的 25% 以上；公司股本总额超过人民币 4 亿元的，公开发行股份的比例为 10% 以上；
(4) 公司最近 3 年无重大违法行为，财务会计报告无虚假记载。

证券交易所可以规定高于上述规定的上市条件，并报国务院证券监督管理机构批准。国家鼓励符合产业政策并符合上市条件的公司股票上市交易。

申请股票上市交易，应当向证券交易所报送下列文件：①上市报告书；②申请股票上市的股东大会决议；③公司章程；④公司营业执照；⑤依法经会计师事务所审计的公司最近 3 年的财务会计报告；⑥法律意见书和上市保荐书；⑦最近一次的招股说明书；⑧证券交易所上市规则规定的其他文件。

2. 公司债券上市的条件

公司申请公司债券上市交易，应当符合下列条件：
(1) 公司债券的期限为 1 年以上；
(2) 公司债券实际发行额不少于人民币 5000 万元；
(3) 公司申请债券上市时应符合法定的公司债券发行条件。

申请公司债券上市交易，应当向证券交易所报送下列文件：①上市报告书；②申请公司债券上市的董事长决议；③公司章程；④公司营业执照；⑤公司债券募集办法；⑥公司债券的实际发行数额；⑦证券交易所上市规则规定的其他文件。申请可转换为股票的公司债券上市交易，还应当报送保荐人出具的上市保荐书。

3. 证券投资基金上市的条件

封闭式基金的基金份额，经基金管理人申请，国务院证券监督管理机构核准，可以在证券交易所上市交易。国务院证券监督管理机构可以授权证券交易所依照法定条件和程序核准基金份额上市交易。

基金份额上市交易，应当符合下列条件：
(1) 基金的募集符合证券投资基金法的规定；
(2) 基金合同期限为 5 年以上；
(3) 基金募集金额不低于人民币 2 亿元；
(4) 基金份额持有人不少于 1000 人；
(5) 基金份额上市交易规则规定的其他条件。

基金份额上市交易规则由证券交易所制定，报国务院证券监督管理机构核准。

开放式基金在销售机构的营业场所销售及赎回，不上市交易。开放式基金的基金份额的申购、赎回和登记，由基金管理人负责办理；基金管理人可以委托经国务院证券监督管理机构认定的其他机构代为办理。基金管理人应当在每个工作日办理基金份额的申购、赎回业务；基金合同另有约定的，按照其约定。

(三) 证券上市的程序

(1) 申请证券上市交易，应当向证券交易所提出申请，由证券交易所依法审核同

 金融法规

意,并由双方签订上市协议。证券交易所根据国务院授权的部门的决定安排政府债券上市交易。

(2) 申请股票、可转换为股票的公司债券或者法律、行政法规规定实行保荐制度的其他证券上市交易,应当聘请具有保荐资格的机构担任保荐人。

(3) 股票上市交易申请经证券交易所审核同意后,签订上市协议的公司应当在规定的期限内公告股票上市的有关文件,并将该文件置备于指定场所供公众查阅。签订上市协议的公司除公告上述文件外,还应当公告下列事项:

1) 股票获准在证券交易所交易的日期;

2) 持有公司股份最多的前10名股东的名单和持股数额;

3) 公司的实际控制人;

4) 董事、监事、高级管理人员的姓名及其持有本公司股票和债券的情况。

(4) 公司债券上市交易申请经证券交易所审核同意后,签订上述协议的公司应当在规定的期限内公告公司债券上市文件及有关文件,并将其申请文件置备于指定场所供公众查阅。

(5) 对证券交易所作出的不予上市、暂停上市、终止上市决定不服的,可以向证券交易所设立的复核机构申请复核。

(四) 证券上市的暂停与终止

1. 股票上市的暂停与终止

上市公司有下列情形之一的,由证券交易所决定暂停其股票上市交易:

(1) 公司股本总额、股权分布等发生变化不再具备上市条件;

(2) 公司不按照规定公开其财务状况,或者对财务会计报告作虚假记载,可能误导投资者;

(3) 公司有重大违法行为;

(4) 公司最近3年连续亏损;

(5) 证券交易所上市规则规定的其他情形。

上市公司有下列情形之一的,由证券交易所决定终止其股票上市交易:

(1) 公司股本总额、股权分布等发生变化不再具备上市条件,在证券交易所规定的期限内仍不能达到上市条件;

(2) 公司不按照规定公开其财务状况,或者对财务会计报告作虚假记载,且拒绝纠正;

(3) 公司最近3年连续亏损,在其后1个年度内未能恢复盈利;

(4) 公司解散或者被宣告破产;

(5) 证券交易所上市规则规定的其他情形。

【案例4-6】4家上市公司存在以下情形:①A公司有重大违法行为,经查实后果严重;②B公司情况发生重大变化不符合公司债券上市条件;③C公司债券所募集资金不按照核准的用途使用;④D公司最近两年连续亏损,在限期内未消除。请分析属于应

第四章 证券法律制度

当由证券交易所决定暂停其债券上市交易的有哪些公司？

【案例分析】B公司和C公司的情形属于证券交易所决定暂停其债券上市交易。根据规定，属于应当暂停其公司债券上市交易情形有：公司情况发生重大变化不符合公司债券上市条件；公司债券所募集资金不按照核准的用途使用；公司有重大违法行为，经查实后果严重的；公司最近两年连续亏损，在限期内未消除的，属于应当终止其公司债券上市交易的情形。

2. 公司债券上市的暂停与终止

公司债券上市交易后，公司有下列情形之一的，由证券交易所决定暂停其公司债券上市交易：

（1）公司有重大违法行为；
（2）公司情况发生重大变化不符合公司债券上市条件；
（3）公司债券所募集资金不按照核准的用途使用；
（4）未按照公司债券募集办法履行义务；
（5）公司最近两年连续亏损。

公司有第（1）项、第（4）项所列情形之一，经查实后果严重的，或者有第（2）项、第（3）项、第（5）项所列情形之一，在限期内未能消除的，由证券交易所决定终止其公司债券上市交易。

公司解散或者被宣告破产的，由证券交易所终止其上市交易。

3. 证券投资基金上市的暂停或终止

基金份额上市交易后，有下列情形之一的，由证券交易所暂停其上市交易：

（1）发生重大变更而不符合上市条件；
（2）违反国家法律、法规，国务院证券监督管理机构决定暂停上市；
（3）严重违反投资基金上市规则；
（4）国务院证券监督管理机构和证券交易所认为须暂停上市的其他情形。

基金份额上市交易后，有下列情形之一的，由证券交易所终止其上市交易，并报国务院证券监督管理机构备案：

（1）不再具备《证券投资基金法》规定的上市交易条件；
（2）基金合同期限届满；
（3）基金份额持有人大会决定提前终止其上市交易；
（4）基金合同约定的或者基金份额上市交易规则规定的终止上市交易的其他情形。

二、证券交易制度

（一）证券交易概述

证券交易，主要指证券买卖，即证券持有人依照证券交易规则，借助证券交易场所，将已依法发行的证券转让给其他证券投资者的行为。证券交易当事人依法买卖的证

 金融法规

券，必须是依法发行并交付的证券。证券交易具有流动性、收益性和风险性等特征。

证券交易的方式可以分为集中竞价交易和非集中竞价交易两种，分别适用于证券交易所和场外交易市场。《证券法》规定："证券在证券交易所上市交易，应当采用公开的集中交易方式或者国务院证券监督管理机构批准的其他方式。"

集中竞价交易，是指所有该类证券的买主和卖主集中在证券交易所公开申报和竞价交易，实行价格优先、时间优先的原则。具体包括以下方式：

（1）集合竞价，是指对一段时间内接受的买卖申报一次性集中撮合的集中竞价形式。

（2）连续竞价，是指对买卖申报逐笔连续撮合的竞价方式。

由证券经纪公司参与证券交易是主要方式，证券交易程序是证券交易所买进或者卖出证券的具体步骤，具体、明确、严格，主要分为开立证券交易账户、委托指令、委托指令的竞价与成交、清算与交割以及证券登记、过户等步骤。场外交易的程序相对较为简单。

（二）证券交易的类型

根据不同的标准，证券交易可以分为不同的类型：

1. 现货交易、期货交易、信用交易和期权交易

根据证券交易形式的不同，证券交易可以分为现货交易、期货交易、信用交易和期权交易。

（1）现货交易，是指证券交易双方在成交后即时清算交割证券和价款的交易形式。

现货交易是证券交易的基本形式，广泛为各国证券交易所采用。现货交易双方，分别为持券待售者和持币待购者。持券待售者意欲将所持证券转变为现金，持币待购者则希望将所持货币转变为证券。现代社会的现货交易中，证券成交与交割间通常都有一定时间间隔，时间间隔长短依证券交易所规定的交割日期确定。交割日期主要有当日交割、次日交割和例行交割，分别为在成交当日、成交完成后下一个营业日以及成交后5个营业日内进行交割。

（2）期货交易，是指证券交易双方在期货交易所集中交易标准化期货合约的交易形式。

期货交易对象是期货合约，是指由期货交易所统一制定的、规定在将来某一特定的时间和地点交割一定数量标的物的标准化合约。根据期货合约，一方当事人应于交割期限内，向持有期货合约的另一方交付期货合约指定数量的商品或金融产品。

（3）信用交易，又称保证金交易，是指证券投资者按照法律规定，在买卖证券时只向证券公司交付一定的保证金，由证券公司进行融资或融券进行交易的交易形式。

信用交易包括融资买进和融券卖出两种形式，或称融资信用交易与融券信用交易，简称融资融券交易。融资交易是指投资者提供一定数量的现款作为保证金，而由证券商为投资者垫付部分交易资金以购买证券的保证金交易方式。证券融资交易又称保证金买空行为。融券交易是指证券商向投资者借贷一定数量的证券，而由投资人在约定期限内偿还同等数量的证券，并支付一定费用的证券交易方式。融券交易又称保证金卖空

第四章 证券法律制度

交易。

《证券法》规定，证券公司为客户买卖证券提供融资融券服务，应当按照国务院的规定并经国务院证券监督管理机构批准。

（4）期权交易，是指证券交易双方在期货交易所集中交易标准化期权合约的交易形式。

期权交易是当事人为获得证券市场价格波动带来的利益，约定在一定时间内，以特定价格买进或卖出指定证券，或者放弃买进或卖出指定证券的交易。期权交易的对象是期权合约，是指由期货交易所统一制定的、规定买方有权在将来某一时间以特定价格买入或者卖出约定标的物的标准化合约。期权分为看涨期权和看跌期权两种基本类型。期权交易属于选择权交易。

2. 全价交易和净价交易

根据债券交易价格组成不同，证券交易可以分为全价交易和净价交易。

（1）全价交易，是指公司债券以全价（含息价）进行报盘、竞价、撮合、成交，并以全价结算。对债券报价时，全价交易不仅要对债券的本金报价，还要对应计的利息报价。

（2）净价交易，是指公司债券以净价（不含息价）进行报盘、竞价、撮合、成交，并以净价结算，默认由持有人享有持有期的利息收入。

目前的银行间债券市场和证券交易所债券市场都实行净价交易。

三、信息披露制度

信息披露制度，又称信息公开制度，是证券发行人、上市公司及其他主体，依照法律规定的方式，将证券发行、交易及与之有关的重大信息予以公开的一种法律制度。

信息披露制度包括证券发行的信息披露和持续信息公开。

（1）证券发行的信息披露，是指证券公开发行时对发行人、拟发行的证券以及与发行证券有关的信息进行披露。该类信息披露文件主要有招股说明书、募集说明书、上市公告书等。

（2）持续信息公开，是指证券上市交易过程中发行人、上市公司对证券上市交易及与证券交易有关的信息要进行持续的披露。该类信息披露文件主要有上市公司定期报告（包括中期报告和年度报告）和上市公司临时报告（即重大事件公告）。

《证券法》规定，发行人、上市公司依法披露的信息，必须真实、准确、完整，不得有虚假记载、误导性陈述或者重大遗漏。经国务院证券监督管理机构核准依法公开发行股票，或者经国务院授权的部门核准依法公开发行公司债券，应当公告招股说明书、公司债券募集办法。依法公开发行新股或者公司债券的，还应当公告财务会计报告。

（一）证券发行的信息披露

（1）发行人向国务院证券监督管理机构或者国务院授权的部门报送的证券发行申

请文件，必须真实、准确、完整。发行人依法披露的信息，必须真实、准确、完整，不得有虚假记载、误导性陈述或者重大遗漏。上市公司发行的证券，必须真实、准确、完整，及时、公平地披露或者提供信息，不得有虚假记载、误导性陈述或者重大遗漏。

（2）发行人应当按照中国证监会的有关规定编制和披露招股说明书。招股说明书内容与格式准则是信息披露的最低要求。不论准则是否有明确规定，凡是对投资者作出投资决策有重大影响的信息，均应当予以披露。发行人及其全体董事、监事和高级管理人员应当在招股说明书上签字、盖章，保证招股说明书的内容真实、准确、完整。保荐人及其保荐代表人应当对招股说明书的真实性、准确性、完整性进行核查，并在核查意见上签字、盖章。

（3）保荐人及其保荐代表人应当遵循勤勉尽责、诚实守信的原则，认真履行审慎核查和辅导义务，并对其所出具的发行保荐书的真实性、准确性、完整性负责。

（4）证券公司承销证券，应当对公开发行募集文件的真实性、准确性、完整性进行核查；发现有虚假记载、误导性陈述或者重大遗漏的，不得进行销售活动；已经销售的，必须立即停止销售活动，并采取纠正措施。

（5）为证券发行出具有关文件的证券服务机构和人员，应当按照本行业公认的业务标准和道德规范，严格履行法定职责，并对其所出具文件的真实性、准确性和完整性负责。

（6）上市公司在非公开发行新股后，应当依法披露发行情况报告书。

（二）上市公司定期报告

上市公司应当披露的定期报告包括年度报告、中期报告和季度报告。凡是对投资者作出投资决策有重大影响的信息，均应当披露。

1. 中期报告

上市公司和公司债券上市交易的公司，应当在每一会计年度的上半年结束之日起两个月内，向国务院证券监督管理机构和证券交易所报送记载以下内容的中期报告，并予公告：

（1）公司财务会计报告和经营情况；

（2）涉及公司的重大诉讼事项；

（3）已发行的股票、公司债券变动情况；

（4）提交股东大会审议的重要事项；

（5）国务院证券监督管理机构规定的其他事项。

《证券法》所规定的中期报告实际上仅指半年报。季报属于广义的中期报告的范畴，一般不需经过审计，但证监会和上交所、深交所另有规定的除外。季度报告不属于《证券法》规定的中期报告的内容，但仍是上市公司需要进行信息披露的重要内容。

2. 年度报告

上市公司和公司债券上市交易的公司，应当在每一会计年度结束之日起4个月内，向国务院证券监督管理机构和证券交易所报送记载以下内容的年度报告，并予公告：

（1）公司概况；

(2) 公司财务会计报告和经营情况；
(3) 董事、监事、高级管理人员简介及其持股情况；
(4) 已发行的股票、公司债券情况，包括持有公司股份最多的前10名股东名单和持股数额；
(5) 公司的实际控制人；
(6) 国务院证券监督管理机构规定的其他事项。

(三) 上市公司临时报告

发生可能对上市公司股票交易价格产生较大影响的重大事件，投资者尚未得知时，上市公司应当立即将有关该重大事件的情况向国务院证券监督管理机构和证券交易所报送临时报告，并予公告，说明事件的起因、目前的状态和可能产生的法律后果。

所谓重大事件，主要包括：

(1) 公司的经营方针和经营范围的重大变化；
(2) 公司的重大投资行为和重大的购置财产的决定；
(3) 公司订立重要合同，可能对公司的资产、负债、权益和经营成果产生重要影响；
(4) 公司发生重大债务和未能清偿到期重大债务的违约情况；
(5) 公司发生重大亏损或者重大损失；
(6) 公司生产经营的外部条件发生的重大变化；
(7) 公司的董事、1/3 以上监事或者经理发生变动；
(8) 持有公司5%以上股份的股东或者实际控制人，其持有股份或者控制公司的情况发生较大变化；
(9) 公司减资、合并、分立、解散及申请破产的决定；
(10) 涉及公司的重大诉讼，股东大会、董事会决议被依法撤销或者宣告无效；
(11) 公司涉嫌犯罪被司法机立案调查，公司董事、监事、高级管理人员涉嫌犯罪被司法机关采取强制措施；
(12) 国务院证券监督管理机构规定的其他事项。

四、上市公司的收购

(一) 上市公司收购概述

上市公司的收购，是指收购人以依法通过取得股份的方式成为一个上市公司的控股股东，或通过投资关系、协议、其他安排的途径成为一个上市公司的实际控制人，或同时采取上述方式和途径取得上市公司控制权的行为。根据我国《证券法》的规定，投资者可以采取要约收购、协议收购及其他合法方式收购上市公司。

上市公司的收购，具有以下几个特征：①收购的对象是上市公司；②收购的目标是上市公司股份；③收购的主体是投资者，包括自然人和法人；④收购是一种投资者与投资者之间进行股份转让的行为；⑤收购的目的是获得或者进一步巩固对上市公司的控制权。

有下列情形之一的，表明已获得或拥有上市公司的控制权：①投资者为上市公司持股50%以上的控股股东；②投资者可以实际支配上市公司股份表决权超过30%；③投资者通过实际支配上市公司股份表决权能够决定公司董事会半数以上成员选任；④投资者依其可实际支配的上市公司股份表决权足以对公司股东大会的决议产生重大影响；⑤证监会认定的其他情形。

（二）要约收购

1. 要约收购的概念

要约收购，是指投资者向目标公司的所有股东发出要约，表明愿意以要约中的条件购买目标公司的股票，以期达到对目标公司控制权的获得或巩固的法律行为。依据法律，投资者可以自愿选择通过向被收购公司的所有股东发出全面要约，或向被收购公司的部分股东发出要约的方式来收购上市公司的股份。

2. 要约收购的程序

（1）报送要约收购报告书。收购人在发出收购要约前须事先向国务院证券监督管理机构报送上市公司收购报告书，收购报告书载明下列事项：①收购人的名称、住所；②收购人关于收购的决定；③被收购的上市公司名称；④收购目的；⑤收购股份的详细名称和预定收购的股份数额；⑥收购的期限和价格；⑦收购所需资金额及资金保证；⑧报送上市收购报告书时持有被收购公司股份数与该公司已发行的股份总数的比例。收购人还应当将公司收购报告书提交证券交易所。

（2）公告收购要约。收购人从依照规定报送上市公司收购报告书之日起15日后，公告其收购要约，收购要约公告有效的期限不得少于30日，也不得超过60日。在收购要约的有效期内，收购人不得撤回其收购要约。在此期限内，收购人若需变更收购要约事项的，必须事先向国务院证券监督管理机构及证券交易所提出报告，经获准后予以公告。

收购要约中提出的各项收购条件，适用于被收购公司所有的股东。收购人在要约有效期限内，不得采取要约规定以外的形式和超出要约规定的条件买卖被收购公司的股票。

（3）预受和收购。预受是指被收购公司股东同意接受要约的初步意思表示。预受股东应该通过证券公司办理相关手续。

收购期限届满，发出部分收购要约的收购人应按照约定的条件购买被收购公司股东预受的股份，预受要约股份的数量超过预定收购数量时，按同比例收购预受要约的股份。

（4）收购结束报告与公告。收购上市公司的行为结束后，收购人应当在15日内将收购情况报告国务院证券监督管理机构和证券交易所，并予公告。

（三）协议收购

1. 协议收购的概念

协议收购，是指收购人在场内证券交易市场外，与目标公司管理部门或股东私下达

第四章　证券法律制度

成协议并按协议规定的收购条件、收购价格、收购期限及其他规定事项收购目标公司股份的行为。

2. *协议收购的程序*

（1）协商并签订收购协议。采取协议收购方式的，收购人可以依照法律、行政法规的规定同被收购公司的股东以协议方式进行股份转让，达成一致意见并签订书面协议。收购上市公司中涉及国家授权投资机构持有的股份，应当按照国务院的规定，经有关主管部门批准，批准后才可以正式签订收购协议。

（2）报告并公告收购协议。以协议方式收购上市公司时，达成协议后，收购人必须在3日内将该收购协议向国务院证券监督管理机构及证券交易所作出书面报告，并予公告。在公告前不得履行收购协议。

（3）保存股票与资金存放。采取协议收购方式的，协议双方可以临时委托证券登记结算机构保管协议转让的股票，并将资金存放于指定的银行。

（4）履行收购协议。协议收购的当事人在履行报告、公告义务后，应该按照证券交易所和证券登记结算机构的业务规则，申请办理股份转让和过户登记手续。

（5）收购结束报告与公告。收购行为结束后，收购人应当在15日内将收购情况报告国务院证券监督管理机构和证券交易所，并予公告。

（四）上市公司收购的法律后果

收购期限届满，被收购公司股权分布不符合上市条件的，该上市公司的股票应当由证券交易所依法终止上市交易；其余仍持有被收购公司股票的股东，有权向收购人以收购要约的同等条件出售其股票，收购人应当收购。收购行为完成后，被收购公司不再具备股份有限公司条件的，应当依法变更企业形式。

在上市公司收购中，收购人持有的被收购的上市公司的股票，在收购行为完成后的12个月内不得转让。

收购行为完成后，收购人与被收购公司合并，并将该公司解散的，被解散公司的原有股票由收购人依法更换。

收购行为完成后，收购人应当在15日内将收购情况报告国务院证券监督管理机构和证券交易所，并予公告。

收购上市公司中由国家授权投资的机构持有的股份，应当按照国务院的规定，经有关主管部门批准。

五、限制的交易行为

（一）对证券交易主体的限制

（1）证券交易所、证券公司和证券登记结算机构的从业人员、证券监督管理机构的工作人员以及法律、行政法规禁止参与股票交易的其他人员，在任期或者法定期限内，不得直接或者以化名、借他人名义持有、买卖股票，也不得收受他人赠送的股票。任何人在成为上述所列人员时，其原已持有的股票，必须依法转让。

(2) 为股票发行出具审计报告、资产评估报告或者法律意见书等文件的证券服务机构和人员，在该股票承销期内和期满后 6 个月内，不得买卖该种股票。除上述规定外，为上市公司出具审计报告、资产评估报告或者法律意见书等文件的证券服务机构和人员，自接受上市公司委托之日起至上述文件公开后 5 日内，不得买卖该种股票。

(3) 公司董事、监事、高级管理人员应当向公司申报所持有的本公司的股份及其变动情况，在任职期间每年转让的股份不得超过其所持有本公司股份总数的 25%；所持有公司股份自公司股票上市交易之日起 1 年内不得转让。上述人员离职后半年内，不得转让其所持有的本公司股份。公司章程可以对公司董事、监事、高级管理人员转让其所持有的本公司股份作出其他限制性规定。

（二）对证券交易客体的限制

(1) 证券交易当事人依法买卖的证券，必须是依法发行并交付的证券。非依法发行的证券，不得买卖。

(2) 依法发行的股票、公司债券及其他证券，法律对其转让期限有限制性规定的，在限定的期限内不得买卖。

(3) 发起人持有的本公司股份，自公司成立之日起 1 年内不得转让。公司公开发行股份前已发行的股份，自公司股票在证券交易所上市交易之日起 1 年内不得转让。

（三）对短线交易的限制

上市公司董事、监事、高级管理人员、持有上市公司股份 5% 以上的股东，将其持有的该公司的股票在买入后 6 个月内卖出，或者在卖出后 6 个月内又买入，由此所得收益归该公司所有，公司董事会应当收回其所得收益。但是，证券公司因包销购入售后剩余股票而持有 5% 以上股份的，卖出该股票不受 6 个月的时间限制。

【案例 4-7】某股份有限公司于 2007 年 7 月在上海证券交易所上市。上市以来，公司发生了下列事项：

(1) 2007 年 10 月，董事张某将所持公司股份 30 万股中的 3 万股卖出；2008 年 5 月，董事李某将所持公司股份 15 万股中的 4 万股卖出；董事王某因私人理由，于 2007 年 11 月辞去董事职务，并于 2008 年 4 月将其所持公司股份 8 万股全部卖出。

(2) 监事赵某于 2007 年 11 月 7 日以均价每股 12 元的价格购买 6 万股公司股票，并于 2008 年 3 月 5 日以均价 20 元的价格将上述股票全部卖出。

(3) 2008 年 5 月 15 日，公司发布年度报告。同年 3 月 10 日接受委托为该企业年报出具法律意见书的律师吴某，同年 4 月 28 日完成法律意见书的制作并向公司提交，同年 5 月 8 日购买该企业股票 1 万股；为该企业年报出具审计报告的注册会计师刘某于同年 5 月 22 日购买该企业股票 2 万股。

(4) 公司股东大会于 2008 年 3 月 6 日通过决议，由公司收购本公司股票 1200 万股，即公司发行股份总额的 3%，用于奖励本公司职工。同年 4 月，公司从资本公积金中出资收购上述股票，并将其中的 800 万股转让给公司职工，剩余的 400 万股拟在 2009

第四章 证券法律制度

年4月转让给即将被吸收合并于该公司的另一企业的职工。

(5) 公司股东大会于2008年10月10日通过决议，公开发行债券2000万元（期限5年，每年年末付息一次，利息率为5%），专门用于清偿公司即将到期的债券及其利息，该次债券发行后，累计债券余额为人民币1亿元，公司净资产为人民币2.4亿元。

根据以上资料，回答以下问题：

1. 张某、李某和王某卖出所持公司股票的行为是否符合法律规定？
2. 赵某买卖公司股票的行为是否符合法律规定？
3. 吴某、刘某买入公司股票的行为是否符合法律规定？
4. 公司收购用于奖励职工的本公司股票数额是否符合法律规定？公司从资本公积金中出资收购用于奖励职工的本公司股票的行为是否符合法律规定？公司预留400万股股票拟在2009年4月转让其他职工的行为是否符合法律规定？
5. 公司该次发行公司债券的行为是否符合法律规定？

【案例解析】

1. 张某卖出所持公司股票的行为不符合法律规定。根据规定，董事、监事、高级管理人员所持本公司股份，自公司股票上市交易之日起1年内不得转让。

李某卖出所持公司股票的行为不符合法律规定，根据规定，董事、监事、高级管理人员所持本公司股份，自公司股票上市交易之日起1年内不得转让，且任职期间每年转让的股份不得超过其所持有本公司股份总额的25%。

王某卖出所持公司股票的行为不符合法律规定，根据规定，董事、监事、高级管理人员离职后6个月内，不得转让其所持有的本公司股份。

2. 赵某买卖公司股票的行为不符合法律规定。根据规定，上市公司董事、监事、高级管理人员、持有上市公司股份5%以上的股东，将其持有的该企业的股票在买入后6个月内卖出，或者在卖出后6个月内又买入，由此所得收益归企业所有，公司董事会应当收回其所得收益。

3. 吴某买入公司股票的行为不符合规定；刘某买入公司股票的行为符合法律规定。根据规定，为上市公司出具审计报告、资产评估报告或者法律意见书等文件的证券服务机构和人员，自接受上市公司委托之日起至上述文件公开后5日内，不得买卖该种股票。

4. 公司收购用于奖励职工的本公司股票符合法律规定，但不能从资本公积金中出资收购用于奖励职工的本公司股票，也不能预留400万股股票转让给职工。根据规定，将股份奖励给本公司职工，收购的本公司股份，不得超过本公司已发行股份总额的5%，用于收购的资金应当从公司税后利润中支出，所收购的股份应当在1年内转让给职工。

5. 公司该次发行公司债券的行为不符合法律规定。根据规定，公开发行公司债券，募集的资金投向应当符合国家产业政策，累计债券余额不超过公司净资产的40%。

六、禁止的交易行为

(一) 内幕交易

内幕交易，是指证券交易内幕信息的知情人和非法获取内幕信息的人利用内幕信息买卖其所持有的该公司的证券，或者泄露该信息或建议他人买卖该证券的行为。

禁止证券交易内幕信息的知情人和非法获取内幕信息的人利用内幕信息从事证券交易活动。

证券交易内幕信息的知情人包括：

(1) 发行人的董事、监事、高级管理人员；

(2) 持有公司5%以上股份的股东及其董事、监事、高级管理人员，公司的实际控制人及其董事、监事、高级管理人员；

(3) 发行人控股的公司及其董事、监事、高级管理人员；

(4) 由于所任公司职务可以获取公司有关内幕信息的人员；

(5) 证券监督管理机构工作人员以及由于法定职责对证券的发行、交易进行管理的其他人员；

(6) 保荐人、承销的证券公司、证券交易所、证券登记结算机构、证券服务机构的有关人员；

(7) 国务院证券监督管理机构规定的其他人员。

【知识拓展】

内幕信息的界定

内幕信息，是指证券交易活动中，涉及公司的经营、财务或者对该公司证券的市场价格有重大影响的尚未公开的信息。内幕信息的界定，对于内幕交易的成立具有至关重要的作用。从内幕信息的性质、内容、状态和来源的角度分析，内幕信息需具备未公开性和重要性。下列信息皆属于内幕信息：

(1) 重大事件（即本章"信息披露制度"部分所列的重大事件）；

(2) 公司分配股利或者增资的计划；

(3) 公司股权结构的重大变化；

(4) 公司债务担保的重大变更；

(5) 公司营业用主要资产的抵押、出售或者报废一次超过该资产的30%；

(6) 公司的董事、监事、高级管理人员的行为可能依法承担重大损害赔偿责任；

(7) 上市公司收购的有关方案；

(8) 国务院证券监督管理机构认定的对证券交易价格有显著影响的其他重要信息。

证券交易内幕信息的知情人和非法获取内幕信息的人，在内幕信息公开前，不得买卖该公司的证券，或者泄露该信息，或者建议他人买卖该证券。

持有或者通过协议、其他安排与他人共同持有公司5%以上股份的自然人、法人、其他组织收购上市公司的股份，证券法另有规定的，适用其规定。

内幕交易行为给投资者造成损失的，行为人应当依法承担赔偿责任。

（二）操纵证券市场

操纵证券市场，是指以获取利益或减少损失为目的，利用手中掌握的资金等优势影响证券市场价格，制造证券市场假象，诱导或者致使投资者在不了解事实真相的情况下作出证券投资决定，扰乱证券市场秩序的行为。

禁止任何人以下列手段操纵证券市场：

（1）单独或者通过合谋，集中资金优势、持股优势或者利用信息优势联合以及连续买卖，操纵证券交易价格或者证券交易量；

（2）与他人串通，以事先约定的时间、价格和方式相互进行证券交易，影响证券交易价格或者证券交易量；

（3）在自己实际控制的账户之间进行证券交易，影响证券交易价格或者证券交易量；

（4）以其他手段操纵证券市场。

操纵证券市场行为给投资者造成损失的，行为人应当依法承担赔偿责任。

（三）虚假陈述

虚假陈述，是指信息披露义务人违反证券法律规定，在证券发行或者交易过程中，对重大事件作出违背事实真相的虚假记载、误导性陈述，或者在披露信息时发生重大遗漏、不正当披露信息的行为。

禁止国家工作人员、传播媒介从业人员和有关人员编造、传播虚假信息，扰乱证券市场。禁止证券交易所、证券公司、证券登记结算机构、证券服务机构及其从业人员，证券业协会、证券监督管理机构及其工作人员，在证券交易活动中作出虚假陈述或者信息误导。各种传播媒介传播证券市场信息必须真实、客观，禁止误导。

（四）欺诈客户

欺诈客户，是指证券公司及其从业人员在证券交易及相关活动中，进行的违背客户真实意思表示、损害其利益的行为。

禁止证券公司及其从业人员从事下列损害客户利益的欺诈行为：

（1）违背客户的委托为其买卖证券；

（2）不在规定时间内向客户提供交易的书面确认文件；

（3）挪用客户所委托买卖的证券或者客户账户上的资金；

（4）未经客户的委托，擅自为客户买卖证券，或者假借客户的名义买卖证券；

（5）为牟取佣金收入，诱使客户进行不必要的证券买卖；

（6）利用传播媒介或者通过其他方式提供、传播虚假或者误导投资者的信息；

（7）其他违背客户真实意思表示、损害客户利益的行为。

欺诈客户行为给客户造成损失的，行为人应当依法承担赔偿责任。

【案例4-8】 XYZ证券公司利用资金优势，在3个交易日内对某一上市公司的股票进行连续买卖，使该股票从每股20元迅速上升到26元，然后在此价位大量卖出该股票获利。另外，该证券公司从业人员万某利用其职务便利知悉的法定内幕信息以外的其他未公开的经营信息，违反规定从事相关交易活动，牟取非法利益。请分析该证券公司及其从业人员的行为是否违法。

【案例解析】 该证券公司及其从业人员的行为违法。根据规定，该证券公司的行为属于操纵证券市场行为；该证券公司从业人员的行为属于违法违规进行证券投资、牟取私利的行为。

本章小结：

1. 广义的《证券法》，是指调整证券发行与交易活动中以及证券监管过程中所发生的社会关系的法律规范的总称，包括《证券法》统辖下一系列有关证券发行、交易和监管的法律、行政法规、部门规章及规范性文件。

2. 《证券法》的立法宗旨是为了规范证券发行和交易行为，保护投资者的合法权益，维护社会经济秩序和社会公共利益，促进社会主义市场经济的发展。

3. 证券交易所是为证券集中交易提供场所和设施，组织和监督证券交易，实行自律管理的法人。

4. 证券公司，是指依法成立、经营证券业务以及相关业务的机构。设立证券公司，必须经国务院证券监督管理机构审查批准。未经国务院证券监督管理机构批准，任何单位和个人不得经营证券业务。

5. 国务院证券监督管理机构依法对证券市场实行监督管理，维护证券市场秩序，保障其合法运行。

6. 证券发行和证券交易是证券市场的主要构成部分，两者相辅相成。证券发行是发行人、上市公司筹集资金的基本途径。依据发行的证券品种的不同，证券发行可以分为股票发行、公司债券发行与投资基金份额发售。依法公开发行的股票、公司债券及其他证券，应当在依法设立的证券交易所上市交易或者在国务院批准的其他证券交易场所转让。

7. 上市公司的收购，是指收购人依法通过取得股份的方式成为一个上市公司的控股股东，或通过投资关系、协议、其他安排的途径成为一个上市公司的实际控制人，或同时采取上述方式和途径取得上市公司控制权的行为。根据我国《证券法》的规定，投资者可以采取要约收购、协议收购及其他合法方式收购上市公司。

练习题：

一、单项选择题

1. 下列属于公开发行证券的是（　　）。

A. 向特定对象发行证券累计超过150人

B. 向特定对象发行证券

C. 向不特定对象发行证券

D. 向特定对象发行证券累计超过100人

2. 根据《证券法》规定，上市公司应当在每一会计年度的上半年结束之日起一定期限内公告中期报告。这里的一定期限内是指(　　)。

A. 1个月内　　　　　　　　　B. 2个月内

C. 3个月内　　　　　　　　　D. 4个月内

3. 根据《证券法》规定，公司公开发行新股，应当符合的条件之一是(　　)。

A. 最近1年财务会计文件无虚假记载　B. 最近2年财务会计文件无虚假记载

C. 最近3年财务会计文件无虚假记载　D. 最近5年财务会计文件无虚假记载

4. 甲有限责任公司拟公开发行公司债券，下列有关该公司资产额的表述中，符合《证券法》规定公开发行公司债券条件的是(　　)。

A. 该公司总资产额为人民币3000万元　B. 该公司净资产额为人民币3000万元

C. 该公司总资产额为人民币6000万元　D. 该公司净资产额为人民币6000万元

5. 根据规定，向不特定对象发行证券必须由承销团承销的是(　　)。

A. 证券票面总值超过人民币3000万元　B. 证券发行价总值超过人民币3000万元

C. 证券票面总值超过人民币5000万元　D. 证券发行价总值超过人民币5000万元

6. 当投资者持有一个上市公司已发行股份的5%后，通过证券交易所的证券交易，其所持该上市公司已发行的股份比例每增加或减少(　　)时，应予以公告和进行书面报告。

A. 10%　　　　　　　　　　　B. 5%

C. 6%　　　　　　　　　　　　D. 8%

7. 下列各项中符合股份有限公司股票上市条件的是(　　)。

A. 公司股本总额不少于人民币6000万元

B. 公开发行的股份达到公司股份总数的25%以上，公司股本总额超过人民币4亿元的，公开发行股份的比例为10%以上

C. 公司最近1年无重大违法行为，财务会计报告无虚假记载

D. 必须是国家鼓励发展的产业

8. 某公司2009年2月曾公开发行2亿元的公司债券，该公司2010年9月申请再次公开发行1亿元的公司债券。下列情形中，构成本次发行障碍的是(　　)。

A. 2009年发行的公司债券尚未募足

B. 2009年发行的公司债券所募集的资金未产生预期效益

C. 本次拟发行的公司债券利率高于银行同期利率

D. 本次拟发行的公司债券未确定保荐人

9. 根据证券投资基金法律制度的规定，下列有关开放基金申购、赎回的表述中，正确的是(　　)。

A. 办理基金单位申购、赎回业务的人仅限于基金管理人

B. 除基金合同另有约定外，基金管理人应当在每个工作日办理基金申购、赎回业务

C. 投资人申购基金时，经基金管理人同意，可以在申购期满前缴纳部分申购款项，在申购期满后30日内补缴余款

D. 基金管理人应当在收到基金投资人申购、赎回申请的当日对该交易的有效性进行确认

10. 根据《证券法》规定，上市公司发生的下列事件中，可以不进行公告的有（   ）。

A. 公司经理发生变动　　　　　　B. 公司40%的监事发生变动

C. 公司财务负责人发生变动　　　D. 人民法院依法撤销董事会决议

11. 根据证券法律制度的规定，为股票发行出具审计报告的注册会计师在一定期限内不得购买该公司的股票。该期限为（   ）。

A. 该股票的承销期内和期满后1年内　　B. 该股票的承销期内和期满后6个月内

C. 出具审计报告后6个月内　　　　　　D. 出具审计报告后1年内

12. 下列属于欺诈客户行为的是（   ）。

A. 在自己实际控制的账户之间进行证券交易，影响证券交易价格或者证券交易量

B. 与他人串通，以事先约定的时间、价格和方式相互进行证券交易，影响证券交易价格或者证券交易量

C. 单独或者通过合谋，集中资金优势、持股优势或者利用信息优势联合或者连续买卖，操纵证券交易价格或者证券交易量

D. 利用传播媒介或者通过其他方式提供、传播虚假或者误导投资者的信息

二、多项选择题

1. 根据我国《证券法》的规定，下列属于公司公开发行新股的条件是（   ）。

A. 具备健全且运行良好的组织机构

B. 最近3年持续盈利，平均总资产报酬率达到10%以上

C. 最近3年财务会计文件无虚假记载

D. 最近1年无重大违法行为

2. 下列有关公开发行股票的说法正确的是（   ）。

A. 必须是向特定对象发行股票

B. 向累计超过200人的特定对象发行证券为公开发行

C. 向累计超过100人的特定对象发行证券为公开发行

D. 向不特定对象公开发行股票，依法采取承销方式的，应当聘请具有保荐资格的机构担任保荐人

3. 公司申请公开发行公司债券，应当向国务院授权的部门报送的文件有（   ）。

A. 公司营业执照　　　　　　B. 公司章程

C. 公司债券募集办法　　　　D. 资产评估报告和验资报告

4. 下列股份有限公司向不特定对象发行股票的情形中，应当组织承销团承销的

有( )。

A. 股票总额为1000万股，每股价格为人民币6元

B. 股票总额为2100万股，每股价格为人民币3.5元

C. 股票总额为5500万股，每股价格为人民币1.5元

D. 股票总额为5010万股，每股价格为人民币1.5元

5. 根据《证券法》的规定，某上市公司的下列人员中，不得将其持有的该公司的股票在买入后6个月内卖出，或者在卖出后6个月内又买入的有( )。

A. 董事会秘书　　　　　　　　B. 监事会主席

C. 财务负责人　　　　　　　　D. 副总经理

6. 根据证券法律制度的规定，投资者通过证券交易所的证券交易持有一个上市公司已发行股份的5%时，应当在该事实发生之日起3日内( )。

A. 向国务院证券监督管理机构作出书面报告

B. 向证券交易所作出书面报告

C. 向证券登记结算机构作出书面报告

D. 通知上市公司持股情况并予以公告

7. 根据《证券发行上市保荐制度暂行办法》的规定，证券经营机构有下列情形之一的，不得注册登记为保荐机构( )。

A. 保荐代表人数量少于两名

B. 最近24个月因违法违规被证监会从名单中去除

C. 公司治理结构存在重大缺陷

D. 风险控制制度不健全

8. 根据有关规定，下列选项中，证券交易所可以决定暂停上市公司股票上市的情形有( )。

A. 公司股本总额由人民币1亿元减少到人民币4000万元

B. 公司不按照规定公开其财务状况

C. 公司最近两年连续亏损

D. 公司编制虚假的财务会计报告

9. 根据《证券法》的规定，股份有限公司发行的公司债券上市交易后，公司发生的下列情形中，证券交易所可以决定暂停公司债券上市交易的有( )。

A. 最近两年连续亏损

B. 有重大违法行为

C. 净资产额减至人民币5000万元

D. 不按审批机关批准的用途使用公司债券募集资金

10. 根据《证券投资基金法》的规定，下列有关证券投资基金发行和交易的表述中，不正确的是( )。

A. 封闭式基金的基金份额可以在证券交易所交易，基金份额持有人也可以申请赎回

B. 开放式基金可以在销售机构的营业场所销售及赎回，不可以上市交易
C. 申请上市基金的基金持有人不得少于 500 人
D. 基金上市后发生基金合同期限届满的情形将暂停上市

三、判断题

1. 根据《证券法》的规定，无论发行对象人数为多少，只要是向不特定的社会公众发行的，都属于公开发行。（　　）

2. 某国有独资公司曾于 2003 年发行了 3 年期的公司债券，但因资金周转不力，直至 2007 年 2 月方才还本付息完毕。2009 年 12 月该公司拟再次发行公司债券。由于该公司曾有延迟支付本息的事实，其再次发行公司债券的申请将不会被批准。（　　）

3. 股票发行采用代销方式，代销期限届满，向投资者出售的股票数量未达到拟公开发行股票数量的 90% 的，为发行失败。（　　）

4. 为上市公司年度会计报表出具审计报告的人员，自接受上市公司委托之日起至审计报告公开后 5 日内，不得买卖该上市公司股票。（　　）

5. 证券机构从业人员、证券监督管理机构工作人员在任职期内不得直接或者以化名、借他人名义持有、买卖股票，但他人赠送的股票除外。（　　）

6. 无记名股票的转让，只要股东在依法设立的证券交易场所将股票交付给受让人后即发生转让法律效力。（　　）

7. 甲股份有限公司申请股票上市，已知其注册资本为 5 亿元人民币，其公开发行的股份最少应当达到公司股份总数的 10%。（　　）

8. 公司最近两年连续亏损的，应由国务院证券监督管理机构决定暂停其公司债券上市交易。（　　）

9. 证券投资基金依照其运作方式，主要分为开放式基金和封闭式基金，这两者基金都可以赎回。（　　）

10. 证券投资基金是指一种利益共享、风险共担的集合证券投资方式，即通过发行基金单位，集中投资者的资金，由基金托管人托管，由基金管理人管理和运用资金，从事股票、债券等金融工具投资的方式。（　　）

四、综合案例题

甲公司是由自然人乙和自然人丙于 2006 年 8 月共同投资设立的有限责任公司。2010 年 4 月，甲公司经过必要的内部批准程序，决定公开发行公司债券，并向国务院授权的部门报送有关文件，报送文件中涉及有关公开发行公司债券并上市的方案要点如下：

（1）截至 2009 年 12 月 31 日，甲公司经过审计后的财务会计资料显示：注册资本为 5000 万元人民币，资产总额为 26000 万元人民币，负债总额为 8000 万元人民币；在负债总额中，没有既往发行债券的记录；2007～2009 年度的可分配利润分别为 1200 万元人民币、1600 万元人民币和 2000 万元人民币。

（2）甲公司拟发行公司债券 8000 万元，募集资金中的 1000 万元人民币用于修建职工文体活动中心，其余部分用于生产经营；公司债券年利率为 4%，期限为 3 年。

（3）公司债券拟由丁承销商包销。根据甲公司与丁承销商签订的公司债券包销意向书，公司债券的承销期限为120天，丁承销商在所包销的公司债券中，可以预先购入并留存公司债券2000万元，其余部分向公众发行。

根据上述内容，结合法律规定，分别回答下列问题：

（1）甲公司是否具备发行公司债券的主体资格？

（2）甲公司的净资产和可分配利润是否符合公司债券发行的条件？并分别说明理由。

（3）甲公司发行的公司债券数额和募集资金用途是否符合有关规定？并分别说明理由。如果公司债券发行后上市交易，公司债券的期限是否符合规定？并说明理由。

（4）甲公司拟发行的公司债券由丁承销商包销是否符合规定？并说明理由。公司债券的承销期限和包销方式是否符合规定？并分别说明理由。

第五章　保险法律制度

【学习目的】

　　了解保险法的概念、我国保险法的立法概况；掌握保险法的立法原则；掌握保险合同的概念、内容，订立程序和形式；掌握保险公司的设立、保险经营的规则；了解保险业监督管理的内容。

【案例导入】

免责条款的告知义务

　　市民陈某因病做手术，住院前向保险公司投保住院期间重大疾病险，保险公司在保险合同的免责条款中记载有"如果患者在保险期间离开医院发生的重大疾病不属于保险责任范围"的字样，陈某在签署合同时没有认真阅读保险合同的免责条款，保险公司的工作人员也没有向陈某解释免责条款的含义。陈某在手术前一天晚上离开医院回家取衣物，不慎跌倒，造成大腿骨折，花费医疗费7000元。陈某请求保险公司赔偿医疗费损失，保险公司拒绝赔偿，称陈某是擅自离开医院造成的骨折，根据保险合同免责条款的规定，不属于保险责任范围。陈某称自己不知道保险合同的免责条款，签署合同时陪同在旁的医院胡医生证明保险公司的工作人员没有向陈某说明合同具有免责条款的内容。根据上述资料，请回答以下问题：

　　(1) 陈某与保险公司订立的保险合同有没有生效？

　　(2) 根据《保险法》的规定，保险公司的工作人员在订立合同时对免责条款应当如何处理？本案中该免责条款是否发生效力？

　　(3) 陈某离开医院回家的行为是否违反了保险合同？为什么？

【案例解析】

　　(1) 陈某与保险公司订立的保险合同具有法律效力。

　　(2) 根据保险法的规定，保险公司的工作人员在订立保险合同时应当告知投保人有关保险合同免责条款的含义，医院的胡医生证明保险公司的工作人员没有告知，这表明保险公司在订立合同时违反保险法的规定，其免责条款不发生效力。

第五章 保险法律制度

> （3）陈某离开医院回家的行为从形式上看违反了保险合同，但是由于保险公司没有将免责条款的内容向投保人说明，该条款没有生效。所以实质上陈某没有违反合同。
>
> 资料来源：宁波市金融专业人才基地金融法规案例，http：//business.zjwu.net：8082/channel.asp? id=23。

第一节　保险法律概述

一、保险与保险法概述

（一）保险的概念及特征

1. 保险的概念

保险是指由多数机构和个人，根据合理计算，共同建立保险基金，对因危险事故所造成的财产损失给予补偿或对人身约定事件的出现实行给付的一种经济保障制度。保险的实质是对危险发生后遭受的损失予以经济补偿。

《保险法》第二条规定："本法所称保险，是指投保人根据合同约定，向保险人支付保险费，保险人对于合同约定的可能发生的事故因其发生所造成的财产损失承担赔偿保险金责任，或者当被保险人死亡、伤残、疾病或者达到合同约定的年龄、期限时承担给付保险金责任的商业保险行为。"由此可见，《保险法》中所指的保险是一种与社会保险性质不同的商业保险行为，本章所论及的保险业仅限于商业保险。

2. 保险的特征

（1）保险是一种经济保障制度。保险是一种"集众人之力救助少数人灾难"的经济保障制度，其功能在于分散风险、消化损失。这种经济保障制度的构建，必须具备三个要素：须有危险存在；须有多数人参加；须在合理分摊的基础上建立保险基金。

（2）保险是一种双务有偿的合同关系。保险是一种由合同而产生的债权债务关系。这种关系其实质是当事人会为约定承担给付义务，即投保人承担给付保险费的义务，保险人承担保险赔偿或给付保险金的责任。在保险法律关系中，保险人承担赔偿或给付保险金的责任是基于保险合同设定的一种业务，具有对损失进行经济补偿的性质。

 金融法规

【知识拓展】

保险的分类

对于保险的分类标准，目前尚无规定的原则和严格的标准。一般按以下几种方法进行分类：

（1）依据保险的标的划分，可分为财产保险和人身保险。

（2）依据保险实施的形式的不同，可分为强制保险和自愿保险。

（3）依据保险人是否转移保险责任划分，可分为原保险和再保险。

（4）依保险设立是否以营利为目的划分，可分为社会保险和商业保险。

（5）依保险是否具有涉外因素划分，可分为国内保险和涉外保险。

（二）保险法及其适用范围

1. 保险法的概念

保险法是调整保险关系的一切法律规范的总称，包括调整保险人与投保人、被保险人以及受益人之间因保险合同的订立、变更、转让、履行、解除及承担法律责任过程中产生的各种权利义务关系，规范保险业主体的设立、变更、消灭过程中产生的各种权利义务关系，以及规范保险业主体内外组织活动过程中产生的各种权利义务的法律规范。

保险法有广义和狭义之分。我国广义的保险法所调整的对象是一切社会保障关系，包括保险业法、社会保险法以及保险合同法和保险特别法等在内；狭义的保险法即形式意义上的保险法，专指以保险法所命名的法律法规。

2. 保险法的适用范围

保险法作为规范保险活动的重要法律，与其他法律一样有其确定的适用范围。我国《保险法》第三条规定："在中华人民共和国境内从事保险活动，适用本法。"

此规定明确指出无论是中国自然人、法人还是外国自然人、法人以及无国籍人，只要在中华人民共和国境内从事保险活动，包括处于保险人地位或处于投保人、被保险人、受益人地位的所有保险当事人，都必须遵守和执行《保险法》；无论外国保险组织在中国境内设有机构或没有设立机构，只要从中国境内吸收投保，并依所订立的保险合同在中国境内履行保险责任，都受《保险法》的约束。另外，在中国境内从事的所有商业保险活动，包括保险人的业务经营、保险代理人、保险经纪人和保险公估人等的业务活动及其他与保险有关的行为，都适用《保险法》。

（三）保险法的基本原则

（1）合法原则。合法原则是进行保险活动应当遵守的最基本原则，它要求从事保险活动必须遵守法律、行政法规。

（2）自愿原则。自愿原则是从事商业活动所应遵循的一项基本原则，就是保险关系的成立完全基于投保人与保险人的平等自愿和协商一致。根据这一原则，投保人与保险人之间的保险关系应在平等互利、协商一致的基础上形成，投保人是否愿意投保，保

险人是否愿意承保，都由双方当事人依法自主决定，任何一方不得强迫对方订立保险合同，当事人以外的其他人更是无权发号施令。

(3) 诚实信用原则。保险活动当事人行使权利、履行义务应当遵循诚实信用原则，这是法律对保险活动当事人的基本要求。具体来讲，在保险活动中，投保人应当依法对其投保的标的，按保险人的询问进行如实告知，并在发生约定的保险事故时也如实履行告知义务；而保险人则应当在承保时，将保险合同的条款、条件明确地告知投保人，不得欺骗也不得隐瞒，在发生约定的保险事故时，应当及时查明和确定保险事故的性质、原因和保险标的的损失程度，并及时赔付保险金，不得拖延或逃避承担保险责任。

(四) 我国保险法的立法概况

1995年6月30日第八届全国人大常委会第十四次会议通过了我国第一部完备的保险基本法——《中华人民共和国保险法》（以下简称《保险法》），该法自1995年10月1日起施行。我国制定《保险法》的目的是为了规范我国的保险活动，保护保险活动当事人的合法权益，加强对保险业的监督管理，维护社会经济秩序和社会公共利益，促进保险事业的健康发展。

针对中国加入世贸组织承诺对保险业的要求，2002年10月28日第九届全国人大常委会第三十次会议对通过《全国人大常委会关于修改〈中华人民共和国保险法〉的决定》，对保险法进行了修正。2009年2月28日，第十一届全国人大常委会第七次会议表决通过了《中华人民共和国保险法》的修订草案，自2009年10月1日起施行。

二、保险公司的设立、变更和终止

(一) 保险公司的组织形式

按照《保险法》有关规定，保险公司应当采取股份有限公司和国有独资公司这两种具体的组织形式。除这两种具体形式的保险公司以外，其他形式的企业、组织或团体都不得经营商业保险业务。

商业保险业务的经营主体限定为依照《保险法》设立的保险公司，并禁止其他单位和个人经营商业保险业务，有利于保护投保人、被保险人和受益人的合法权益，维护保险市场的正常秩序，切实发挥保险的保障作用。

(二) 保险公司的设立

1. 保险公司的设立条件

设立保险公司，应当具备下列条件：

(1) 具有合格的投资者。设立保险公司的主要股东应该具有持续盈利能力，信誉良好，最近三年内无重大违法违规记录，并且净资产不低于人民币两亿元。

(2) 有符合《保险法》和《公司法》规定的章程。公司章程是关于公司组织及行为的基本规则。根据《保险法》和《公司法》的规定，国有独资保险公司的章程由国家授权投资的机构或者国家授权的部门依法制定，或者由董事会制定，报国家授权投资的机构或者国家授权的部门批准。采取股份有限公司形式的保险公司，其公司章程由发

起人制定,并经创立大会通过。

(3) 有符合《保险法》规定的注册资本最低限额。设立保险公司,其注册资本的最低限额为人民币两亿元。国务院保险监督管理机构根据保险公司的业务范围、经营规模,可以调整其注册资本的最低限额,但是,不得低于法定最低限额,即人民币两亿元。保险公司的注册资本必须为实缴货币资本。

(4) 有具备任职专业知识和业务工作经验的董事、监事和高级管理人员。保险公司的董事、监事和高级管理人员,应当品行良好,熟悉与保险相关的法律、行政法规,具有履行职责所需的经营管理能力,并在任职前取得保险监督管理机构核准的任职资格。有《公司法》第一百四十七条规定的情形或者下列情形之一的,不得担任保险公司的董事、监事、高级管理人员:①因违法行为或者违纪行为被金融监督管理机构取消任职资格的金融机构的董事、监事、高级管理人员,自被取消任职资格之日起未逾五年的;②因违法行为或者违纪行为被吊销执业资格的律师、注册会计师或者资产评估机构、验证机构等机构的专业人员,自被吊销执业资格之日起未逾五年的。

(5) 有健全的组织机构和管理制度。健全的组织机构和管理制度是保险公司有序运转的前提之一,保险公司应当按照《公司法》的规定设立组织机构,制定科学、严格的管理制度。

(6) 有符合要求的营业场所和与业务有关的其他设施。除以上必备条件外,保险公司的设立还必须满足国家其他法律、行政法规和国务院保险监督管理机构规定的其他条件。

2. 保险公司的设立程序

(1) 提出设立申请。准备设立保险公司的,需要进行设立申请程序,由发起人向国务院保险监督管理机构表达准备设立保险公司的意向、条件和具体理由,为其提供初步审查依据。

国务院保险监督管理机构应当对设立保险公司的申请进行审查,自受理之日起六个月内作出批准或者不批准筹建的决定,并书面通知申请人。

(2) 筹建。设立保险公司的申请经过初步审查合格后,申请人需要依照《保险法》和《公司法》的有关规定进行保险公司的筹建,使得保险公司的设立条件得以完善和成熟。申请人应当自收到批准筹建通知之日起一年内完成筹建工作;筹建期间不得从事保险经营活动。

(3) 提出开业申请。筹建工作完成后,申请人具备《保险法》设立条件的,可以向国务院保险监督管理机构提出开业申请。

(4) 获得批准。国务院保险监督管理机构应当自受理开业申请之日起六十日内,作出批准或者不批准开业的决定。决定批准的,颁发经营保险业务许可证;决定不批准的,应当书面通知申请人并说明理由。

(5) 进行公司设立登记。经批准设立的保险公司,凭经营保险业务许可证向工商行政管理机关办理登记,领取营业执照。保险公司自取得经营保险业务许可证之日起六个月内,无正当理由未向工商行政管理机关办理登记的,其经营保险业务许可证失效。

此外，保险公司在我国境内设立分支机构，也应当经国务院保险监督管理机构批准，并遵循以上的设立程序。保险公司分支机构不具有法人资格，其民事责任由保险公司承担。

（三）保险公司的变更

根据《保险法》第八十四条的规定：保险公司有下列情形之一的，应当经国务院保险监督管理机构批准：①变更名称；②变更注册资本；③变更公司或者分支机构的营业场所；④撤销分支机构；⑤公司分立或者合并；⑥修改公司章程；⑦变更出资额占有限责任公司资本总额百分之五以上的股东，或者变更持有股份有限公司股份百分之五以上的股东；⑧国务院保险监督管理机构规定的其他情形。

（四）保险公司的终止

根据《保险法》的有关规定，保险公司终止的主要情形有三种。

1. 解散

保险公司因分立、合并需要解散，或者股东会、股东大会决议解散，或者公司章程规定的解散事由出现，经国务院保险监督管理机构批准后解散。

经营有人寿保险业务的保险公司，除因分立、合并或者被依法撤销外，不得解散。

2. 被撤销

保险公司违反法律、行政法规，被保险监督管理部门吊销经营保险业务许可证的，依法被撤销。

3. 破产

保险公司不能清偿到期债务，并且资产不足以清偿全部债务或者明显缺乏清偿能力的，经国务院保险监督管理机构同意，保险公司或者其债权人可以依法向人民法院申请破产清算；国务院保险监督管理机构也可以依法向人民法院申请对该保险公司破产清算，由人民法院依法宣告破产。

经营有人寿保险业务的保险公司被依法撤销或者被依法宣告破产的，其持有的人寿保险合同及责任准备金，必须转让给其他经营有人寿保险业务的保险公司；不能同其他保险公司达成转让协议的，由国务院保险监督管理机构指定经营有人寿保险业务的保险公司接受转让。

保险公司依法终止其业务活动，应当注销其经营保险业务许可证。

三、保险代理人和保险经纪人

（一）保险代理人和保险经纪人的概念和地位

1. 保险代理人

保险代理人是根据保险人的委托，向保险人收取佣金，并在保险人授权的范围内代为办理保险业务的机构或者个人。

保险代理人是保险人的代理人，其接受保险人的委托，代表保险人的利益，以保险人的名义，在保险人授权的范围内，代保险人办理保险业务，并由保险人承担责任。保险代理机构包括专门从事保险代理业务的保险专业代理机构和兼营保险代理业务的保险兼业代理机构。

2. 保险经纪人

保险经纪人是基于投保人的利益，为投保人与保险人订立保险合同提供中介服务，并依法收取佣金的机构。

保险经纪人接受投保人的委托，其代表的是投保人的利益，应当按照投保人的指示和要求行事，在为投保人与保险人订立保险合同提供中介服务的过程中反映和坚持投保人的利益和要求。保险经纪人可以依法收取佣金。保险经纪人是符合规定条件经保险监督管理机构批准并办理工商登记的经营保险经纪业务的保险经纪公司，个人不得作为保险经纪人。

保险代理机构、保险经纪人应当具备国务院保险监督管理机构规定的条件，取得保险监督管理机构颁发的经营保险代理业务许可证、保险经纪业务许可证。保险专业代理机构、保险经纪人凭保险监督管理机构颁发的许可证向工商行政管理机关办理登记，领取营业执照。

（二）保险代理人和保险经纪人的资格条件及从业许可

为了维护保险中介市场秩序，保护保险合同当事人的合法权益，《保险法》对保险代理人和保险经纪人的资格条件及从业许可实行严格管理。

1. 应当具备保险监督管理机构规定的资格条件

保险专业代理机构、保险经纪人的高级管理人员，应当品行良好，熟悉保险法律、行政法规，具有履行职责所需的经营管理能力，并在任职前取得保险监督管理机构核准的任职资格。个人保险代理人、保险代理机构的代理从业人员、保险经纪人的经纪从业人员，应当具备国务院保险监督管理机构规定的资格条件，取得保险监督管理机构颁发的资格证书。

2. 应当取得保险监督管理机构颁发的经营保险代理业务许可证或者经纪业务许可证

在已具备保险监督管理机构规定的资格条件后，国务院颁发给其经营保险代理业务许可证或者经纪业务许可证。不具备保险监督管理机构规定的资格条件的，保险监督管理机构不得发给其经营保险代理业务许可证或者经纪业务许可证。

3. 应当向工商行政管理机关办理登记，领取营业执照

保险专业代理机构、保险经纪人凭保险监督管理机构颁发的许可证向工商行政管理机关办理登记，领取营业执照。保险兼业代理机构凭保险监督管理机构颁发的许可证，向工商行政管理机关办理变更登记。未向工商行政管理机关办理登记，并领取营业执照的，不得从事经营活动。

4. 应当依法缴存保证金或者投保职业责任保险

保险代理机构、保险经纪人应当按照国务院保险监督管理机构的规定缴存保证金或者投保职业责任保险。未经保险监督管理机构批准，保险代理机构、保险经纪人不得动用保证金。

第五章 保险法律制度

(三) 保险代理人和保险经纪人的责任承担

保险代理人根据保险人的授权代为办理保险业务的行为，由保险人承担责任。保险代理人没有代理权、超越代理权或者代理权终止后以保险人名义订立合同，使投保人有理由相信其有代理权的，该代理行为有效。保险人可以依法追究越权的保险代理人的责任。

保险经纪人因过错给投保人、被保险人造成损失的，依法承担赔偿责任。

(四) 保险代理人和保险经纪人的权利和义务

保险代理人和保险经纪人的权利主要包括：①从事保险代理业务、经纪业务的权利；②取得代理费用或保险佣金的权利。

保险代理人和保险经纪人的禁止性义务主要包括：①不得欺骗保险人、投保人、被保险人或者受益人；②不得隐瞒与保险合同有关的重要情况；③不得阻碍投保人履行本法规定的如实告知义务，或者诱导其不履行本法规定的如实告知义务；④不得给予或者承诺给予投保人、被保险人或者受益人保险合同约定以外的利益；⑤不得利用行政权力、职务或者职业便利以及其他不正当手段强迫、引诱或者限制投保人订立保险合同；⑥不得伪造、擅自变更保险合同，或者为保险合同当事人提供虚假证明材料；⑦不得挪用、截留、侵占保险费或者保险金；⑧不得利用业务便利为其他机构或者个人牟取不正当利益；⑨不得串通投保人、被保险人或者受益人，骗取保险金；⑩不得泄露在业务活动中知悉的保险人、投保人、被保险人的商业秘密。

【案例5-1】下列有四种关于保险代理人与保险经纪人的表述：①保险代理人以被代理的保险公司的名义办理保险业务，由保险人承担责任；②经营人寿保险代理业务的保险代理人，不得同时接受两个以上保险人的委托；③保险经纪人在办理保险业务中因过错给投保人造成损失的，应自己承担赔偿责任；④保险经纪人与保险代理人既可以是单位也可以是个人。

根据《保险法》的规定，试分析以上哪些表述是正确的。

【案例解析】第①种和第③种表述是正确的。

根据《保险法》的有关保险代理人与保险经纪人的规定，保险代理人根据保险人的授权代为办理保险业务的行为，由保险人承担责任。

个人保险代理人在代为办理人寿保险业务时，不得同时接受两个以上保险人的委托。

保险经纪人因过错给投保人、被保险人造成损失的，依法承担赔偿责任。

保险经纪人是基于投保人的利益，为投保人与保险人订立保险合同提供中介服务，并依法收取佣金的机构。

因此，关于保险代理人与保险经纪人的第①种和第③种表述是正确的。

第二节 保险合同

一、保险合同一般规定

(一) 保险合同的概念与特征

1. 保险合同的概念

保险合同,是指投保人与保险人约定保险权利义务关系的协议。

合同是平等主体的自然人、法人、其他组织之间设立、变更、终止民事权利义务关系的协议。保险合同属于合同的一种,是投保人与保险人约定保险权利义务关系的协议,是保险活动最基本的法律表现形式。根据保险合同的约定,投保人应当向保险人支付保险费,保险人则应当对合同约定的可能发生的事故因其发生所造成的财产损失承担赔偿保险金责任,或者当被保险人死亡、伤残、疾病或者达到合同约定的年龄、期限时承担给付保险金责任,这一约定就构成了投保人与保险人之间基本的保险权利义务关系。

2. 保险合同的特征

保险合同具备合同的一般属性,如当事人的法律地位平等,应当遵循公平互利、协商一致、自愿订立的原则,合同的内容应当合法,当事人应当自觉履行合同等。但是保险合同除具有合同的一般属性之外,也还具有其自身的特征:

(1) 保险合同是双务有偿合同。保险合同的双方当事人相互享有权利,又相互负有义务;财产和责任保险合同是补偿性合同,即只要是保险金额范围内的损失,损失多少,补偿多少,保险金的给付和保险费的交付之间没有严格的对比或等价关系;而人身保险合同是给付性合同,即根据投保人的实际需要和支付保险费的能力确定一个保险金额,当危险事故发生时,由保险人按照事先约定的保险金额承担给付保险金责任。

(2) 保险合同是射幸合同。保险合同的效果在订立时是不确定的,保险人赔偿义务的实际履行带有偶然性。只有当特定的不确定的危险发生时或者在合同约定的给付保险金的其他条件具备时,保险人才承担给付保险金的义务。可见,危险发生的偶然性,决定了保险合同的射幸性质。

(3) 保险合同是附和合同。附和合同也称为格式合同或标准合同,是指一方当事人提出合同的主要内容,另一方必须服从、接受或者拒绝对方提出的条件而成立的合同。保险合同在订立时,由保险人提出合同的内容,投保人只能作出同意或者不同意的选择。

(4) 保险合同是最大诚信合同。诚信是一般合同的基本要求,而保险合同所要求的不是一般的相对的诚实守信,而是最大限度的诚实守信。

(二) 保险合同法律关系

1. 保险合同法律关系的主体

（1）保险合同的当事人。保险合同的当事人，是指依法订立保险合同并享有权利和承担义务的利害关系人。保险合同的当事人是投保人和保险人。

投保人是指与保险人订立保险合同，并按照合同约定负有支付保险费义务的人。投保人应当具备以下三个条件：第一，投保人必须具有相应的权利能力和行为能力；第二，投保人对保险标的必须具有保险利益；第三，投保人应承担支付保险费的义务。

保险人是指与投保人订立保险合同，并按照合同约定承担赔偿或者给付保险金责任的保险公司。

（2）保险合同的关系人。保险合同的关系人，是指并未参与保险合同的订立但享受保险合同约定利益的人。包括被保险人和受益人。

被保险人是指其财产或者人身受保险合同保障，享有保险金请求权的人。投保人可以为被保险人。

受益人是指人身保险合同中由被保险人或者投保人指定的享有保险金请求权的人。投保人、被保险人可以为受益人。

（3）保险合同的辅助人。在保险合同的订立过程中，除当事人及其关系人之外，常常有辅助人的介入。他们虽然不是保险合同的主体，但与保险合同关系非常密切，主要有保险代理人、保险经纪人、保险公估人。

保险代理人是指根据保险人的委托，向保险人收取代理手续费，并在保险人授权的范围内代为办理保险业务的单位或者个人。保险代理人可以分为专业代理人、兼业代理人和个人代理人。

保险经纪人是指基于投保人的利益，为投保人与保险人订立保险合同提供中介服务，并依法收取佣金的单位。根据我国《保险法》的相关规定，我国的保险经纪人只能是单位，不能是个人。

保险公估人是指向保险人或者投保人、被保险人、受益人收取费用，为其办理保险标的的查勘、鉴定、估价与赔偿的理算、洽商，并为其提供证明的人。

2. 保险合同法律关系的客体

保险合同的客体是指保险合同当事人权利义务所指向的对象。由于保险合同保障的对象不是保险标的本身，而是被保险人对其财产或者生命、健康所享有的利益，即保险利益，因此保险利益是保险合同当事人的权利义务所指向的对象，是保险合同的客体。

保险利益又称可保利益，是指投保人或者被保险人对保险标的具有的法律上承认的利益。构成保险利益应当具备以下三个条件：第一，保险利益必须是合法的，是法律上承认并且可以主张的利益；第二，保险利益必须是确定的，是可以实现的利益；第三，保险利益必须是经济上的利益。

由于保险利益很难直观感受到，往往通过保险标的将其反映出来。简言之，保险利益与保险标的是内容与形式的关系，保险利益是内容，保险标的是形式；保险标的是保险利益的载体。

保险标的是指作为保险对象的财产及其有关利益或者人的寿命和身体。人身保险是以人的寿命和身体为保险标的的保险。财产保险是以财产及其有关利益为保险标的的保险。

保险机制所提供的保障作用，不是为了保险标的本身的安全，而是投保人和被保险人在保险标的上所具有的保险利益，保险的目的是为了使这种利益不至于因保险事故的发生而遭受损害或其他不利后果。因此，保险合同的客体应该是保险利益而非保险标的。

3. 保险合同法律关系的内容

保险合同法律关系的内容是指保险合同当事人之间由法律所确认的权利和业务。保险合同法律关系的内容通常是以保险合同条款的形式表现的。按照保险条款在保险合同中的地位，可以分为基本条款和特约条款。根据《保险法》规定，保险合同应当包括下列事项：

（1）保险人名称和住所。保险人是保险合同当事人之一，保险合同对其名称和住所应当加以记载，以便于投保人、被保险人、受益人行使权利、履行义务。由于我国法律规定保险人是保险公司，而保险公司又是法人，因此保险人的名称应当使用经过工商行政管理机关核准登记的名称，保险人的住所应以其主要办事机构所在地为住所。

（2）投保人、被保险人名称和住所，以及人身保险的受益人的名称和住所。投保人、被保险人、受益人作为保险活动的当事人和关系人，对其名称和住所加以记载同样是履行保险合同的需要。投保人、被保险人、受益人为自然人的，应当使用身份证或者户口簿所记载的姓名，并以其户籍所在地为住所，经常居住地与住所不一致的，经常居住地为住所。

（3）保险标的。保险标的是决定保险种类、确定保险金额和选定保险费率的依据。订立保险合同时，保险标的必须明确记载于保险合同中。这样一方面可以认定投保人是否具有保险利益，另一方面可以确定保险人对哪些承保对象承担保险责任。

（4）保险责任和责任免除。保险责任是指保险人按照合同约定，对于可能发生的事故因其发生所造成的财产损失，或者当被保险人死亡、伤残、疾病或者达到合同约定的年龄、期限时承担的赔偿或者给付保险金的责任。在保险合同中，保险责任条款具体规定了保险人所承担的风险范围，保险种类不同，保险责任也不相同。在规定风险范围的同时，保险合同还要规定责任免除条款，责任免除是指依法或者依据保险合同的约定，保险人不负赔偿或者给付保险金责任的情形。

（5）保险期间和保险责任开始时间。保险期间是指保险合同的有效期限，即保险合同从生效到终止的期间。保险期间是保险合同不可缺少的条款，在保险期间，投保人按照约定交付保险费，保险人则按照约定承担保险责任。保险责任开始时间是保险人开始履行保险责任的时间。大多数情况下保险期间的起始时间与保险责任的开始时间是一致的，但有时也不一致，所以在保险合同中对保险责任开始时间应另行规定。

（6）保险价值。保险价值是财产保险合同的条款，即保险标的在投保或者出险时的实际价值。保险标的的保险价值，可以由投保人和保险人约定，并在合同中载明，也可以按照保险事故发生时保险标的的实际价值确定。保险价值的确定，对于确定保险金额与赔偿金额具有重要的作用。由于人的生命无法用金钱来衡量其价值，因而人身保险合同中不存在保险价值。

(7) 保险金额。保险金额是指保险人承担赔偿或者给付保险金责任的最高限额。保险金额是由投保人和保险人约定的，财产保险的保险金额不得超过保险价值，超过保险价值的，超过的部分无效；人身保险的保险金额，就是保险事故发生时，保险人实际所要给付的保险金。

【案例5-2】 某银行向A企业发放抵押贷款50万元，抵押品为价值100万元的机器设备。然后，银行以机器设备为保险标的投保火灾保险，保单有效期为2013年1月1日至该年12月31日。银行于2013年3月1日收回A企业的抵押贷款20万元。此机器于2013年10月8日全部毁于一场意外大火。根据上述资料，请回答以下问题：

1. 银行在投保时应向保险公司投保多少保险金额？
2. 若银行是足额投保，则发生保险事故时可向保险公司索赔多少保险赔款？为什么？

【案例解析】
1. 银行与企业的保险利益是50万元，因此银行应向保险公司投保50万元。
2. 若银行是足额投保，则发生保险事故时向保险公司索赔30万元。因为在发生事故前企业已经向保险人归还20万元贷款。

(8) 保险费以及支付办法。保险费是投保人向保险人支付的费用，是作为保险人按照合同约定承担赔偿或者给付保险金责任的对价。保险费是根据保险金额与保险费率计算出来的，是保险基金的来源，缴纳保险费是投保人应尽的义务。保险费支付办法是指采用现金支付还是转账支付，使用人民币还是外币，一次付清还是分期付款以及具体的支付时间，这些也需要在合同中明确地加以规定。

(9) 保险金赔偿或者给付办法。保险金赔偿或者给付办法是指保险人在保险事故发生造成保险标的损失时，向被保险人或受益人赔偿或者给付保险金的方式和时间等，应由投保人和保险人依法约定，并在保险合同中载明。

(10) 违约责任和争议处理。违约责任是指合同当事人因其过错致使合同不履行或者不完全履行时，基于法律规定或者合同约定应当承担的法律后果。在保险合同中规定违约责任条款，可以保证合同的顺利履行。争议处理是指保险合同当事人在合同履行过程中发生争议时的处理办法，投保人和保险人应当在保险合同中加以约定，以利于争议的解决。

(11) 订立合同的年、月、日。保险合同应当记载订立合同的时间，这对于确定投保人是否具有保险利益、保险合同是否有效、保险责任的开始时间以及计算保险期间等都具有重要作用。

此外，投保人和保险人可以约定与保险有关的其他事项。由于保险种类很多，每一个保险人的保险业务方式也不尽相同，因此保险合同除法定记载事项外，投保人和保险人还可以就与保险有关的其他事项作出约定，这些针对其他事项所作的约定也就是保险合同的特约条款。

根据《保险法》的规定，采用保险人提供的格式条款订立的保险合同中的下列条

款无效：①免除保险人依法应承担的义务或者加重投保人、被保险人责任的；②排除投保人、被保险人或者受益人依法享有的权利的。

（三）保险合同的订立

投保人和保险人订立保险合同，应当协商一致，遵循公平原则确定各方的权利和义务。除法律、行政法规规定必须保险的外，保险合同自愿订立。

1. 保险合同订立的程序

根据《保险法》的规定，投保人提出保险要求，经保险人同意承保，保险合同成立。保险人应当及时向投保人签发保险单或者其他保险凭证。保险单或者其他保险凭证应当载明当事人双方约定的合同内容。当事人也可以约定采用其他书面形式载明合同内容。

保险合同的订立程序主要包括：①投保。投保是投保人向保险人提出订立保险合同的请求并提交投保单的行为，即保险要约。②承保。承保是保险人承诺投保人的保险要约的行为，即保险承诺。保险要约一经承诺，保险合同即告成立。

依法成立的保险合同，自成立时生效。投保人和保险人可以对保险合同的效力约定附条件或者附期限。

2. 保险合同的形式

保险合同应当采用书面形式。在采用书面形式的基础上，保险合同的具体形式可以多种多样，主要有以下几种：

（1）保险单。保险单是投保人与保险人之间订立的正式保险合同的书面凭证，它由保险人签发给投保人，是最基本的保险合同形式。

（2）保险凭证。保险凭证是保险人签发给投保人以证明保险合同业已生效的文件，它是一种简化的保险单，与保险单具有同样的作用和效力。

（3）投保单。投保单是投保人向保险人递交的书面要约。为准确迅速处理保险业务，投保单的格式和项目都由保险人设计，并以规范的形式提出。在保险人出立正式保险单后，投保单成为保险合同的组成部分。

（4）暂保单。暂保单是在正式保险单出立之前先给予投保人的一种临时保险凭证，它具有与正式保险单同等的法律效力，并于正式保险单交付时自动失效。

（5）其他书面形式。只要经投保人和保险人协商同意，法律也允许采取上述四种形式之外的其他一些书面协议形式来订立保险合同。

（四）保险合同的履行

1. 保险合同履行的概念

保险合同的履行，是指保险合同订立并生效后，当事人全面完成各自承担的约定义务以满足他人权利实现的行为。保险合同的履行包括投保人、被保险人和保险人对合同义务的履行。从程序上看，保险合同的履行还包括索赔、理赔和代位求偿三个环节。

2. 投保人、被保险人和保险人的义务

（1）投保人、被保险人的义务。

1）缴纳保险费的义务。保险合同成立后，投保人须按合同约定的时间交付保险费，保险人按约定的期间承担保险责任。

2）危险增加的通知义务。危险增加的通知义务，是指在保险合同的有效期内，保险标的危险程度增加的，投保人或被保险人应依照合同规定及时通知保险人。诚信原则要求被保险人对已经保险的财物须尽谨慎照看义务，发现原来的环境有了不利的变化时，应当判断该变化是否会对保险标的造成危险增加，应当及时通知保险人。如果投保人和被保险人没有履行危险增加的通知义务，保险人有权要求增加保险费或者解除合同，以使风险责任与风险收入相适应。

3）出险通知义务。出险通知义务，是指投保人、被保险人或者受益人知道保险事故发生后，应当及时通知保险人，以利后者及时勘查现场、收集证据和确定事故性质，然后能够及时赔付。出险通知义务履行迟延的，保险人有权对投保人或被保险人因出险通知义务履行迟延而扩大的损失拒赔，但不能解除保险合同。如果出险通知义务未在规定期限内履行的，致使损失无法确定的，保险人保险责任可以免除。

4）出险施救义务。出险施救义务，是指保险事故发生时，投保人或被保险人有责任尽力采取必要的措施，防止或减少损失。如果被保险人无动于衷没有采取措施防止损失的扩大，保险人可以主张赔付抗辩权；双方有争议的，由保险公估人认定在实施抢救措施后保险标的可能发生的损失，被保险人无权就超过保险公估人认定的损失的部分请求赔偿。

（2）保险人的义务。保险人的义务主要是按照合同约定的时间开始承担保险责任，在保险事故发生后或保险合同规定的事项发生后对损失给予赔偿或向受益人支付约定的保险金。

3. 索赔、理赔和代位求偿

（1）索赔和理赔。保险索赔，是指投保人或被保险人在发生保险事故、遭受财产损失或人身伤亡以后，要求保险人履行赔偿或给付保险金义务的行为。保险索赔是被保险人获得实际的保险保障和实现其保险权益的具体体现。保险理赔是保险人在被保险人或受益人提出索赔后，根据保险合同的约定，对保险财产的损失或人身伤害进行调查并处理有关保险赔偿责任的活动。保险的索赔与理赔主要有以下程序：

1）出险通知。投保人、被保险人或者受益人知道保险事故或者保险事项发生后，应当及时通知保险人。

2）提供索赔证明。保险事故发生后，依照保险合同请求保险人赔偿或者给付保险金时，投保人、被保险人或者受益人应当向保险人提供其所能提供的与确认保险事故的性质、原因、损失程度等有关的证明和资料。

3）理赔。保险人收到被保险人或者受益人的赔偿或者给付保险金的请求后，应当及时做出核定，对属于保险责任的，在与被保险人或者受益人达成有关赔偿或者给付保险金额的协议后10日内，履行赔偿或者给付保险金义务。保险合同对保险金额及赔偿或者给付期限有约定的，保险人应当依照保险合同的约定，履行赔偿或者给付保险金的义务。保险人自收到赔偿或者给付保险金的请求和有关证明、资料之日起60日内，对其赔偿或者给付保险金的数额不能确定的，应当根据已有证明和资料可以确定的最低数

额先予支付；保险人最终确定赔偿或者给付保险金的数额后，应当支付相应的差额。

（2）代位求偿权。保险代位求偿权又称保险代位权，是指保险人在向被保险人支付保险金后，享有的代位行使被保险人对造成保险标的损害负有赔偿责任的第三方之请求赔偿的权利。代位求偿权只存在于财产保险中，人身保险中不存在代位求偿权。我国《保险法》第六十条规定，因第三者对保险标的的损害而造成保险事故的，保险人自向被保险人赔偿保险金之日起，在赔偿金额范围内代位行使被保险人对第三者请求赔偿的权利。

（五）保险合同的变更、解除和终止

1. 保险合同的变更

保险合同的变更，是指保险合同存续期间，当事人根据情况变化，按照法律规定的条件和程序，对原保险合同的某些条款进行修改或补充。保险合同的变更主要包括以下三种：

（1）主体的变更。保险合同主体的变更，是指保险合同当事人和关系人的变更，一般是投保人或被保险人的变更，而不是保险人的变更。主体的变更通常是由于保险标的的所有权的转让而引起的。

（2）客体的变更。保险合同客体的变更，是指保险标的范围的扩大或缩小。若投保人（被保险人）本身的情况发生了变化，其可以请求保险人变更保险标的的保险范围（例如，变更财产保险的种类和范围）。但是，保险客体变更的主动权在保险人手中，保险人可以根据实际情况同意或拒绝投保人的请求。

（3）内容的变更。保险合同内容的变更，指保险合同中规定的各事项的变更。保险合同内容的变更有两类情况，一是投保人因自己的实际需要提出变更，二是因一定法定情况的发生，保险合同一方须予提出变更，另一方亦不得拒绝变更。保险合同内容的变更包括保费的变更、改变保险赔偿或给付金额、期限及其他内容的变更。内容的变更涉及权利义务的改变，由此引起的保险费的增减是当事人协商的重点。

2. 保险合同的解除

保险合同的解除，是指在保险合同法律关系有效期限内，当事人依照法律规定或合同约定，提前消灭保险合同的权利和义务。解除分为保险人单方解除、投保人单方解除和双方协商解除。

根据《保险法》第十五条的规定，除另有规定或者保险合同另有约定外，保险合同成立后，投保人可以解除合同，保险人不得解除合同。保险人在下列情况下，有权解除保险合同。

（1）投保人故意或者因重大过失未履行规定的如实告知义务，足以影响保险人决定是否同意承保或者提高保险费率的，保险人有权解除合同。

（2）未发生保险事故，被保险人或者受益人谎称发生了保险事故，向保险人提出赔偿或者给付保险金请求的，保险人有权解除合同，并不退还保险费。

（3）投保人、被保险人故意制造保险事故的，保险人有权解除合同，不承担赔偿或者给付保险金的责任。

（4）投保人申报的被保险人年龄不真实，并且其真实年龄不符合合同约定的年龄限制的，保险人可以解除合同，并按照合同约定退还保险单的现金价值。

（5）自保险合同效力中止之日起满两年双方未达成协议的，保险人有权解除合同。

（6）因保险标的转让导致危险程度显著增加的，保险人自收到前款规定的通知之日起三十日内，可以按照合同约定增加保险费或者解除合同。

（7）投保人、被保险人未按照约定履行其对保险标的的安全应尽责任的，保险人有权要求增加保险费或者解除合同。

3. 保险合同的终止

在保险合同存续期间，一定的法律事实可使保险合同的效力消失，如保险期限届满、保险人履行赔偿责任、保险标的全部灭失、保险人破产（人寿保险应转给其他的人寿保险公司的除外）、人寿保险中投保人不再按约定缴纳保险费、因危险程度的增加而对另议保险费不能达成协议等。保险合同的终止，不溯及以往的效力，终止前的保险费不必偿还，终止后的保险费可以返还给被保险人或受益人。

二、人身保险合同

（一）人身保险合同的概念和特征

1. 人身保险合同的概念

人身保险合同，是指以人的寿命或身体为保险标的的保险合同，是投保人与保险人约定，当被保险人发生死亡、伤残、疾病或生存到约定的年龄、期限时，保险人根据约定承担给付保险金责任的协议。

2. 人身保险合同的特征

人身保险合同除具有保险合同的一般属性外，还具有以下特点：

（1）人身保险合同中的被保险人仅限于有生命的自然人。因为人身保险是以人的寿命和身体作为保险标的，以被保险人的死亡、伤残、疾病或达到合同约定的年龄、期限作为保险事故的保险，法人或未出生的胎儿以及死者，都不可以作为保险对象。

（2）人身保险合同中的保险金额，是由保险合同当事人根据被保险人的需要和投保人支付保险费的能力约定的。由于作为保险标的的人的寿命和身体难以用金钱计算价值，因此，在人身保险中不存在保险价值，不会出现保险金额超过保险价值，或者保险金额低于保险价值的情形，也不适用按实际损失承担赔偿责任的原则。

（二）人身保险合同的条款

《保险法》对人身保险合同的条款进行了明确的规定，主要有以下重要条款：

1. 保险利益条款

投保人对下列人员具有保险利益：①本人；②配偶、子女、父母；③前项以外与投保人有抚养、赡养或者扶养关系的家庭其他成员、近亲属；④与投保人有劳动关系的劳动者。除上述规定外，被保险人同意投保人为其订立合同的，视为投保人对被保险人具有保险利益。

金融法规

订立合同时，投保人对被保险人不具有保险利益的，合同无效。

投保人不得为无民事行为能力人投保以死亡为给付保险金条件的人身保险，保险人也不得承保。父母为其未成年子女投保的人身保险，不受上述规定限制。但是，因被保险人死亡给付的保险金总和不得超过国务院保险监督管理机构规定的限额。

【知识拓展】

未成年人死亡给付保险金限额上调至 10 万元

从 2011 年 4 月 1 日起，为保护未成年人的合法权益，中国保监会根据《保险法》第三十三条规定，就父母为其未成年子女投保以死亡为给付保险金条件人身保险的有关情况做了如下规定：

对于父母为其未成年子女投保的人身保险，在被保险人成年之前，各保险合同约定的被保险人死亡给付的保险金额总和、被保险人死亡时各保险公司实际给付的保险金总和均不得超过人民币 10 万元。

对于投保人为其未成年子女投保以死亡为给付保险金条件的每一份保险合同，以下两项可以不计算在上述限额之中：

（一）投保人已交保险费或被保险人死亡时合同的现金价值；对于投资连结保险合同、万能保险合同，该项为投保人已交保险费或被保险人死亡时合同的账户价值。

（二）合同约定的航空意外死亡保险金额。此处航空意外死亡保险金额是指航空意外伤害保险合同约定的死亡保险金额，或其他人身保险合同约定的航空意外身故责任对应的死亡保险金额。

各保险合同约定的被保险人死亡给付的保险金额总和已经达到限额的，保险公司不得超过限额继续承保；尚未达到限额的，保险公司可以就差额部分进行承保，保险公司应在保险合同中载明差额部分的计算过程。

保险公司应在保险合同中明确约定因未成年人死亡给付的保险金额，不得以批单、批注（包括特别约定）等方式改变保险责任或超过本通知规定的限额进行承保。

资料来源：中国保监会：《关于父母为其未成年子女投保以死亡为给付保险金条件人身保险有关问题的通知》（保监发〔2010〕95 号）。

按照以死亡为给付保险金条件的合同所签发的保险单，未经被保险人书面同意，不得转让或者质押。

2. 保险危险条款

人身保险合同的保险事故是被保险人因自然灾害或者意外事故而死亡、或残疾、或患病医疗、或生存至保险期限届满。人身保险合同的保险人在合同约定的范围内，以此

作为给付保险金的条件。

3. 保险金额条款

人身保险合同中的保险金额,是由保险合同当事人根据被保险人的需要和投保人支付保险费的能力约定的。但是,以死亡为给付保险金条件的合同,未经被保险人同意并认可保险金额的,合同无效。

4. 保险费及宽限期条款

人身保险合同的保险费是人身保险基金的主要来源,也是实现人身保险保障的对价条件,投保人应当按照约定的数额和方式交付。投保人可以按照合同约定向保险人一次支付全部保险费或者分期支付保险费。

合同约定分期支付保险费,投保人支付首期保险费后,除合同另有约定外,投保人自保险人催告之日起超过 30 日未支付当期保险费的,或者超过约定的期限 60 日未支付当期保险费的,合同效力中止,或者由保险人按照合同约定的条件减少保险金额。被保险人在上述规定期限内发生保险事故的,保险人应当按照合同约定给付保险金,但可以扣减欠交的保险费。

保险人对人寿保险的保险费,不得用诉讼方式要求投保人支付。

5. 复效条款

复效条款是指当人身保险合同因投保人在宽限期届满后仍未交付保险费而效力中止的,投保人在法定期限内申请复效,经保险人审核同意的,恢复人身保险合同的效力。

因投保人不按期缴纳保费,合同效力按照规定中止的,经保险人与投保人协商并达成协议,在投保人补交保险费后,合同效力恢复。但是,自合同效力中止之日起满两年双方未达成协议的,保险人有权解除合同。

6. 误报年龄条款

投保人申报的被保险人年龄不真实,并且其真实年龄不符合合同约定的年龄限制的,保险人可以解除合同,并按照合同约定退还保险单的现金价值。

投保人申报的被保险人年龄不真实,致使投保人支付的保险费少于应付保险费的,保险人有权更正并要求投保人补缴保险费,或者在给付保险金时按照实付保险费与应付保险费的比例支付。

投保人申报的被保险人年龄不真实,致使投保人支付的保险费多于应付保险费的,保险人应当将多收的保险费退还投保人。

7. 受益人条款

人身保险的受益人由被保险人或者投保人指定。投保人指定受益人时须经被保险人同意。投保人为与其有劳动关系的劳动者投保人身保险,不得指定被保险人及其近亲属以外的人为受益人。被保险人为无民事行为能力人或者限制民事行为能力人的,可以由其监护人指定受益人。

被保险人或者投保人可以指定一人或者数人为受益人。受益人为数人的,被保险人或者投保人可以确定受益顺序和受益份额;未确定受益份额的,受益人按照相等份额享有受益权。

被保险人或者投保人可以变更受益人并书面通知保险人。保险人收到变更受益人的书面通知后,应当在保险单或者其他保险凭证上批注或者附贴批单。投保人变更受益人时须经被保险人同意。

【案例5-3】2011年10月8日张某为妻子邓某投保了一份终身人寿保险,保险金额是15万元,缴费期限15年。邓某指定张某为受益人。半年后张某与邓某离婚。2012年12月20日,邓某因车祸意外死亡。邓某生前欠好友刘某5万元债务。对此,邓某的父母认为,张某已与邓某离婚,张某不应该享有保险金请求权,要求15万元保险金作为邓某的遗产,还清刘某的外债5万元,剩余10万元由他们以继承人身份作为遗产领取。根据上述资料,请回答以下问题:
本案例中邓某父母的要求合理吗?为什么?
【案例解析】本案例中邓某父母的要求不合理。
张某与邓某在保险合同期限内婚姻关系解除,张某与邓某没有了保险利益,但原来的人身保险合同仍然有效。张某是保险金的受益人,享有保险金的请求权。保险金不能偿还被保险人生前的债务。

8. 自杀条款
以被保险人死亡为给付保险金条件的合同,自合同成立或者合同效力恢复之日起两年内,被保险人自杀的,保险人不承担给付保险金的责任,但被保险人自杀时为无民事行为能力人的除外。
保险人依照上述规定不承担给付保险金责任的,应当按照合同约定退还保险单的现金价值。

三、财产保险合同

(一)财产保险合同的概念和特征
财产保险合同,是投保人和保险人以财产或利益为保险标的,投保人向保险人缴纳保险费,在保险事故发生造成所保财产或利益损失时,保险人在保险责任范围内承担赔偿责任,或在约定期限届满时,由保险人承担给付保险金的责任的协议。
财产保险合同具有以下特征:①财产保险合同的标的是财产和有关利益;②财产保险合同的投保人一般就是被保险人;③财产保险合同具有保险价值。
(二)财产保险合同的履行原则
1. 补偿原则
补偿原则,是指财产保险合同中,投保人通过订立保险合同,将特定危险事故造成的财产损失转嫁给保险人承担,当保险事故发生并导致被保险人经济损失时,保险人给予被保险人的经济赔偿数额,恰好能弥补其因保险事故发生而造成的经济损失。

第五章 保险法律制度

2. 分摊原则

分摊原则，是指在投保人对同一保险标的、同一保险利益、同一保险事故分别与两个以上的保险人订立保险合同的情况下，被保险人所能得到的保险赔偿金，由各保险人按照其保险金额与总保险金额总和的比例进行分摊。

3. 代位原则

代位原则，是指规定保险人依照法律或者保险合同约定，对被保险人所遭受的损失进行赔偿后，依法取得被保险人对保险标的的物权，或者对财产损失负有责任的第三者进行追偿的权利。它包括物上代位和代位追偿。

（三）财产保险合同的条款

1. 保险标的

财产保险的保险标的是指作为保险对象的财产及其有关利益，按照它的范围可以分为可保财产、特约财产和不保财产。

2. 保险金额

财产保险合同的保险金额，是指投保人在订立财产保险合同时，对保险标的实际投保的货币金额。它既是保险人向被保险人履行保险责任的最高限额，又是计算投保人所应该缴纳的保险费的依据。

根据《保险法》的规定，投保人和保险人约定保险标的的保险价值并在合同中载明的，保险标的发生损失时，以约定的保险价值为赔偿计算标准。投保人和保险人未约定保险标的的保险价值的，保险标的发生损失时，以保险事故发生时保险标的的实际价值为赔偿计算标准。

保险金额不得超过保险价值。超过保险价值的，超过部分无效，保险人应当退还相应的保险费。

保险金额低于保险价值的，除合同另有约定外，保险人按照保险金额与保险价值的比例承担赔偿保险金的责任。

【案例5-4】2012年5月，公民甲将自己的两居室的旧楼房以4万元的保险金额向ABC财产保险公司某支公司投保保险，保险期为1年。双方依照保险公司提供的保险单订立保险合同，其保险单正面注明："本公司收到上述保险费，同意按照背面所载家庭财产保险条款的规定承担责任。"该保险单背面保险金额项中规定："由被保险人根据保险财产实际价值自行确定，保险方不负核证责任。"赔偿处理项中规定："保险财产遭受责任范围内的损失时，本公司根据保险财产的实际损失，并按照当天的实际价值计算赔款，但最高赔偿不超过保险金额。"甲接受保险单上的上述条款，与保险公司订立了保险合同。合同订立后的同年9月15日，因发生火灾，甲投保的楼房被全部烧毁。出险后，保险公司确定受损楼房的建筑面积为91平方米，根据当地同类房屋造价、旧屋折旧价、市场交易价的综合分析确定按每平方米300元的价格赔偿甲，共计2.73万元。而甲认为，自己投保4万元，应赔4万元。双方争执不下，甲于同年12月向人民法院起诉。根据上述资料，请回答以下问题：

 金融法规

1. 什么是保险金额？我国《保险法》对此是如何规定的？
2. 本案例中的保险公司应如何理赔？

【案例解析】

1. 按照我国《保险法》的规定，保险金额是指保险人承担赔偿或者给付保险金责任的最高限额。在财产保险合同中，保险金额不得超过保险价值，超过保险价值的部分无效。

2. 保险公司应当按受损楼房的实际价值确定保险金额，对甲予以赔偿。本案例中，发生保险事故后，合同双方对保险金额产生争议，由于在保险合同赔偿处理项中已明确规定："保险财产遭受责任范围内的损失时，本公司根据保险财产的实际损失，并按照当天的实际价值计算赔款，但最高赔偿不超过保险金额。"原告甲也表示接受。因此，本着对双方当事人真实意思的尊重和依据法律的规定，应当按受损楼房的实际价值确定保险金额，即实际受损面积 91 平方米与每平方米 300 元的乘积，共计人民币 2.73 万元。甲可以得到 2.73 万元的赔偿。

3. 保险责任

保险人应该承担保险责任的范围主要包括以下几种：①因自然灾害所造成的损失；②因意外事故所造成的损失；③其他保险危险所造成的经济损失。

4. 除外责任

在财产保险合同中，除了列明保险责任外，还须对保险人不承保的危险事故作为除外责任列明于合同之中。一般来说，财产保险合同的除外责任主要有：①投保人或被保险人的故意行为；②地震；③战争、军事行动或暴力行为；④核辐射和污染等。

5. 保险赔偿方法

在财产保险合同中，保险人所负保险责任的内容就是在保险财产因保险事故而遭受损失时，按照约定的赔偿方法向被保险人支付保险赔偿金。因此，财产保险合同中一般都明确规定所采取的赔偿方法。一般有以下几种：

（1）比例责任赔偿。比例责任赔偿就是按照财产保险合同的保险金额与保险财产在出险时的实际价值的比例计算赔偿金额。财产保险合同涉及市场价格变动较大的财产时，通常采用该种方法。

（2）第一危险损失赔偿。第一危险损失赔偿就是在保险金额范围内，第一次遭受保险事故的保险财产的损失金额即为保险赔偿金额。我国的家庭财产保险合同中采用该种方法较为普遍。

（3）定值赔偿。定值赔偿就是双方在签约时约定保险财产的保险价值，并且以约定的保险价值作为确定保险金额、计算保险赔偿金的基础。海上货物运输保险合同通常采用该种方法。

（4）限额赔偿。限额赔偿就是保险人在双方约定的限额范围内承担保险赔偿责任。该赔偿方法经常适用于机动车辆保险合同、工程保险合同和责任保险合同等。

第五章 保险法律制度

> 【知识拓展】
>
> **人身保险合同与财产保险合同的比较**
>
> 人身保险合同与财产保险合同进行比较，主要存在以下几个方面的区别：
>
> （1）人身保险合同中的被保险人只能是自然人，而财产保险合同中的被保险人可以是自然人，也可以是法人等各种组织。
>
> （2）人身保险合同的保险标的是人的生命与健康，保险价值无法用金钱来衡量。因此，不存在超额保险问题，投保人就同一标的重复投保，可以从每个保险中获得约定的保险金。财产保险合同的保险金额不得超过保险价值，投保人就同一标的重复投保的，各保险人的赔偿金额总和不得超过保险价值。
>
> （3）人身保险合同由投保人和保险人约定保险金额，保险事故发生后，保险人按约定金额支付保险金，即人身保险合同是定值保险合同。财产保险合同的保险价值可以由投保人和保险人约定，也可以按照保险事故发生时保险标的的实际价值确定，即财产保险既可以是定值保险，又可以是不定值保险。
>
> （4）人身保险事故发生后，保险人根据约定的保险金额给付保险金，即人身保险合同是给付性合同。财产保险事故发生后，保险人根据事故发生时保险标的的实际损失在保险金额的范围内赔偿损失，即财产保险合同是补偿性合同。
>
> （5）对于财产保险合同，《保险法》明确规定保险人享有代位求偿权，而对于人身保险合同，《保险法》明确规定保险人不享有代位求偿权。即人身保险的被保险人因第三者的行为而发生死亡、伤残或者疾病等保险事故的，保险人向被保险人或者受益人给付保险金后，不得享有向第三者追偿的权利。

第三节 保险经营和保险监管

一、保险公司业务及经营规则

（一）保险公司的业务范围

根据我国《保险法》的有关规定，保险公司的业务范围主要有以下几个方面：

1. 人身保险业务

人身保险业务包括人寿保险、健康保险、意外伤害保险等。

人寿保险，亦称"生命保险"，是以人的生命为保险对象的保险。投保人或被保险人向保险人缴纳约定的保险费后，当被保险人于保险期内死亡或生存至一定年龄时，履

行给付保险金。人寿保险可分为死亡保险、生存保险和生死两全保险等。

健康保险，是指被保险人在保险期间内因疾病不能从事正常工作，或因疾病造成残疾或死亡时由保险人给付保险金的保险。健康保险包括医疗保险、失能保险和护理保险等。

意外伤害保险，是指以意外伤害而致身故或残疾为给付保险金条件的人身保险。投保人向保险人缴纳一定量的保险费，如果被保险人在保险期限内遭受意外伤害并以此为直接原因或近因，在自遭受意外伤害之日起的一定时期内死亡、残废、支出医疗费或暂时丧失劳动能力，则保险人给付被保险人或其受益人一定量的保险金。意外伤害保险可分为普通意外伤害保险和特定意外伤害保险。

2. 财产保险业务

财产保险业务主要包括财产损失保险、责任保险、信用保险等。

财产损失保险，是以各类有形财产为保险标的的财产保险。其主要包括的业务种类有：企业财产保险、家庭财产保险、运输工具保险、货物运输保险、工程保险、特殊风险保险和农业保险等。

责任保险，是指以保险客户的法律赔偿风险为承保对象的一类保险。按业务内容可分为公众责任保险、产品责任保险、雇主责任保险、职业责任保险和第三者责任保险等。

信用保险，是指权利人向保险人投保债务人的信用风险的一种保险，是一项企业用于风险管理的保险产品。其原理是把债务人的保证责任转移给保险人，当债务人不能履行其义务时，由保险人承担赔偿责任。

3. 再保险业务

再保险，又称分保，是保险人为了减轻自身承担的保险责任而将其不愿意承担或超过自己承保能力以外的部分保险责任转嫁给其他保险人或保险集团承保的行为。我国保险公司经国务院保险监督管理机构批准，可以经营前述人身保险业务、财产保险业务的分出保险和分入保险等再保险业务。

4. 国务院保险监督管理机构批准的与保险有关的其他业务

保险公司的业务范围依据有关规定可以有所拓展，如从事企业补充保险受托管理业务，参与失地农民养老保险、新型农村合作医疗制度改革试点工作等。为了适应现实需要，保险公司可以从事国务院保险监督管理机构批准的与保险有关的其他业务。

需要注意的是，保险公司应当在国务院保险监督管理机构依法批准的业务范围内从事保险经营活动。保险人不得兼营人身保险业务和财产保险业务。但是，经营财产保险业务的保险公司经国务院保险监督管理机构批准，可以经营短期健康保险业务和意外伤害保险业务。

（二）保险业务经营规则

1. 提取保证金

保险公司应当按照其注册资本总额的 20% 提取保证金，存入国务院保险监督管理机构指定的银行，除公司清算时用于清偿债务外，不得动用。

第五章 保险法律制度

2. 提取各项责任准备金

保险公司应当根据保障被保险人利益、保证偿付能力的原则,提取各项责任准备金。其主要包括未到期责任准备金和未决赔款准备金。

未到期责任准备金是保险公司为承担未了结的逾期保险责任而依法律规定从保险费收入中提取的准备资金。未决赔款准备金是保险公司在赔款前预先提取的准备资金。保险公司提取和结转责任准备金的具体办法由国务院保险监督管理机构制定。

3. 提取公积金

保险公司应当依法提取公积金。公积金又称公司的储备资金,是公司为增强自身的资产实力、扩大经营规模及预防亏损,依照法律和公司章程的规定,从公司的每年税后利润中提取的累积资金。

4. 保险保障基金的缴纳和使用

考虑到保险业经营的性质、保险公司经营风险的影响范围和保险事业稳定发展的需要,要求保险公司应当缴纳保险保障基金,并予以集中管理,统筹使用。

建立保险保障基金,首先是为了保障被保险人的利益。其次是为了支持保险公司稳健经营,即通过运用由各个保险公司集中起来的保险保障基金,对经营或财务上发生困难的保险公司予以支持。

保险公司按照规定应当缴纳保险保障基金,并集中管理。在出现下列情形下统筹使用:①在保险公司被撤销或者被宣告破产时,向投保人、被保险人或者受益人提供救济;②在保险公司被撤销或者被宣告破产时,向依法接受其人寿保险合同的保险公司提供救济;③国务院规定的其他情形。保险保障基金筹集、管理和使用的具体办法由国务院制定。

5. 具有相适应的最低偿付能力

保险公司的偿付能力,就是其偿付债务的能力。保险公司应当具有与其业务规模和风险程度相适应的最低偿付能力。保险公司的认可资产减去认可负债的差额不得低于国务院保险监督管理机构规定的数额;低于规定数额的,应当按照国务院保险监督管理机构的要求采取相应措施达到规定的数额。

保险公司达不到保险公司最低偿付能力控制指标的,说明其实际资产不足,承担赔付保险责任的能力太低,因此其应当增加资本金,补足差额,使保险公司的资产数足以保持其最低的偿付能力,得以正常地从事保险经营,承担对被保险人的赔偿或给付保险金的责任。

6. 自留保险费的限制

保险公司的自留保险费确切地反映其保险费收入的实际情况,也反映其承担的保险责任的范围,或者说是其承保额度的大小。

将经营财产保险业务的保险公司的资本与其自留保费相比较,就是要求在财产保险业务方面,公司所承担的保险责任与其实有资产保持一定比例,并保持必要的偿付能力。反过来说,公司的资本如果是有限的,那么公司的承保额度也应受到限制,不能超出其承保能力从事业务经营。这种比例关系是必要的,根据《保险法》的规定,经营

137

财产保险业务的保险公司当年自留保险费,不得超过其实有资本金加公积金总和的四倍。

7. 单一危险的限制和再保险

保险公司的经营风险来自不同方面,对每一危险单位所形成的风险加以管理是一个关键的环节。

根据《保险法》的规定,保险公司对每一危险单位,即对一次保险事故可能造成的最大损失范围所承担的责任,不得超过其实有资本金加公积金总和的百分之十;超过的部分应当办理再保险。保险公司对危险单位的划分应当符合国务院保险监督管理机构的规定。

保险公司应当按照国务院保险监督管理机构的规定办理再保险,并审慎选择再保险接受人。

8. 保险资金的合理运用

保险公司的资金运用必须稳健,遵循安全性原则。保险公司的资金运用限于下列形式:①银行存款;②买卖债券、股票、证券投资基金份额等有价证券;③投资不动产;④国务院规定的其他资金运用形式。

经国务院保险监督管理机构会同国务院证券监督管理机构批准,保险公司可以设立保险资产管理公司。保险资产管理公司从事证券投资活动,应当遵守《中华人民共和国证券法》等法律、行政法规的规定。保险资产管理公司的管理办法,由国务院保险监督管理机构会同国务院有关部门制定。

9. 保险公司及其工作人员禁止性规范

保险公司及其工作人员应当在保险合同订立、履行过程中恪守诚实信用原则,依法向对方提供可能影响对方是否订立合同及确定合同内容的重要事实,绝对信守保险合同中的承诺。保险公司及其工作人员不得违背诚实信用原则,在保险业务活动中不得有下列行为:

(1) 欺骗投保人、被保险人或者受益人;

(2) 对投保人隐瞒与保险合同有关的重要情况;

(3) 阻碍投保人履行本法规定的如实告知义务,或者诱导其不履行本法规定的如实告知义务;

(4) 给予或者承诺给予投保人、被保险人、受益人保险合同约定以外的保险费回扣或者其他利益;

(5) 拒不依法履行保险合同约定的赔偿或者给付保险金义务;

(6) 故意编造未曾发生的保险事故、虚构保险合同或者故意夸大已经发生的保险事故的损失程度进行虚假理赔,骗取保险金或者牟取其他不正当利益;

(7) 挪用、截留、侵占保险费;

(8) 委托未取得合法资格的机构或者个人从事保险销售活动;

(9) 利用开展保险业务为其他机构或者个人牟取不正当利益;

(10) 利用保险代理人、保险经纪人或者保险评估机构,从事以虚构保险中介业务或者编造退保等方式套取费用等违法活动；

（11）以捏造、散布虚假事实等方式损害竞争对手的商业信誉，或者以其他不正当竞争行为扰乱保险市场秩序；

（12）泄露在业务活动中知悉的投保人、被保险人的商业秘密；

（13）违反法律、行政法规和国务院保险监督管理机构规定的其他行为。

二、保险业监督管理

（一）保险业监督管理的概念

保险业监督管理主要是指国家保险监督管理机构对经营、参与保险业务的主体和实施保险经营行为进行的监督和管理。

保险业是经营风险的特殊行业，各国政府都会对其进行必要的监管。国务院保险监督管理机构依照《保险法》和国务院规定的职责，遵循依法、公开、公正的原则，对保险业实施监督管理，维护保险市场秩序，保护投保人、被保险人和受益人的合法权益。国务院保险监督管理机构依照法律、行政法规制定并发布有关保险业监督管理的规章。

（二）保险业监督管理的主要内容

1. 市场准入的监管

设立保险公司及其分支机构，必须经过保险监督管理机构批准，经批准设立的保险公司，由批准部门颁发经营许可证。外国保险机构在中华人民共和国境内设立代表机构，应当经国务院保险监督管理机构批准。

保险公司有重大变更事项的，须经保险监督管理机构批准。保险公司因分立、合并或者公司章程规定的解散事由出现，经保险监督管理机构批准后解散。

保险代理机构、保险经纪人应当具备国务院保险监督管理机构规定的条件，取得保险监督管理机构颁发的经营保险代理业务许可证、保险经纪业务许可证。

未经国家保险监督管理机构批准擅自设立保险公司或者非法从事商业保险业务活动的，依法追究其刑事责任并由保险监管机构予以取缔。对于超出核定的业务范围从事保险业务活动的由保险监督管理机构责令改正，责令退还收取的保险费并给予相应的经济处罚。

保险公司的董事、监事和高级管理人员，保险专业代理机构、保险经纪人的高级管理人员应当品行良好，熟悉与保险相关的法律、行政法规，具有履行职责所需的经营管理能力，并在任职前取得保险监督管理机构核准的任职资格。

个人保险代理人、保险代理机构的代理从业人员、保险经纪人的经纪从业人员，应当具备国务院保险监督管理机构规定的资格条件，取得保险监督管理机构颁发的资格证书。

保险机构市场准入监管的目标是在审批环节上对整个保险体系实施有效的控制，在充分考虑我国保险业发展和公平竞争的前提下，确保保险机构的数量、结构、规模能符合国家经济金融发展规划和市场需要，并与保险监督管理机构的监管能力相适应。

2. 保险业务运营的监管

（1）保险合同条款和保险费率的监管。《保险法》规定：关系社会公众利益的保险险种、依法实行强制保险的险种和新开发的人寿保险险种等的保险条款和保险费率，应当报国务院保险监督管理机构批准。国务院保险监督管理机构审批时，应当遵循保护社会公众利益和防止不正当竞争的原则。其他保险险种的保险条款和保险费率，应当报保险监督管理机构备案。

保险公司使用的保险条款和保险费率违反法律、行政法规或者国务院保险监督管理机构的有关规定的，由保险监督管理机构责令停止使用，限期修改；情节严重的，可以在一定期限内禁止申报新的保险条款和保险费率。

（2）对偿付能力的监管。国务院保险监督管理机构应当建立健全保险公司偿付能力监管体系，对保险公司的偿付能力实施监控。

保险公司的偿付能力，是指保险公司以资产偿付到期债务和承担未来责任的能力。根据有关规定，保险公司实际偿付能力额度等于认可资产减去认可负债的差额。对保险公司的偿付能力实施监管，是保护投保人、被保险人和受益人利益，促进保险业健康发展，防范保险业经营风险的重要手段。

根据《保险法》的规定，对偿付能力不足的保险公司，国务院保险监督管理机构应当将其列为重点监管对象，并可以根据具体情况采取相应的措施：①责令增加资本金、办理再保险；②限制业务范围；③限制向股东分红；④限制固定资产购置或者经营费用规模；⑤限制资金运用的形式、比例；⑥限制增设分支机构；⑦责令拍卖不良资产、转让保险业务；⑧限制董事、监事、高级管理人员的薪酬水平；⑨限制商业性广告；⑩责令停止接受新业务。

（三）保险监督管理机构的权责及相关措施

1. 保险监督管理机构的权责

《保险法》对保险监督管理机构的权责作了详细的规定，具体内容如下：

（1）整顿、被接管的保险公司有不能清偿到期债务，并且资产不足以清偿全部债务或者明显缺乏清偿能力的，国务院保险监督管理机构可以依法向人民法院申请对该保险公司进行重整或者破产清算。

（2）保险公司因违法经营被依法吊销经营保险业务许可证的，或者偿付能力低于国务院保险监督管理机构规定标准，不予撤销将严重危害保险市场秩序、损害公共利益的，由国务院保险监督管理机构予以撤销并公告，依法及时组织清算组进行清算。

（3）国务院保险监督管理机构有权要求保险公司股东、实际控制人在指定的期限内提供有关信息和资料。

（4）保险公司的股东利用关联交易严重损害公司利益，危及公司偿付能力的，由国务院保险监督管理机构责令改正。在按照要求改正前，国务院保险监督管理机构可以限制其股东权利；拒不改正的，可以责令其转让所持的保险公司股权。

（5）保险公司在整顿、接管、撤销清算期间，或者出现重大风险时，国务院保险监督管理机构可以对该公司直接负责的董事、监事、高级管理人员和其他直接责任人员采取以下措施：①通知出境管理机关依法阻止其出境；②申请司法机关禁止其转移、转让或者以其他方式处分财产，或在财产上设定其他权利。

2. 保险监督管理机构履行职责采取的措施

我国保险监督管理机构依法履行有关职责，可以采取以下相关措施：

(1) 对保险公司、保险代理人、保险经纪人、保险资产管理公司、外国保险机构的代表机构进行现场检查；

(2) 进入涉嫌违法行为发生场所调查取证；

(3) 询问当事人及与被调查事件有关的单位和个人，要求其对与被调查事件有关的事项作出说明；

(4) 查阅、复制与被调查事件有关的财产权登记等资料；

(5) 查阅、复制保险公司、保险代理人、保险经纪人、保险资产管理公司、外国保险机构的代表机构以及与被调查事件有关的单位和个人的财务会计资料及其他相关文件和资料，对可能被转移、隐匿或者毁损的文件和资料予以封存；

(6) 查询涉嫌违法经营的保险公司、保险代理人、保险经纪人、保险资产管理公司、外国保险机构的代表机构以及与涉嫌违法事项有关的单位和个人的银行账户；

(7) 对有证据证明已经或者可能转移、隐匿违法资金等涉案财产或者隐匿、伪造、毁损重要证据的，经保险监督管理机构主要负责人批准，申请人民法院予以冻结或者查封。

保险监督管理机构采取以上相关措施的，应当经保险监督管理机构负责人批准，或者应当经国务院保险监督管理机构负责人批准。

保险监督管理机构依法进行监督检查或者调查，其监督检查、调查的人员不得少于两人，并应当出示合法证件和监督检查、调查通知书；监督检查、调查的人员少于两人或者未出示合法证件和监督检查、调查通知书的，被检查、调查的单位和个人有权拒绝。

本章小结：

1. 保险是指由多数机构和个人，根据合理计算共同建立保险基金，对因危险事故所造成的财产损失给予补偿或对人身约定事件的出现实行给付的一种经济保障制度。

2. 保险法是调整保险关系的一切法律规范的总称，包括调整保险人与投保人、被保险人以及受益人之间因保险合同的订立、变更、转让、履行、解除及承担法律责任过程中产生的各种权利义务关系，规范保险业主体的设立、变更、消灭过程中产生的各种权利义务关系，以及规范保险业主体内外组织活动过程中产生的各种权利义务的法律规范。

3. 按照《保险法》有关规定，保险公司应当采取股份有限公司和国有独资公司这两种具体的组织形式。除这两种具体形式的保险公司以外，其他形式的企业、组织或团体都不得经营商业保险业务。

4. 保险代理人是根据保险人的委托，向保险人收取佣金，并在保险人授权的范围

内代为办理保险业务的机构或者个人。保险经纪人是基于投保人的利益,为投保人与保险人订立保险合同提供中介服务,并依法收取佣金的机构。

5. 保险合同,是指投保人与保险人约定保险权利义务关系的协议。保险合同的当事人是投保人和保险人。保险合同的关系人是被保险人和受益人。保险合同法律关系的内容通常是以保险合同条款的形式表现的。按照保险条款在保险合同中的地位,可以分为基本条款和特约条款。

6. 根据我国《保险法》的有关规定,保险公司的业务范围主要有以下几个方面:人身保险业务;财产保险业务;再保险业务;国务院保险监督管理机构批准的与保险有关的其他业务。

7. 保险业监督管理主要是指国家保险监督管理机构对经营、参与保险业务的主体和实施保险经营行为进行的监督和管理。国务院保险监督管理机构依照《保险法》和国务院规定的职责,遵循依法、公开、公正的原则,对保险业实施监督管理,维护保险市场秩序,保护投保人、被保险人和受益人的合法权益。

练习题:

一、单项选择题

1. 下列不属于保险凭证的是( )。
   A. 保险凭证   B. 投保单
   C. 保险宣传单   D. 暂保单

2. 保险公司成立后须按照其注册资本金总额的( )提取保证金,存入国务院保险监督管理机构指定的银行。
   A. 20%   B. 30%
   C. 25%   D. 10%

3. 保险期间发生保险责任范围内的损失,应由第三者负责赔偿的,如果投保方向保险方提出赔偿要求,保险方应该( )。
   A. 在第三者无力赔偿时,保险方才予以赔偿
   B. 在查明第三者尚未对投保方承担赔偿责任时,保险方才予以赔偿
   C. 保险方不予赔偿
   D. 保险方先予以赔偿,然后取得代位追偿权

4. 经营人寿保险业务的保险公司,应当按照( )提取未到期责任准备金。
   A. 自留保险费的 50%   B. 有效的人寿保险单的全部净值
   C. 自留保险费的 35%   D. 自留保险费的 25%

5. 专业代理人是指专门从事保险代理业务的保险代理公司,这种公司的组织形式必须是( )。
   A. 有限责任公司   B. 股份有限公司
   C. 国有独资公司   D. 没有限制

6. 保险人收到被保险人或者受益人的赔偿或者给付保险金的请求后,应当及时做

出核定,对属于保险责任的,应在与被保险人或者受益人达成有关赔偿或者给付保险金额的协议后( )日内,履行赔偿或者给付保险金义务。

A. 30   B. 20
C. 10   D. 5

7. 下列关于保险价值的说法错误的一项是( )。

A. 保险金额不得超过保险价值

B. 如果超过,则超过的部分无效,被保险人不得对超过部分请求赔偿

C. 保险金额低于保险价值的,除合同另有约定外,保险人按照保险金额与保险价值的比例承担赔偿责任

D. 在人身保险中,保险金额也要由保险价值来确定

8. 某企业与保险公司签订一份财产保险合同,保险标的为该企业的厂房和设备,保险费50万元。合同生效后第3个月,该企业谎称厂房内的设备被盗,向保险公司提出赔偿请求。依法律规定,保险公司解除了保险合同,对50万元保险费的正确处理办法是( )。

A. 不退还全部保险费   B. 只退还减去3个月后剩余部分的保险费
C. 应退还全部保险费   D. 应退还保险费及其利息

9. 某公司投保财产保险200万元,在一次属于保险责任范围内的火灾事故中,实际遭受损失为195万元,为保护和抢救财产支出必要费用10万元,为确认保险损失交付的评估费用5万元。保险公司应赔偿( )。

A. 195万元   B. 200万元
C. 205万元   D. 210万元

10. 下列各项中不属于财产保险的是( )。

A. 货物运输保险   B. 工程保险
C. 责任保险   D. 生存保险

二、多项选择题

1. 根据我国《保险法》的规定,投保人对下列哪些人员具有保险利益( )。

A. 本人及其配偶

B. 子女

C. 父母

D. 与投保人有抚养、赡养或者扶养关系的家庭其他成员

2. 我国保险公司可采取的组织形式有( )。

A. 有限责任公司   B. 股份有限责任公司
C. 合伙企业   D. 国有独资公司

3. 根据我国《保险法》的规定,投保人的主要义务包括( )。

A. 投保时告知保险人所有自身情况   B. 危险、事故的补救和通知义务
C. 在保险标的的危险增加时通知保险人   D. 按时交付保险费

4. 保险合同成立后,可能导致保险合同无效的原因有( )。

A. 签订保险合同的当事人主体资格不符合法律的规定
B. 投保人不按照合同约定的时间缴纳保险费
C. 保险合同订立过程中存在保险欺诈行为
D. 保险事故发生后,投保人(被保险人)没有采取必要的措施避免损失的扩大

5. 财产保险中保险利益的构成条件有( )。
A. 须为法律上承认的利益
B. 须为确定利益
C. 须表现为具体的财产形态
D. 须为金钱利益,凡不能以金钱计算的利益不能作为保险利益

6. 财产保险合同中,保险责任开始后,当事人不得解除合同的是( )。
A. 货物运输保险合同   B. 家庭财产保险合同
C. 运输工具航程保险合同   D. 企业财产保险合同

7. 除《保险法》另有规定或者保险合同另有约定外,保险合同成立后,下列关于合同解除的表述正确的是( )。
A. 投保人可以解除合同   B. 保险人可以解除合同
C. 投保人不可以解除合同   D. 保险人不可以解除合同

8. 刘某购新车一辆后投了财产保险,保险价值10万元。某日,刘某开车时被司机王某违章驾驶的卡车撞坏,造成损失2万元。下列表述中正确的是( )。
A. 刘某既可向王某索赔,也可选择要保险公司赔偿
B. 若保险公司向刘某支付了赔偿保险金,则刘某不得再向王某索赔
C. 王某向刘某支付了赔偿费,则刘某仍有权再向保险公司索赔
D. 若刘某放弃对王某的索赔权,则保险公司不承担赔偿保险金的责任

9. 2007年8月,陈某以其8岁的儿子陈东为被保险人投了一份5年期的人身保险,未指定受益人。2009年9月,陈东患病住院,由于医院的重大失误,致使陈东手术后落了个终身残疾。依照《保险法》的规定,下列陈述正确的是( )。
A. 保险公司应向陈东支付保险金,并且不得向医院追偿
B. 保险公司在向陈东支付保险金后取得向医院代位追偿的权利
C. 投保之际若未经被保险人陈东的书面同意,保险合同无效
D. 若陈东不幸死亡,则受益人为陈某及其配偶

10. 下列关于重复保险的陈述中正确的是( )。
A. 重复保险的投保人应当将重复保险的有关情况通知各保险人
B. 重复保险的保险金额总和超过保险价值的,各保险人的赔偿金额的总和不得超过保险价值
C. 重复保险的保险金额总和超过保险价值的,各保险人的赔偿金额按实际损失金额分摊
D. 除合同另有约定外,各保险人按照其保险金额与保险金额总和的比例承担赔偿责任

第五章 保险法律制度

三、判断题

1. 经营财产保险业务的公司不得经营人身保险业务，经营人身保险业务的公司不得经营财产保险业务。（　　）

2. 个人所负数额较大的债务到期未清偿的人员不可担任保险公司的董事长，但可担任副总经理。（　　）

3. 保险公司的设立、变更必须由其行业主管机关保监会审批后方可进行，但破产只需依《破产法》进行即可。（　　）

4. 在订有再保险合同的情况时，投保人既能请求分出公司（与之订立保险合同的保险公司）赔付保险金，也可请求分入公司（再保险公司）赔付保险金。（　　）

5. 投保人要将被保险利益的真实情况完全告诉给保险人，如有任何重大隐瞒则可能导致整个保险合同的无效。（　　）

6. 个人代理人全是专职代理人，任何个人不得兼职从事保险代理业务。（　　）

7. 投保人对订立保险合同有故意欺诈情节的，保险合同无效，但保险费要退。（　　）

8. 保险合同首先要按照《保险法》的规定办，在《保险法》没有规定的情况下才适用《合同法》的规定。（　　）

9. 保险人不得对被保险人的家庭成员或者其组成人员行使代位请求赔偿的权利。（　　）

10. 货物运输保险凭证可由投保方自行决定背书转让，无须征得保险方的同意。（　　）

四、综合案例题

2008年5月，ABC公司经工会研究表决，决定给全体员工投保人身意外伤害团体保险，公司办公室主任在代表公司办理手续填写投保单时，未经工会知晓擅自将受益人列为公司，每个员工保险金额为5万元，保险期限为3年。2010年4月，该公司员工李某在乘坐班车上班途中，遭遇车祸死亡。事故发生后，保险公司按照合同支付了团体人身意外伤害保险金5万元。ABC公司领取后未转交给李某的家属，李某妻子几经交涉未果后诉至法院。

根据上述内容，结合法律规定，分别回答下列问题：

(1) 本案中保险合同是否有效？为什么？
(2) 本案中ABC公司是否是保险合同的受益人？请简要说明理由。
(3) 谁可以领取该笔保险的赔偿金？

第六章　合同法律制度

【学习目的】
　　掌握合同的订立、合同的效力、合同的履行、违约责任的承担；熟悉合同法的调整范围、合同的条款、合同的变更、转让与终止；了解合同的分类及合同法的基本原则。

【案例导入】
　　　　　　　　　　合同的效力及处理
　　张三到某市商场买电脑，该商场工作人员疏忽，错将一台价值4500元的电脑标成了450元，张三看到这台电脑后，觉得非常便宜且性能优良，于是就买走了。事隔一周后，商场盘点时发现了错误，于是派人找到张三，要求补足货款或退款退货，而张三却认为：你标错了价是你的错，我买东西又不是没付钱，货已经卖出去了，哪有再补钱的道理。拒不补足价款，也不退货。于是该商场到人民法院起诉，请求撤销与张三之间的买卖合同。
　　问：本案中商场与张三间的买卖合同属于什么性质的合同？该案如何处理？
　　【案例解析】商场与张三间的买卖合同属于可变更、可撤销合同。因为在本案中，商场由于其售货员的疏忽大意将标价牌写错，张三在不知情的情况下，与售货员确立了对标的物的价格有重大误解的买卖合同并买下了电脑。所以，该买卖合同是因为重大误解而订立的，法院判决该合同可以撤销，张三应该退货，商场在与王某的交易过程中存在过失，商场应赔偿张三因此所受到的损失。

第六章 合同法律制度

第一节 合同法律制度概述

一、合同概述

(一) 合同的概念

合同又称契约,有广义和狭义之分。广义的合同是指一切确立权利、义务的协议,包含了所有法律部门中的合同关系。例如民法中的民事合同、行政法中的行政合同、劳动法中的劳动合同。狭义的合同即民事合同,是指确立民事权利义务关系的协议,即平等主体的自然人、法人和其他组织之间设立、变更、终止民事权利义务关系的协议。

(二) 合同的特征

合同具有以下特征:

1. 合同是民事主体之间在平等自愿的基础上达成的协议

合同首先是一种协议,是两个以上当事人之间经过协商而取得的认识上的一致。合同是平等民事主体之间的协议,非平等主体之间的协议,不属于合同。如行政机关与公务人员之间签订的协议,就不属于民法上所指的合同。合同还是建立在平等自愿基础之上的协议。没有平等,就没有自愿,也就没有当事人的意思自由。合同当事人法律地位一律平等,平等地依法享受权利和承担义务,合法权益平等地受法律保护。当然,平等只是法律基础上的平等,自由也只是法律范围内的自由。

2. 合同是双方或多方的民事法律行为

合同是当事人以发生一定民事法律后果为目的的行为,以意思表示为要素,合同至少要有两个以上的当事人,且各方意思表示必须一致。只有一方的意思表示,或虽有各方的意思表示,但意思表示不一致,达不成协议,合同仍然无法成立。

3. 合同是以设立、变更、终止民事权利义务关系为目的的民事法律行为

协议的内容可以涉及政治、道德、法律等多方面,只有平等主体之间达成的以设立、变更、终止民事权利义务关系为目的的协议才叫合同。当事人以合同设立的民事权利义务是债权债务。凡不能发生债权债务、以设定身份上的权利义务为目的的协议,均不属于合同法上的合同。

(三) 合同的分类

1. 单务合同和双务合同

根据合同当事人是否相互负有对价给付义务("对价"并非"等价",而只是要求双方的给付具有相互依存、相互牵连的关系即可),可将合同分为单务合同和双务合同。

双务合同是指双方当事人互负对价给付义务的合同,如买卖合同、承揽合同、租赁

金融法规

合同等。在这类合同中，一方当事人所享受的权利正是他方当事人所负担的义务。

单务合同是指当事人双方并不相互负有对价给付义务，而仅有一方当事人承担义务的合同，如赠与合同、借用合同等。

2. 有偿合同和无偿合同

根据合同当事人权利的获得是否支付相应的代价为标准，可将合同分为有偿合同和无偿合同。

有偿合同是指当事人取得权利必须支付相应代价的合同，如买卖、互易、租赁、运输、承揽、保险等合同都是有偿合同。

无偿合同是指当事人取得权利无须支付相应代价的合同。赠与合同、借用合同是典型的无偿合同。

3. 诺成合同和实践合同

根据合同成立除当事人的意思表示以外，是否还要交付标的物为标准，可以将合同分为诺成合同和实践合同。

诺成合同是指当事人意思表示一致即可认定合同成立的合同。这种合同不以交付标的物作为合同成立的要件，如买卖合同、租赁合同、承揽合同等。

实践合同是指在当事人意思表示一致以外，尚须有实际交付标的物或者有其他现实给付行为才能成立的合同。确认某种合同是否属于实践合同必须法律有规定或者当事人之间有约定。常见的实践合同有保管合同、自然人之间的借贷合同、定金合同等。

4. 有名合同和无名合同

根据法律上对合同的名称有无明确规定为标准，可将合同分为有名合同和无名合同。

有名合同是法律上明确规定了名称与规则的合同，又称典型合同。如《合同法》在分则中规定的买卖合同、赠与合同、借款合同、租赁合同等各类合同就属于有名合同。有名合同可直接适用《合同法》分则中关于该种合同的具体规定。

无名合同是法律上没有明确规定名称与规则的合同，又称非典型合同。当事人可以根据自己的特殊需要订立法律没有规定的无名合同，只要不违背法律的禁止性规定和社会公共利益。对无名合同只能在适用《合同法》总则中规定的一般规则的同时，参照该法分则或者其他法律中最相类似的规定执行。

5. 要式合同和不要式合同

根据法律是否要求具备特定的形式和手续为标准，可将合同分为要式合同和不要式合同。要式合同是指法律规定当事人必须采取法定形式的合同。不要式合同是指法律没有规定必须采取特定的形式，而由当事人自行约定形式的合同。

6. 主合同和从合同

以合同相互间的主从关系为标准，可将合同分为主合同和从合同。

主合同是指不依赖于其他合同而能独立存在的合同。从合同是指以其他合同的存在为存在前提的合同。如借款合同为主合同，为担保该借款合同的履行而订立的保证合同则是从合同。

主合同和从合同是相对的，没有主合同就没有从合同，没有从合同也就没有主合同。

二、合同法概述

合同法是调整平等主体之间商品交换关系的法律规范的总称。我国现行的合同法律制度主要是1999年3月15日第九届全国人民代表大会第二次会议通过、自1999年10月1日起施行的《中华人民共和国合同法》（以下简称《合同法》）。

（一）《合同法》的调整范围

平等主体之间有关民事权利义务关系设立、变更、终止的协议均在合同法的调整范围，但婚姻、收养、监护等有关身份关系的协议，不适用《合同法》的调整。用人单位和劳动者之间建立劳动关系，订立、履行、变更、解除或者终止劳动合同，适用《劳动合同法》，不属于《合同法》的调整范围。

（二）《合同法》的基本原则

1. 平等原则

合同当事人法律地位一律平等，一方不得将自己的意志强加给另一方，各方应在权利义务对等的基础上订立合同。

2. 自愿原则

自愿原则是民事法律关系区别于刑事、行政法律关系的特有原则。在不违反强制性法律规范和社会公共利益的基础上，当事人依法享有自愿订立合同的权利，任何单位和个人不得非法干预。

3. 公平原则

当事人应当遵循公平原则确定各方的权利和义务，权利义务要对等，负担和风险分配要合理。任何当事人不得滥用权力，不得在合同中规定显失公平的内容。

4. 诚实信用原则

诚实信用原则既属于道德规则，也属于法律原则。诚实信用原则要求当事人在民事活动中诚实、讲信用，善意地行使权利、履行义务，不得有欺诈等恶意行为。

5. 遵守法律、不损害社会公共利益原则

当事人订立、履行合同，应当遵守法律、行政法规，遵守社会公德，不得扰乱社会经济秩序、损害社会公共利益。

第二节　合同的订立

一、合同订立的概念

合同订立是指合同当事人就合同的主要条款经过协商一致达成协议的法律行为。订

 金融法规

立合同的当事人应当具有与所订立的合同相应的民事权利能力和民事行为能力。

二、合同订立的形式

合同订立是合同的当事人就合同的主要条款协商一致达成协议的法律行为。

(一)书面形式

书面形式是指合同书、信件和数据电文(包括电报、电传、传真、电子数据交换和电子邮件)等可以有形地表现所载内容的形式。《合同法》规定:"法律、行政法规规定采用书面形式的,应当采用书面形式。当事人约定采用书面形式的,应当采用书面形式。"

书面形式分为一般书面形式和特殊书面形式。前者不需要履行特殊的手续,后者需要公证、登记、审批等特殊手续。

书面形式是我国合同的主要形式。书面形式明确肯定、有据可查,发生纠纷时便于举证和分清责任。

(二)口头形式

口头形式是指双方当事人通过当面交谈或者以通信设备交谈达成协议。口头形式简单易行,但发生纠纷后取证较难,难以分清责任,一般仅适用于即时清结和涉及金额较小的合同。

(三)其他形式

除了书面形式和口头形式外,当事人订立合同还可以采取其他形式,实务中主要有行为默示形式和推定形式。默示形式是指当事人采用沉默不语的方式为意思表示,但只有在法律有明确规定的情况下才能认定行为人以默示的形式表示其意思。推定形式是指当事人不直接采取口头或书面形式进行意思表示,而是通过实施某种行为来表示。

三、合同订立的条款

(一)合同的主要条款

合同条款是合同当事人协商一致,规定双方当事人权利义务的具体条文。根据《合同法》的规定,合同的内容由当事人约定,一般应包括以下条款:

1. 当事人的名称或者姓名和住所

当事人是合同权利的享有者和义务的承担者,订立合同时必须把各方当事人的名称或者姓名和住所写清楚。合同当事人是自然人时,应写明当事人的姓名和住所;是法人或其他组织时,应写明名称和住所。

2. 标的

标的是合同权利与义务共同指向的对象。标的是一切合同的必备条款。没有标的,合同不成立,合同关系也无法建立。合同的标的物可以是有形财产、无形财产、劳务和工作成果等。合同对标的的规定应细致、准确、明白。法律禁止的行为或禁止转让的物

品，不得作为合同的标的物。

3. 数量

数量是对标的物量的规定性，是以数字和计量单位来衡量标的的尺度。在大多数合同中，数量是必备条款，没有数量，合同不能成立。合同的数量要准确，应选择使用双方当事人共同接受的计量单位、计量方法和计量工具。

4. 质量

质量是标的物的内在品质和外观形态的综合。质量条款包括标的名称、品种、规格、等级、标准、技术要求等。在实践中，质量条款能按国家质量标准进行约定的，则按国家质量标准进行约定；没有质量标准的，可按"凭样品"来规定质量条款。

当事人可以约定质量检验的方法、质量责任的期限和条件、对质量提出异议的期限和条件等。

5. 价款或报酬

价款、报酬，是一方取得标的所支付的代价。在以物为标的的合同中，称价款，如货款、租金等；在以劳务或工作成果为标的的合同中，称报酬，如承揽费、货物运输费等。合同中应明确规定价款或报酬的数额、计算标准、结算方式等。

6. 履行期限、地点、方式

履行期限是指享有权利的一方要求对方履行其义务的时间范围；履行地点是指合同当事人履行或接受履行合同规定义务的地点；履行方式是指当事人采取何种形式来履行合同规定的义务。

7. 违约责任

违约责任是指当事人不履行合同规定义务或者不适当履行义务所应承担的法律责任，如可以约定违约金责任条款、赔偿金的计算方法等。

8. 解决争议的方法

解决争议的方法是指当事人在合同订立、履行过程中发生争议时解决的途径和方式。可以选择的争议解决方法主要有：当事人协商和解、第三人调解、仲裁和诉讼。

（二）格式条款

格式条款是指当事人为了重复使用而单方预先拟定，并在订立合同时不允许对方协商变更的条款。由于格式条款是由当事人一方单方面拟定的，且在合同谈判中未经对方协商修改，为防止引发纠纷，保护合同另一方的合法权利，《合同法》对格式条款的使用规定了三方面限制。

1. 提供格式条款的一方的义务

提供格式条款的一方应当遵循公平原则确定当事人之间的权利和义务，采取合理的方式提请对方注意免除或者限制其责任的条款，按照对方的要求，对该条款予以说明。如果提供格式条款的一方违反上述规定，导致对方没有注意免除或者限制其责任的条款，对方当事人可以向人民法院申请撤销该格式条款。

提供格式条款的一方对已尽合理提示及说明义务承担举证责任。

2. 某些格式条款无效

以下格式条款无效:

(1) 提供格式条款的一方免除其责任、加重对方责任、排除对方主要权利的,该条款无效。

(2) 具备《合同法》规定的下列情形无效:①一方以欺诈、胁迫的手段订立合同,损害国家利益;②恶意串通,损害国家、集体或者第三人的利益;③以合法形式掩盖非法目的;④损害社会公共利益;⑤违反法律、行政法规的强制性规定。

(3) 下列免责条款无效:①有造成对方人身伤害的免责条款;②因故意或者重大过失造成对方财产损失的免责条款。

3. 对格式条款的解释

对格式条款的理解发生争议的,应当按照通常理解予以解释;对格式条款有两种以上解释的,应当作出不利于提供格式条款一方的解释;格式条款和非格式条款不一致的,应当采用非格式条款。

【案例6-1】李某进超市购物,将装有现金、相机的挎包存放于超市存包处,后领包时发现包已遗失,索赔时该超市以"存包处《存包须知》明示:无论存包是否申请物件的价值,若遗失,每件酌情补偿10~20元"为由,最多只愿意赔偿20元。另悉,该《存包须知》贴在存包窗口,十分醒目。双方为此发生纠纷,李某诉至法院。请问该《存包须知》中的争议条款效力如何?为什么?

【案例解析】本案中的《存包须知》是为反复使用而拟定的条款,为格式条款。根据《合同法》的规定,提供格式条款的一方应当遵循公平原则确定当事人之间的权利和义务,并采取合理的方式提请对方注意免除或者限制其责任的条款。本案中,商场在《存包须知》中规定的对所有遗失的包均赔偿10~20元的条款虽然提请了对方注意,但明显违反公平原则,属于"霸王条款",不具有法律效力。

四、合同订立的程序

当事人对合同内容协商一致、达成一致意见的过程,是通过要约、承诺完成的。

(一) 要约

要约是指希望和他人订立合同的意思表示。发出要约的当事人叫要约人,要约所指向的对方当事人称为受要约人。

1. 要约的条件

(1) 内容明确具体。发出要约的目的是为了订立合同,一经受要约人承诺,合同即告成立,故要约内容必须具备未来合同的主要条款。

(2) 必须是特定人所为的意思表示。只有要约人是特定的人,受要约人才能对之承诺。

(3) 要约必须向相对人发出。要约必须经过相对人的承诺才能成立合同。相对人一般为特定的人，但在特殊情况下，也可以是不特定人。如各种悬赏广告、商店明码标价出售商品。

(4) 表明经受要约人承诺，要约人即受该意思表示约束。要约是一种法律行为，具有法律约束力，要约人发出要约的内容必须能够表明：如果对方接受要约，合同即告成立。

在实践中要注意要约与要约邀请的区分。要约邀请是希望他人向自己发出要约的意思表示。要约邀请属于合同的准备阶段，没有法律约束力。而要约具有法律的约束力，对方一旦承诺，合同即告成立。寄送的价目表、拍卖公告、招标公告、招股说明书、商业广告等，性质均为要约邀请。但若商业广告的内容符合要约的规定，如悬赏广告，则视为要约。

2. 要约的生效

要约到达受要约人时生效。所谓到达，并不一定是指一定实际送达受要约人及其代理人手中，只要送达受要约人通常的地址、住所或能控制的地方（如信箱）等即为到达。

采用数据电文形式订立合同，收件人指定特定系统接收数据电文的，该数据电文进入该特定系统的时间，视为到达时间；未指定特定系统的，该数据电文进入收件人的任何系统的首次时间，视为到达时间。

3. 要约的撤回、撤销与失效

要约的撤回是指要约发出后、生效前，要约人收回已经发出的要约，使要约不发生法律效力的行为。要约可以撤回，但撤回要约的通知应当在要约到达受要约人之前或者与要约同时到达受要约人。

要约的撤销是指要约生效后、受要约人承诺前，使要约丧失法律效力的行为。要约可以撤销，但撤销要约的通知应当在受要约人发出承诺通知之前到达受要约人处。但下列情形下的要约不得撤销：①要约人确定了承诺期限的；②以其他形式明示要约不可撤销的；③受要约人有理由认为要约是不可撤销的，并已经为履行合同做了准备工作的。

要约的失效是指要约丧失了法律约束力，即要约人与受要约人均不受要约约束。要约失效后，要约人不再承担接受承诺的义务，受要约人丧失了其承诺的资格。要约的失效，以要约曾经生效为前提。有下列情形之一的，要约失效：①拒绝要约的通知到达要约人；②要约人依法撤销要约；③承诺期限届满，受要约人未作出承诺；④受要约人对要约的内容作出实质性变更。

(二) 承诺

承诺是指受要约人同意要约的意思表示。

1. 承诺的条件

(1) 承诺应当由受要约人作出。如果由代理人作出承诺，则代理人须有合法的委托手续。

受要约人无论是特定还是不特定，均享有承诺的资格。

(2) 承诺必须向要约人作出。受要约人承诺的目的是同要约人订立合同，故承诺

只有向要约人作出才有意义。

(3) 承诺的内容应当与要约的内容一致。受要约人对要约的内容作出实质性变更的,为新要约。有关合同标的、数量、质量、价款或者报酬、履行期限、履行地点和方式、违约责任和解决争议方法等内容的变更,是对要约内容的实质性变更。承诺对要约的内容作出非实质性变更的,除要约人及时表示反对或者要约表明承诺不得对要约的内容作出任何变更的以外,该承诺有效,合同的内容以承诺的内容为准。

(4) 承诺必须在要约确定的有效期限内到达要约人处。要约以信件或者电报作出的,承诺期限自信件载明的日期或者电报交发之日开始计算。信件未载明日期的,自投寄该信件的邮戳日期开始计算。要约以电话、传真等快速通信方式作出的,承诺期限自要约到达受要约人时开始计算。要约没有确定承诺期限的,承诺应当依照下列规定到达:要约以对话方式作出的,应当即时作出承诺,但当事人另有约定的除外;要约以非对话方式作出的,承诺应当在合理期限内到达。所谓合理期限,是指依通常情形可期待承诺到达的期间,一般包括要约到达受要约人的期间、受要约人作出承诺的期间、承诺通知到达要约人的期间。

受要约人超过承诺期限发出承诺的,除要约人及时通知受要约人该承诺有效的以外,应视为新要约。受要约人在承诺期限内发出承诺,按照通常情形能够及时到达要约人,但因其他原因使承诺到达要约人时超过承诺期限的,除要约人及时通知受要约人因承诺超过期限不接受该承诺的以外,该承诺为有效承诺。

2. 承诺的撤回

承诺人发出承诺后反悔的,可以撤回承诺,但撤回承诺的通知应当在承诺通知到达要约人之前或者与承诺通知同时到达要约人,即在承诺生效前到达要约人。承诺生效,合同成立。因此,承诺不存在撤销的问题。

3. 承诺的生效

承诺自通知到达要约人时生效。承诺不需要通知的,自根据交易习惯或者要约的要求作出承诺的行为时生效。采用数据电文形式订立合同,收件人指定特定系统接收数据电文的,该数据电文进入该特定系统的时间,视为承诺到达时间;未指定特定系统的,该数据电文进入收件人的任何系统的首次时间,视为承诺到达时间。承诺生效时合同成立。

【案例6-2】蓝星设备有限公司因业务需要,向甲、乙、丙、丁等四家单位发出招标公告,甲、乙、丙、丁均按期按约投标,最后,蓝星公司通知甲公司中标。请分析该案例中的招标、投标和中标的性质。

【案例解析】招标是当事人一方向数个特定的相对人或不特定的人公开缔约愿望的意思表示,招标不属于要约,而属于要约邀请。投标是受招标人许可的人,以接收标书为条件向招标人发出订立合同的意思表示,投标是要约。定标是招标人对所有的招标进行评比,对评定的最优投标人允诺与其订立合同的意思表示。定标若是对投标完全接收,定标即为承诺;定标若对中标人的投标并不完全同意,其结果只是选定中标人而作进一步的谈判，那么定标也就成为对以谈判为标的的预约的承诺。本案中，蓝星设备有限公司因向甲、乙、丙、丁等四家单位发出招标公告，是要约邀请；甲、乙、丙、丁均按期按约投标，是要约；蓝星公司通知甲公司中标，是承诺。合同自此即告成立。

五、合同成立的时间与地点

（一）合同成立的时间

由于合同订立方式的不同，合同成立的时间也有不同。

（1）通常情况下，承诺生效时合同成立。

（2）当事人采用合同书形式订立合同的，自双方当事人签字或者盖章时合同成立。如双方当事人未同时在合同书上签字或盖章，则以当事人中最后一方签字或盖章的时间为合同的成立时间。在签字或者盖章之前，当事人一方已经履行了主要义务，对方接受的，该合同成立。

（3）当事人采用信件、数据电文等形式订立合同的，可以要求在合同成立之前签订确认书。签订确认书时合同成立。当事人没有签订确认书，只要一方当事人履行了主要义务，对方接受的，合同仍然成立。

当事人在合同书上摁手印的，具有与签字或者盖章同等的法律效力。

（二）合同成立的地点

由于合同订立方式的不同，合同成立地点的标准也有不同。

（1）通常情况下，承诺生效的地点为合同成立的地点。

（2）采用数据电文形式订立合同的，收件人的主营业地为合同成立的地点；没有主营业地的，其经常营业地为合同成立地点。当事人另有约定的，按照其约定。

（3）当事人采用合同书形式订立合同的，双方当事人签字或者盖章的地点为合同成立的地点。如果双方当事人未在同一地点签字或者盖章的，则以当事人最后一方签字或者盖章的地点为合同成立地点。

（4）采用书面形式订立合同，合同约定的签订地与实际签字地或者盖章地不符合的，则以约定的签订地为合同签字地或者盖章地点为合同签订地。

【案例6-3】甲、乙两公司2010年3月5日签订一份书面买卖合同，合同约定双方签订确认书后合同正式成立。确认书签订之前，3月15日甲公司即接到乙公司按照合同约定发来的货物，甲公司于3月16日清点后将该批货物入库。3月18日双方签订确认书。根据《合同法》的规定，该买卖合同的成立时间是哪一天？

【案例解析】该买卖合同的成立时间是2010年3月16日。当事人约定在合同成立之前签订确认书，签订确认书时合同成立。当事人没有签订确认书，只要一方当事人履行了主要义务，对方接受的，合同仍然成立。

六、缔约过失责任

缔约过失责任是指当事人在订立合同过程中，因违背诚实信用原则致使合同未成立、未生效、被撤销或无效，给他人造成损失而应承担的损害赔偿责任。

当事人在订立合同过程中有下列情形之一，给对方造成损失的，应当承担损害赔偿责任：①假借订立合同，恶意进行磋商；②故意隐瞒与订立合同有关的重要事实或者提供虚假情况；③当事人泄露或者不正当地使用在订立合同过程中知悉的商业秘密；④有其他违背诚实信用原则的行为。

【知识拓展】

缔约过失责任与违约责任的区别

（1）产生的环节不同。缔约过失责任发生在合同订立过程中；而违约责任产生于合同生效之后、履行过程中。

（2）适用的范围不同。缔约过失责任适用于合同未成立、合同未生效、合同无效等情况；违约责任适用于生效合同。

（3）赔偿范围不同。缔约过失赔偿的是信赖利益的损失；而违约责任赔偿的是可期待利益的损失。可期待利益的损失要大于或者等于信赖利益的损失。

第三节　合同的效力

合同的效力是指合同的法律效力，是指已经成立的合同在当事人之间产生的法律约束力。有效合同受国家法律保护，对双方当事人具有法律约束力，双方当事人应该履行合同，否则要承担相应的违约责任。无效合同对双方当事人不具有法律约束力。《合同法》就合同的效力问题规定了有效合同，无效合同，可变更、可撤销合同和效力待定合同四种类型。

一、合同的生效

合同的生效是指已依法成立的合同，发生相应的法律效力。

（1）依法成立的合同自成立时生效。法律、行政法规规定应当办理批准、登记等手续生效的，在依照其规定办理批准、登记等手续后生效。

（2）附条件和附期限的合同自条件成就或期限届至时生效。当事人为自己的利益不正当地阻止条件成就的，视为条件已成就；不正当地促成条件成就的，视为条件不成就。附生效期限的合同，自期限届至时生效。附终止期限的合同，自期限届满时失效。

二、有效合同

有效合同是指已经成立，并在当事人之间产生一定法律效力的合同。合同具有法律效力必须具备以下三个条件：

1. 当事人有相应的民事行为能力

自然人订立合同，必须要有完全的民事行为能力，限制民事行为能力人和无民事行为能力人应由其法定代理人代为签订合同，但限制民事行为能力人可以独立签订纯获利益的合同或与其年龄、智力、精神健康状况相适应的合同。

非自然人订立合同，要在法律、行政法规及有关部门授予的权限范围内签订合同。

2. 当事人的意思表示真实

当事人的表示行为应当真实地反映其内心的想法。意思表示有瑕疵的民事行为，不能发生法律效力。

3. 不违反法律和社会公共利益

合同的目的和内容不得与法律的强行性规定或禁止性规定相抵触，不得损害社会公共利益，不得违反社会公德。

三、无效合同

无效合同是不具有法律约束力的合同。无效合同自始无效，国家不予承认和保护。

（一）无效合同的界定

根据我国《合同法》第五十二条的规定，有下列情形之一的，合同无效：

1. 一方以欺诈、胁迫的手段订立合同，损害国家利益

欺诈是故意隐瞒真实情况、掩盖事实真相或提供虚假情况，使对方基于错误的认识而作出意思表示。胁迫是向对方施压使之产生恐惧而作出违背其真实意思表示的行为。欺诈、胁迫都是违背当事人意思表示真实的行为，这些行为损害了国家利益，合同无效。若没有损害国家利益，则属于可撤销合同。

2. 恶意串通，损害国家、集体或者第三人利益

合同双方相互勾结，为谋私利而串通起来所订立的损害国家、集体或者第三人利益的合同，无效。

3. 以合法形式掩盖非法目的

合同当事人为达到非法目的以合法形式避开法律、法规的强制性规定而订立的合同，无效。如利用馈赠形式实施贿赂目的的合同。

4. 损害社会公共利益
5. 违反法律、行政法规的强制性规定
6. 无民事行为能力人订立的合同

无民事行为能力人不能辨认自己行为的后果，因此，他们订立的合同无效。

合同部分有效、部分无效的，无效部分不影响其他部分的效力，其他部分仍然有效。

下列合同属于部分无效合同：①约定了免除或限制当事人因故意或重大过失而应承担责任的条款的合同；②约定了免除或限制人身伤害责任条款的合同；③约定了违法的违约责任或解决争议的方式；④约定了免除或限制法律禁止免除或限制的责任条款的合同。

（二）无效合同的后果

无效合同自始无效。因为无效合同取得的财产，应当予以返还；不能返还的，应当折价补偿。有过错的一方应当赔偿对方因此所受到的损失；双方都有过错的，应当各自承担相应的责任。当事人恶意串通订立合同，损害国家、集体或者个人利益的，因此取得的财产收归国家、集体所有或者返还第三人。

四、可变更、可撤销合同

（一）可变更、可撤销合同的界定

可变更、可撤销的合同又称相对无效的合同，是指因合同当事人订立合同时意思表示不真实，经有撤销权的当事人行使撤销权，使已经生效的合同归于无效的合同。

《合同法》规定了以下三种可变更、可撤销合同：

（1）因重大误解订立的合同。重大误解是指当事人对合同的内容存在错误的理解，并基于这种错误理解而订立合同。

（2）显失公平的合同。显失公平是指一方当事人利用优势或者利用对方缺乏经验，致使双方的权利义务明显违反公平、等价有偿原则。

（3）一方以欺诈、胁迫手段或者乘人之危，使对方在违背真实意思的情况下订立的合同。

（二）撤销权的行使和消灭

1. 撤销权的行使

因重大误解订立的合同和显失公平的合同，合同当事人任何一方，均有权请求变更或者撤销合同，且主要是误解方或者受害方行使请求权；一方以欺诈、胁迫的手段或者乘人之危，使对方在违背真实意思表示的情况下订立合同，由受害方行使请求权。当事人请求变更的，人民法院或者仲裁机构不得撤销。

2. 撤销权的消灭

我国《合同法》规定，有下列原因之一的，撤销权消灭：①具有撤销权的当事人自知道或者应当知道撤销事由之日起一年内没有行使撤销权的；②具有撤销权的当事人知道撤销事由后明确表示或者以自己的行为放弃撤销权的。

(三) 被撤销合同的后果

被撤销的合同与无效合同一样，自始没有法律约束力。合同被撤销的，不影响合同中独立存在的有关解决争议方法条款的效力。对因该合同取得的财产，应当予以返还；有过错的一方应当赔偿对方因此所受到的损失；双方都有过错的，应当各自承担相应的责任。

【案例6-4】某女中学生小月在2009年高考时因为继母的帮助，考上了一所重点大学。后学校决定选派成绩在前十名的同学到新加坡留学，并说明毕业后有在新加坡定居的机会。小月正好是其中之一。后因各种原因小月与继母关系恶化，继母在小月出国留学前夕，藏匿了小月的出国留学手续，并声称小月要想拿回手续，必须支付她为小月在高考时付出的劳心费50万元。而此时小月想补办手续也已经来不及了。万般无奈之下，小月给继母写下了50万元的欠条，并顺利出国。请问：小月与继母之间签订的协议属于什么性质的合同？小月接下来应该怎么办？

【案例解析】小月与继母之间签订的协议属于可变更、可撤销合同。《合同法》规定，一方以欺诈、胁迫的手段订立合同，损害国家利益，是无效合同；损害第三人利益的，是变更、可撤销合同。本案中，继母在小月急于出国的情况下，将她的手续藏匿起来，在这种情况下，小月被迫与继母签订了50万元的欠条，这个合同是违背小月真实意思表示的，属于《合同法》上的可变更、可撤销合同。接下来，小月应该在1年之内，到人民法院请求撤销与继母之间所签的协议。

五、效力待定的合同

效力待定的合同，是指合同订立后尚未生效，须经权利人追认才能生效的合同。效力待定合同主要有以下几种类型：

1. 限制民事行为能力人独立订立的与其年龄、智力、精神状况不相适应的合同

《合同法》规定，限制民事行为能力人订立的合同，经法定代理人追认后，该合同有效，但纯获利益的合同或者与其年龄、智力、精神健康状况相适应而订立的合同，是有效的，不必经法定代理人追认。

相对人可以催告法定代理人在一个月内予以追认。法定代理人未作表示的，视为拒绝追认。合同被追认之前，善意相对人有撤销的权利。撤销应当以通知的方式作出。其中的"善意"是指相对人在订立合同时不知道与其订立合同的人欠缺相应的行为能力。

2. 无权代理人订立的合同

行为人没有代理权、超越代理权或者代理权终止后以被代理人名义订立的合同，未经被代理人追认，对被代理人不发生效力，由行为人承担责任。相对人可以催告被代理人在一个月内予以追认。被代理人未作表示的，视为拒绝追认。被代理人已经开始履行

 金融法规

合同义务的,视为对合同的追认。合同被追认之前,善意相对人有撤销的权利。撤销应当以通知的方式作出。

3. 无处分权人订立的合同

无处分权的人处分他人财产,经权利人追认或者无处分权的人订立合同后取得处分权的,该合同有效。

第四节 合同的履行

一、合同履行的规则

(一) 合同内容约定不明时的履行规则

合同生效后,当事人就质量、价款或者报酬、履行地点等内容没有约定或者约定不明确的,可以协议补充;不能达成补充协议的,按照合同有关条款或者交易习惯确定。依照上述规则仍不能确定的,则依照下列规则确定:

(1) 质量要求不明确的,按照国家标准、行业标准履行;没有国家标准、行业标准的,按照通常标准或者符合合同目的的特定标准履行。

(2) 价款或者报酬不明确的,按照订立合同时履行地的市场价格履行;依法应当执行政府定价或者政府指导价的,按照规定履行。

(3) 履行地点不明确,给付货币的,在接受货币一方所在地履行;交付不动产的,在不动产所在地履行;其他标的,在履行义务一方所在地履行。

(4) 履行期限不明确的,债务人可以随时履行,债权人也可以随时要求履行,但应当给对方必要的准备时间。

(5) 履行方式不明确的,按照有利于实现合同目的的方式履行。

(6) 履行费用的负担不明确的,由履行义务一方负担。

合同生效后,当事人不得因姓名、名称的变更或者法定代表人、负责人、承办人的变动而不履行合同义务。

(二) 执行政府定价或者政府指导价合同的履行规则

执行政府定价或者政府指导价的,在合同约定的交付期限内和政府价格调整时,按照交付时的价格计价。逾期交付标的物的,遇价格上涨时,按照原价格执行;价格下降时,按照新价格执行。逾期提取标的物或者逾期付款的,遇价格上涨时,按照新价格执行;价格下降时,按照原价格执行。

(三) 涉及第三人时的履行规则

当事人约定由债务人向第三人履行债务的,债务人未向第三人履行债务或者履行债务不符合约定,应当向债权人承担违约责任。当事人约定由第三人向债权人履行债务

的，第三人不履行债务或者履行债务不符合约定，债务人应当向债权人承担违约责任。

二、合同履行中的抗辩权

抗辩权是指在双务合同中，一方当事人在对方不履行或履行不符合约定时，依法对抗对方要求或否认对方权利主张的权利。

（一）同时履行抗辩权

同时履行抗辩权，是指双务合同的当事人应同时履行义务的，一方在对方未履行前，有拒绝对方请求自己履行合同的权利。《合同法》规定，当事人互负债务，没有先后履行顺序的，应当同时履行。一方在对方履行之前有权拒绝其对自己提出的履行要求。一方在对方履行债务不符合约定时，有权拒绝其相应的履行要求。

（二）后履行抗辩权

后履行抗辩权，是指双务合同中应当先履行义务的一方当事人未履行时，对方当事人有拒绝对方请求履行的权利。《合同法》规定，当事人互负债务，有先后履行顺序，先履行一方未履行的，后履行一方有权拒绝其履行要求。先履行一方履行债务不符合约定的，后履行一方有权拒绝其相应的履行要求。

（三）不安抗辩权

不安抗辩权，也叫先履行抗辩权，是指双务合同中应先履行义务的一方当事人，有确切证据证明对方丧失履行债务能力时，在对方没有履行或没有提供担保之前，有暂时中止履行合同的权利。

《合同法》规定，应当先履行债务的当事人，有确切证据证明对方有下列情形之一的，可以中止履行：①经营状况严重恶化；②转移财产、抽逃资金，以逃避债务；③丧失商业信誉；④有丧失或者可能丧失履行债务能力的其他情形。主张不安抗辩权的当事人如果没有确切证据中止履行的，则应当承担违约责任。

当事人行使不安抗辩权中止履行的，应当及时通知对方。对方提供适当担保时，应当恢复履行。中止履行后，对方在合理期限内未恢复履行能力并且未提供适当担保的，中止履行的一方可以解除合同。

【案例6-5】某剧院与当红歌星王某签订演出合同。约定，剧院于12月30日向王某支付出场费10万元，王某则应于元旦晚上为该剧院举办的联欢会演唱歌曲。12月29日，王某喉咙发炎，医生诊断须立即手术，预计住院10天。剧院欲解除合同，王某认为，剧院仅能中止合同，不能解除合同，为此，双方发生纠纷。

【案例解析】后履行一方当事人王某在履行演唱歌曲义务的前两天喉咙发炎，须立即手术，存在难以履行义务的情形，先履行一方剧院有权主张不安抗辩权而中止履行支付出场费的义务。此外，本案中合同的主要义务是需要李某亲自登台演唱，而李某在合同履行期仅差两天之际喉咙发炎，需要立即手术，且住院10天，已经确知不能履行合同的主要义务，因此，剧院有权主张解除合同。

三、合同履行中的保全措施

合同的保全是指为了保护一般债权人不因债务人的财产不当减少而受到损害，允许债权人干预债务人处分自己财产行为的法律制度。保全措施包括代位权和撤销权。代位权是针对债务人消极不行使自己债权的行为，撤销权则是针对债务人积极侵害债权人债权实现的行为。两者都是为了确保债权人债权的实现。

（一）代位权

代位权，是指债务人怠于行使其到期债权，危及债权人债权实现时，债权人为保障自己的债权，可以向人民法院请求以自己的名义代位行使债务人的债权的权利。但该债权专属于债务人自身的除外。

1. 代位权的行使条件

（1）债务人对第三人享有合法债权，并且是非专属于债务人自身的权利。

（2）债务人怠于行使其到期债权，对债权人造成损害。债务人的懈怠行为必须是债务人不以诉讼方式或者仲裁方式向次债务人主张其享有的具有金钱给付内容的到期债权。

（3）债务人的债权不是专属于债务人自身的债权。专属于债务人自身的债权，是指基于扶养关系、抚养关系、赡养关系、继承关系产生的给付请求权和劳动报酬、退休金、养老金、抚恤金、安置费、人寿保险、人身伤害赔偿请求权等权利。

2. 代位权行使的法律后果

代位权的行使范围以债权人的债权为限，债权人行使代位权的必要费用，由债务人负担。债权人胜诉的，由次债务人承担诉讼费用，且从实现的债权中优先支付。其他必要费用则由债务人承担。

代位权诉讼由被告住所地人民法院管辖。债权人向次债务人提起的代位权诉讼经人民法院审理后认定代位权成立的，由次债务人向债权人履行清偿义务，债权人与债务人、债务人与次债务人之间相应的债权债务关系即予消灭。

【案例6-6】甲公司因经营不善无力偿还所欠乙公司的到期货款10万元，但是丙公司欠甲公司到期货款20万元，甲公司不积极向丙公司主张支付货款。为此，乙公司以自己的名义向法院请求丙公司向自己清偿20万元货款，以抵充甲公司所欠自己的货款。丙公司认为自己与乙公司并无债权债务关系，拒绝偿还。请问乙公司有权以自己的名义请求丙公司偿还甲公司的货款吗？如何处理？

【案例解析】本案中甲公司对丙公司的债权为金钱债权，乙公司对甲公司所享有的债权合法有效，上述两个债权均已到期。甲公司怠于行使对丙公司的债权，且因其怠于行使致使乙公司的债权实现有现实危险，损害了债权人乙公司的利益。因此，乙公司有权行使代位权，以自己的名义请求丙公司偿还甲公司的借款。本案中，甲公司仅欠乙公司10万元货款，而丙公司所欠甲公司货款达20万元，对于超出乙公司货款部分的请求，人民法院不予支持。

(二)撤销权

撤销权,是指债务人实施了减少财产行为,危及债权人债权实现时,债权人为保障自己的债权,请求人民法院撤销债务人处分行为的权利。

1. 撤销权的成立要件

债权人行使撤销权,应当具备以下条件:

(1) 债权人须以自己的名义行使撤销权,向被告住所地人民法院提起诉讼。

(2) 债权人对债务人存在有效债权。债权人对债务人的债权可以到期,也可以未到期。

(3) 债务人实施了对债权人造成损害的减少财产的处分行为。

债务人实施了对债权人造成损害的减少财产的处分行为主要有:①放弃债权(到期、未到期均可)、放弃债权担保或者恶意延长到期债权的履行期,对债权人造成损害;②无偿转让财产,对债权人造成损害;③以明显不合理的低价转让财产或者以明显不合理的高价收购他人财产,对债权人造成损害,并且受让人知道该情形。所谓"明显不合理的低价"的判断标准,应当以交易当地一般经营者的判断,并参考交易当时交易地的物价部门指导价或者市场交易价,结合其他相关因素综合考虑予以确认。一般认为,转让价格达不到交易时交易地的指导价或者市场交易价70%的,一般可以视为明显不合理的低价;对转让价格高于当地指导价或者市场交易价30%的,一般可以视为明显不合理的高价。

2. 撤销权的行使期限

撤销权自债权人知道或者应当知道撤销事由之日起一年内行使。自债务人的行为发生之日起5年内没有行使撤销权的,该撤销权消灭。

3. 撤销权行使的法律效果

一旦人民法院确认债权人的撤销权成立,债务人的处分行为即自始归于无效,受益人应当返还从债务人处获得的财产。因此,撤销权行使的目的是恢复债务人的责任财产,债权人就撤销权行使的结果并无优先受偿权利。

撤销权的行使范围以债权人的债权为限。债权人行使撤销权的必要费用,由债务人承担。

第五节 合同的变更、转让与终止

一、合同的变更

合同的变更是指合同内容的变更。合同变更是在不改变合同主体的前提下对合同内容的变更,合同性质也不因此而改变。

当事人协商一致，可以变更合同。但法律、行政法规规定变更合同应当办理批准、登记等手续的，应当办理相应手续。当事人对合同变更的内容约定不明确的，推定为未变更。

合同变更的效力原则上仅对未履行的部分有效，对已经履行的部分没有溯及力，但法律另有规定或者当事人另有约定的除外。

二、合同的转让

合同的转让，即合同主体的变更，指当事人将合同的权利和义务全部或者部分转让给第三人。合同的转让分为合同权利转让、合同义务转移和合同权利义务一并转让。

（一）合同权利转让

合同权利转让是指债权人将合同的权利全部或者部分转让给第三人。转让权利的是让与人，接受权利的是受让人。《合同法》规定，债权人转让权利不需要经债务人同意，但应当通知债务人。未经通知，该转让对债务人不发生效力。债务人接到债权转让通知后，债权让与行为就生效。债权人转让权利的通知不得撤销，但经受让人同意的除外。债务人对让与人享有债权，并且其债权先于转让的债权到期或者同时到期的，债务人可以向受让人主张抵销。

《合同法》规定，下列情形债权人不得转让合同权利：

（1）根据合同性质不得转让。主要是指基于当事人特定身份而订立的合同，如出版合同、赠与合同、委托合同、雇用合同等。

（2）按照当事人约定不得转让。但这种约定不得约束善意的第三人。

（3）依照法律规定不得转让。

合同权利转让后，对债权人而言，在全部转让的情形下，原债权人脱离债权债务关系，受让人取代债权人地位；在部分转让情形下，原债权人就转让部分丧失债权。对受让人而言，债权人转让权利的，受让人取得与债权有关的从权利，如抵押权、质权等，但该从权利专属于债权人自身的除外。对债务人而言，债权人权利的转让，不得损害债务人的利益，不应影响债务人的权利。

（二）合同义务转移

合同义务转移是指债务人经债权人同意后将合同义务的全部或者部分转移给第三人。

债务人将合同的义务全部或者部分转移给第三人，应当经债权人同意；否则债务人转移合同义务的行为对债权人不发生效力，债权人有权拒绝第三人向其履行，债权人有权要求债务人履行义务并承担不履行或者延迟履行合同的法律责任。

债务人转移义务的，新债务人可以主张原债务人对债权人的抗辩。新债务人应当承担与主债务有关的从债务，但该从债务专属于原债务人自身的除外。

（三）合同权利义务的一并转让

合同权利义务的一并转让是指合同一方当事人将自己在合同中的权利义务一并转让

给第三人的法律制度。

《合同法》规定，当事人一方经他方当事人同意，可以将自己在合同中的权利义务一并转让给第三人。合同权利义务的一并转让既可以是出让人将合同权利义务全部转移至受让人，也可以是出让人将合同权利义务的一部分转移至受让人。

《合同法》对转让合同权利和义务还作了如下规定：

（1）不得转让法律禁止转让的权利；

（2）转让合同权利和义务时，从权利和从义务一并转让，受让人取得与债权有关的从权利和从义务，但该从权利和从义务专属于让与人自身的除外；

（3）转让合同权利和义务不影响债务人抗辩权的行使；

（4）债务人对让与人享有债权的，可以依照有关规定予以抵销；

（5）法律、行政法规规定应当办理批准、登记手续的，应当依照有关规定办理。

（四）合并分立后债权债务的处理

当事人订立合同后合并的，由合并后的法人或者其他组织行使合同权利，履行合同义务。当事人订立合同后分立的，除债权人和债务人另有约定以外，由分立的法人或者其他组织对合同的权利和义务享有连带债权，承担连带债务。

【案例6-7】甲公司分立为乙公司和丙公司，在公司分立时，乙公司和丙公司进行了明确的约定：甲公司以前的债务一律由乙公司承担。现丁公司拿着甲公司的欠款单要求偿还。根据合同法律制度的规定，甲公司对丁公司的欠款应由谁承担？

【案例解析】甲公司对丁公司的欠款应由乙公司、丙公司承担连带责任。当事人订立合同后分立的，除债权人和债务人另有约定以外，由分立的法人或者其他组织对合同的权利和义务享有连带债权，承担连带债务。甲公司以前的债务由乙公司承担，是债务人之间的内部约定，并不是债权人与债务人的约定，不得对抗债权人。

三、合同的终止

合同的终止，是指因发生法律规定或当事人约定的情况，使当事人之间的权利义务关系消灭，而使合同终止法律效力。合同终止，除当事人之间的权利义务终止外，从属于主债的权利义务，也随之终止。合同终止主要有以下几种情形：

（一）因履行而终止

合同如果已经按照约定履行完毕，则双方合同权利义务关系即告终止。它是合同消灭的最主要和最常见的原因。

（二）约定终止

合同订立后，经当事人协商一致，可以解除合同。在订立合同时，如果双方事先约定了合同当事人一方或者双方解除合同的条件，一旦该条件成立，当事人就可以通过行使解除权而终止合同。

法律规定或者当事人约定了解除权行使期限的,期限届满当事人不行使的,该权利消灭。法律没有规定或者当事人没有约定解除权行使期限,经对方催告后在合理期限内不行使的,该权利消灭。

(三) 法定终止

法定终止是指根据法律规定而解除合同。《合同法》规定,有下列情形的,当事人可以单方面解除合同:

(1) 因不可抗力不能实现合同目的。发生不可抗力导致合同目的不能实现时,双方当事人均可以行使解除权。

(2) 在履行期限届满之前,当事人一方明确表示或者以自己的行为表明不履行主要债务的,对方当事人可以解除合同。

(3) 当事人一方迟延履行主要债务,经催告后在合理期限内仍未履行。

(4) 当事人一方迟延履行债务或者有其他违约行为致使不能实现合同目的。

(5) 法律规定其他解除情形的。

合同解除后,尚未履行的,终止履行;已经履行的,根据履行情况和合同性质,当事人可以要求恢复原状、采取其他补救措施,并有权要求赔偿损失。合同的权利义务终止,不影响合同中结算和清算条款的效力。

(四) 抵销

抵销是双方当事人互负债务时,一方通知对方以其债权充当债务的清偿或者双方协商以债权充当债务的清偿,使得双方的债务在对等额度内相互消灭的行为。

《合同法》规定,当事人互负到期债务,该债务的标的物种类、品质相同的,任何一方可以将自己的债务与对方的债务抵销,但依照法律规定或者按照合同性质不得抵销的除外。

下列债务不能抵销:

(1) 按合同性质不能抵销的债务,如培训、医疗服务等;

(2) 因故意侵权行为而产生的债务;

(3) 按照约定应当向第三人给付的债务;

(4) 法律规定不得抵销的债务等,如被人民法院查封、扣押、冻结的财产,不能用来抵销债务。

此外,《合同法》规定,当事人互负债务,标的物种类、品质不相同的,经双方协商一致,也可以抵销。

(五) 提存

提存是指由于债权人的原因,导致债务人无法履行债务或者难以履行债务的情况下,债务人将标的物交由提存机关保存,以终止合同权利义务关系的行为。

1. 提存原因

《合同法》规定,有下列情形之一,难以履行债务的,债务人可以将标的物提存:

(1) 债权人无正当理由拒绝受领;

(2) 债权人下落不明;

(3) 债权人死亡未确定继承人或者丧失民事行为能力未确定监护人；
(4) 法律规定的其他情形。

2. 通知义务

标的物提存后，除债权人下落不明的以外，债务人应当及时通知债权人或者债权人的继承人、监护人。

3. 提存的法律效果

标的物提存后，毁损、灭失的风险由债权人承担。提存期间，标的物的孳息归债权人所有。提存费用由债权人负担。标的物不适于提存或者提存费用过高的，债务人依法可以拍卖或者变卖标的物，提存所得的价款。

债权人可以随时领取提存物。但债权人对债务人负有到期债务的，在债权人未履行债务或者提供担保之前，提存部门根据债务人的要求应当拒绝其领取提存物。

债权人领取提存物的权利，自提存之日起五年内不行使而消灭，提存物扣除提存费用后归国家所有。

（六）免除与混同

债务的免除是指合同未履行或未完全履行，债权人免除债务人部分或者全部债务，合同的权利义务部分或者全部终止的行为。免除债权，债权的从权利也随之消灭。

混同是指债权和债务同归于一人。债权债务混同时，合同的权利义务终止，但涉及第三人的除外。

（七）法律规定或当事人约定终止的其他情形

第六节 违约责任

一、违约责任的概念

违约责任也称违反合同的民事责任，是指合同当事人因违反合同义务所承担的责任。《合同法》规定，当事人一方不履行合同义务或者履行合同义务不符合约定的，应当承担违约责任。

二、违约责任的承担方式

（一）继续履行

继续履行，又称实际履行，是指债权人在债务人不履行合同义务时，可请求人民法院或者仲裁机构强制债务人实际履行合同义务。

《合同法》规定，当事人一方未支付价款或者报酬的，对方可以要求其支付价款或

 金融法规

者报酬。当事人一方不履行非金钱债务或者履行非金钱债务不符合约定的，对方可以要求履行。但有下列情形之一的除外：①法律上或者事实上不能履行；②债务的标的不适于强制履行或者履行费用过高；③债权人在合理期限内未要求履行。

（二）采取补救措施

《合同法》规定，当事人履行合同义务，质量不符合约定的，应当按照当事人的约定承担违约责任。对违约责任没有约定或者约定不明确，受损害方根据标的物的性质以及损失的大小，可以合理选择要求对方承担修理、更换、重作、退货、减少价款或者报酬等违约责任，也可以选择解除合同、中止履行合同、通过提存履行债务、行使担保债权等补救措施。

（三）赔偿损失

当事人一方不履行合同义务或者履行合同义务不符合约定的，在履行义务或者采取补救措施后，对方还有其他损失的，应当赔偿损失。

损失赔偿额应当相当于因违约所造成的损失，包括合同履行后可以获得的利益，但不得超过违反合同一方订立合同时预见到或者应当预见到的因违反合同可能造成的损失。当事人可以在合同中约定因违约产生的损失赔偿额的计算方法。

当事人一方违约后，对方应当采取适当措施防止损失的扩大；没有采取适当措施致使损失扩大的，不得就扩大的损失要求赔偿。当事人因防止损失扩大而支出的合理费用由违约方承担。

（四）支付违约金

违约金，是按照当事人约定或者法律规定，一方当事人违约时应当根据违约情况向对方支付的一定数额的货币。

约定的违约金低于造成的损失的，当事人可以请求人民法院或者仲裁机构予以增加；约定的违约金过分高于造成的损失的，当事人可以请求人民法院或者仲裁机构予以适当减少。当事人就迟延履行约定违约金的，违约方支付违约金后，还应当履行债务。

（五）给付或者双倍返还定金

定金，是指合同当事人为确保合同的履行，由一方在合同订立前后，合同履行前预先交付于另一方的金钱或者其他代替物的法律制度。

定金合同应以书面形式签订，但定金合同是实践性合同，从实际交付定金之日起生效。当事人约定的定金数额不得超过主合同标的额的20%，超过20%的部分，人民法院不予支持。实际交付的定金数额多于或者少于约定数额的，视为变更定金合同；收受定金一方提出异议并拒绝接受定金的，定金合同不生效。

给付定金一方不履行约定的债务的，无权要求返还定金；收受定金的一方不履行约定的债务的，应当双倍返还定金。当事人一方不完全履行合同的，应当按照未履行部分所占合同约定内容的比例，适用定金罚则。

在同一合同中，当事人既约定违约金又约定定金的，一方违约时，当事人只能选择适用违约金条款或者定金条款，不能同时要求适用两个条款。

三、违约责任的免除

(一) 法定事由

《合同法》规定的法定的免责事由仅限于不可抗力。所谓不可抗力是指不能预见、不能避免并不能克服的客观情况。因不可抗力不能履行合同的，根据不可抗力的影响，部分或者全部免除责任。当事人迟延履行后发生不可抗力的，不能免除责任。当事人一方因不可抗力不能履行合同的，应当及时通知对方，并应当在合理期限内提供有关不可抗力的证明。

(二) 免责条款

合同双方当事人可以在合同中约定，当出现一定的事由或条件时，可以免除违约方的违约责任。

【案例6-8】甲、乙订立买卖合同，乙向甲购买价值200万元的货物；乙向甲支付定金20万元；如任何一方不履行合同应支付违约金30万元。后甲违约，未能按期交付货物。请问乙如何在不违反《合同法》规定的前提下最大限度地保护自己的利益？

【案例解析】在同一合同中，如果当事人既约定违约金，又约定定金的，在一方违约时，当事人只能选择适用违约金条款或者定金条款，不能同时要求适用两个条款。本案中，如果适用定金罚则，请求甲双倍返还定金40万元，对甲的惩罚只有20万元；如果适用违约金条款，请求甲支付违约金30万元，对甲的惩罚只有10万元。这两种情况乙都没能最大限度地维护自己的利益。乙可以请求甲支付违约金30万元，同时请求返还定金20万元，这样对甲的惩罚是30万元，乙也最大限度地保护了自己的利益。

第七节 具体合同——借款合同

一、借款合同概述

(一) 借款合同的概念和内容

借款合同是借款人向贷款人借款，到期返还借款并支付利息的合同。

借款合同的内容包括借款种类、币种、借款用途、借款数额、借款利率、借款期限和还款方式等条款。

订立借款合同，贷款人可以要求借款人提供担保。担保依照《中华人民共和国担保法》的规定。

(二) 借款合同的特征

(1) 借款合同的标的物是金钱。

(2) 借款合同是转让货币所有权的合同。当贷款人将借款即货币交给借款人后，货币的所有权移转给了借款人，借款人可以处分所得的货币。

(3) 借款合同一般为有偿合同（有息借款），也可以是无偿合同（无息借款）。

(4) 借款合同一般为要式合同，应当采用书面形式。自然人之间的借款合同的形式可以由当事人约定。

(5) 金融机构贷款的借款合同是诺成合同，自双方意思表示一致时成立。自然人之间的借款合同为实践合同，自贷款人提供借款时生效。

二、当事人的权利和义务

(一) 贷款人的权利和义务

贷款人享有的权利和承担的义务主要有以下几点：

(1) 有权请求返还本金和利息。

(2) 有权监督检查借款的使用情况。贷款人按照约定可以检查、监督借款的使用情况。借款人应当按照约定向贷款人定期提供有关财务会计报表等资料。

(3) 停止发放借款、提前收回借款和解除合同权。借款人未按照约定的借款用途使用借款的，贷款人可以停止发放借款、提前收回借款或者解除合同。

(4) 按照约定的日期、数额提供借款。贷款人未按照约定的日期、数额提供借款，造成借款人损失的，应当赔偿损失。

(5) 贷款人不得将借款人的营业秘密泄露于第三方，否则，应承担相应的法律责任。

(二) 借款人的权利和义务

借款人享有的权利和承担的义务主要有以下几点：

1. 提供真实情况

订立借款合同，借款人应当按照贷款人的要求提供与借款有关的业务活动和财务状况的真实情况。

2. 按照约定用途使用借款

合同对借款有约定用途的，借款人须按照约定用途使用借款，接受贷款人对贷款使用情况实施的监督检查。借款人未按照约定的借款用途使用借款的，贷款人可以停止发放借款、提前收回借款或者解除合同。

3. 按期归还借款本金和利息

借款人应当按照约定的期限返还借款。对借款期限没有约定或者约定不明确，借款人可以随时返还；贷款人可以催告借款人在合理期限内返还。借款人可以在还款期限届满之前向贷款人申请展期。贷款人同意的，可以展期。

当借款为无偿时，借款人须按期归还借款本金；当借款为有偿时，借款人除须归还借款本金外，还必须按约定支付利息。

三、借款利息的规定

在借款合同中，贷款人不得利用优势地位预先在本金中扣除利息。利息预先在本金中扣除的，按实际借款数额返还借款并计算利息。

借款人应当按照约定的期限支付利息。对支付利息的期限没有约定或者约定不明确，当事人可以协议补充；不能达成补充协议的，借款期间不满1年的，应当在返还借款时一并支付；借款期间1年以上的，应当在每届满1年时支付，剩余期间不满1年的，应当在返还借款时一并支付。

借款人应当按照约定的期限返还借款。对借款期限没有约定或者约定不明确，依照《合同法》有关规定仍不能确定的，借款人可以随时返还；贷款人可以催告借款人在合理期限内返还。借款人未按照约定的期限返还借款的，应当按照约定或者国家有关规定支付逾期利息。

借款人提前偿还借款的，除当事人另有约定的以外，应当按照实际借款的期间计算利息。借款人可以在还款期限届满之前向贷款人申请展期。贷款人同意的，可以展期。

办理贷款业务的金融机构贷款的利率，应当按照中国人民银行规定的贷款利率的上下限确定。

自然人之间的借款合同对支付利息没有约定或者约定不明确的，视为不支付利息。

自然人之间的借款合同有约定偿还期限而借款人不按期偿还，或者未约定偿还期限但经出借人催告后，借款人仍不偿还的，出借人可以要求借款人偿付逾期利息。

自然人之间的借款合同约定支付利息的，借款的利率不得违反国家有关限制借款利率的规定。最高人民法院发布的《关于人民法院审理借贷案件的若干意见》规定，民间借贷的利率可以适当高于银行的利率，但最高不得超过银行同类贷款利率的4倍，不得计收复利。

本章小结：

1. 合同是平等主体的自然人、法人和其他组织之间设立、变更、终止民事权利义务关系的协议。

2. 合同法是调整平等主体之间商品交换关系的法律规范的总称。

3. 订立合同的主要形式有口头形式、书面形式和其他形式。

4. 合同的主要条款包括当事人的名称或者姓名和住所、标的、数量、质量、价款或报酬、履行期限、地点、方式、违约责任、解决争议的方法等。

5. 合同订立的方式通过要约、承诺完成的。要约是指希望和他人订立合同的意思表示；承诺是指受要约人同意要约的意思表示。

6. 有效合同是指已经成立，并在当事人之间产生一定法律效力的合同；无效合同是指不具有法律约束力的合同；可变更、可撤销的合同是指因合同当事人订立合同时意

 金融法规

思表示不真实，经有撤销权的当事人行使撤销权，使已经生效的合同归于无效的合同；效力待定的合同，是指合同订立后尚未生效，须经权利人追认才能生效的合同。

7. 合同履行中的抗辩权是指在双务合同中，一方当事人在对方不履行或履行不符合约定时，依法对抗对方要求或否认对方权利主张的权利，包括同时履行抗辩权、后履行抗辩权和不安抗辩权。

8. 合同履行中的保全措施主要有代位权和撤销权。

9. 违约责任的承担方式主要有继续履行、采取补救措施、赔偿损失、支付违约金、给付或者双倍返还定金等形式。

练习题：

一、单项选择题

1. 陈某以信件发出要约，信件未载明承诺开始日期，仅规定承诺期限为10天。5月8日，陈某将信件投入邮箱，邮局将信件加盖5月9日邮戳发出，5月11日，信件送达受要约人李某的办公室，李某因外出，直至5月15日才知悉信件内容。根据《合同法》的规定，该承诺期限的起算日为(   )。

　　A. 5月8日　　　　　　　　　　B. 5月9日
　　C. 5月11日　　　　　　　　　D. 5月15日

2. 甲公司7月1日通过报纸发布广告，称其有某型号的电脑出售，每台售价8000元，随到随购，数量不限，广告有效期至7月30日。乙公司委托王某携带金额16万元的支票于7月28日到甲公司购买电脑，但甲公司称广告所述电脑已全部售完。乙公司为此受到一定的经济损失。根据合同法律制度的规定，下列表述正确的是(   )。

　　A. 甲公司的广告构成要约，乙公司的行为构成承诺，甲公司不承担违约责任
　　B. 甲公司的广告构成要约，乙公司的行为构成承诺，甲公司应当承担违约责任
　　C. 甲公司的广告不构成要约，乙公司的行为不构成承诺，甲公司不承担民事责任
　　D. 甲公司的广告构成要约，乙公司的行为不构成承诺，甲公司不承担民事责任

3. 根据合同法律制度的规定，下列情形中，要约没有发生法律效力的是(   )。

　　A. 撤回要约的通知与要约同时到达受要约人
　　B. 撤销要约的通知在受要约人发出承诺通知之前到达
　　C. 同意要约的通知到达要约人
　　D. 受要约人对要约的内容作出实质性变更

4. 甲、乙两公司拟签订一份书面买卖合同，甲公司签字盖章后尚未将书面合同邮寄给乙公司时，即接到乙公司按照合同约定发来的货物，甲公司经清点后将该批货物入库。次日将签字盖章后的书面合同发给乙公司。乙公司收到后，即在合同上签字盖章。根据《合同法》的规定，该买卖合同的成立时间是(   )。

　　A. 甲公司签字盖章时
　　B. 乙公司签字盖章时
　　C. 甲公司接受乙公司发来的货物时

D. 甲公司将签字盖章后的合同发给乙公司时

5. 王某为做生意向其朋友张某借款 10000 元, 当时未约定利息。王某还款时, 张某索要利息, 王某以没有约定为由拒绝。根据《合同法》的规定, 下列关于王某是否支付利息的表述中, 正确的是( )。

A. 王某不必支付利息

B. 王某应按当地民间习惯支付利息

C. 王某应按同期银行贷款利率支付利息

D. 王某应在不超过同期银行贷款利率 3 倍的范围支付利息

6. 甲、乙公司于 2005 年 3 月 10 日签订买卖合同, 3 月 15 日甲公司发现自己对合同标的存有重大误解, 遂于 3 月 20 日向法院请求撤销该合同, 4 月 10 日法院依法撤销该合同。下列表述中, 符合《合同法》规定的是( )。

A. 合同自 3 月 10 日起归于无效   B. 合同自 3 月 15 日起归于无效
C. 合同自 3 月 20 日起归于无效   D. 合同自 4 月 10 日起归于无效

7. 根据《合同法》的规定, 下列各项中, 属于可撤销合同的是( )。

A. 一方以欺诈的手段订立合同, 损害国家利益

B. 限制民事行为能力人与他人订立的纯获利益的合同

C. 违反法律强制性规定的合同

D. 因重大误解订立的合同

8. 根据《合同法》的规定, 下列各项中, 不属于无效合同的是( )。

A. 违反国家限制经营规定而订立的合同   B. 恶意串通, 损害第三人利益的合同
C. 显失公平的合同   D. 损害社会公共利益的合同

9. 甲、乙双方约定, 由丙每月代乙向甲偿还债务 500 元, 期限 2 年。丙履行 5 个月后, 以自己并不对甲负有债务为由拒绝继续履行。甲遂向法院起诉, 要求乙、丙承担违约责任。根据合同法律制度的规定, 人民法院的下列判决中, 符合规定的是( )。

A. 判决乙承担违约责任   B. 判决丙承担违约责任
C. 判决乙、丙连带承担违约责任   D. 判决乙、丙分担违约责任

10. 甲学校与乙服装厂订立买卖合同, 约定货到付款。乙方交货时, 甲学校称要学校开学后收了学费后再付款。根据《合同法》的规定, 乙方可以拒绝交货, 行使( )。

A. 同时履行抗辩权   B. 后履行抗辩权
C. 不安抗辩权   D. 可解除合同

二、多项选择题

1. 根据合同法律制度的规定, 下列各项中, 属于不得撤销要约的情形有( )。

A. 要约人确定了承诺期限   B. 要约已经到达受要约人
C. 要约人明示要约不可撤销   D. 受要约人已发出承诺的通知

2. 根据《合同法》的规定, 下列各项中, 属于要约失效的情形有( )。

A. 要约人依法撤回要约

B. 要约人依法撤销要约

C. 承诺期限届满，受要约人未做出承诺

D. 受要约人对要约内容做出实质性变更

3. 根据《合同法》的规定，下列各项中，属于合同成立的情形有(   )。

A. 甲向乙发出要约，乙做出承诺，该承诺除对履行地点提出异议外，其余内容均与要约一致

B. 甲、乙约定以书面形式订立合同，但在签订书面合同之前甲已履行主要义务，乙接受了履行

C. 甲、乙采用书面形式订立合同，但在双方签章之前，甲履行了主要义务，乙接受了履行

D. 甲于5月10日向乙发出要约，要约规定承诺期限截至5月20日，乙于5月28日发出承诺信函，该信函5月31日到达甲处

4. 甲公司主张乙公司违约，乙公司则主张合同未成立，其理由是自己向甲公司发出的要约已经撤销。根据合同法律制度的规定，在甲公司可能提出的以下理由中，可以被人民法院认定为乙公司撤销要约不能成立的证据是(   )。

A. 乙公司在要约中确定了承诺期限

B. 尽管乙公司在要约中未确定承诺期限，但甲公司接到要约后即已为履行合同做了准备工作

C. 乙公司在要约中明确表示等待甲公司的答复

D. 甲公司发出承诺以后才收到乙公司撤销要约的通知

5. 根据《合同法》的规定，下列合同中，属于效力待定合同的有(   )。

A. 甲、乙恶意串通订立的损害第三人丙利益的合同

B. 某公司法定代表人超越权限与善意第三人丙订立的买卖合同

C. 代理人甲超越代理权限与第三人丙订立的买卖合同

D. 限制民事行为能力人甲与他人订立的买卖合同

6. 下列属于无效合同的是(   )。

A. 因重大误解订立的合同

B. 一方以欺诈、胁迫的手段订立合同，损害国家利益

C. 恶意串通，损害第三人利益的合同

D. 利用馈赠形式实施贿赂目的的合同

7. 下列关于可撤销合同的说法中正确的是(   )。

A. 被撤销的合同自撤销之日起没有法律约束力

B. 当事人请求变更的，人民法院或者仲裁机构可以变更或撤销

C. 具有撤销权的当事人自知道或者应当知道撤销事由之日起一年内没有行使撤销权的，撤销权消灭

D. 因重大误解订立的合同，双方均有权撤销

8. 甲银行与乙公司签订一份借款合同，合同签订后，甲银行依约发放了部分贷款，

乙公司未按照约定的用途使用借款。根据《合同法》的规定，甲银行可以行使的权利有（　　）。

A. 停止发放后续贷款　　　　　　B. 提前收回已发放贷款
C. 解除借款合同　　　　　　　　D. 对乙公司罚款

9. 甲、乙双方签订了买卖合同，在合同履行过程中，发现该合同履行费用的负担问题约定不明确。根据合同法律制度的规定，下列各项中，可供甲、乙双方选择的履行规则有（　　）。

A. 双方协议补充　　　　　　　　B. 按交易习惯确定
C. 由履行义务的一方负担　　　　D. 按合同有关条款确定

10. X市甲厂因购买Y市乙公司的一批木材与乙公司签订了一份买卖合同，但合同中未约定交货地与付款地，双方就此未达成补充协议，按照合同有关条款或者交易习惯也不能确定。根据合同法律制度的规定，下列关于交货地及付款地的表述中，正确的有（　　）。

A. X市为交货地　　　　　　　　B. Y市为交货地
C. X市为付款地　　　　　　　　D. Y市为付款地

三、案例分析题

2010年1月10日，甲厂向乙厂发出信函（信函均当天达到），表示愿意以5万元购买设备一台。1月25日乙厂回复：现有存货，但是出卖价格为6万元。2月5日，甲厂又回函：价格为5.5万元，即购进该设备。2月10日乙厂复函：同意。请分析该合同的要约和承诺各是什么。

第七章 担保法律制度

【学习目的】
　　了解担保法的具体制度、我国《担保法》的立法概况；掌握保证担保的构成，保证范围和保证期间；掌握抵押担保的构成和运用方式；掌握质押担保的构成和运用方式；了解留置担保和定金担保的构成。

【案例导入】
物保与人保并存时保证人的法律责任

　　ABC有限责任公司缺少流动资金，向甲银行申请贷款1000万元，书面承诺用其即将购入的一栋办公楼作为抵押，银行认为该楼尚未购入，其所做出的书面承诺有可能无法实现，因此要求其再提供一个连带责任保证担保人。经过ABC有限责任公司的努力，乙商场同意担保。2006年3月21日，甲银行与ABC有限责任公司签订借款合同，贷款金额1000万元，期限为一年。同日，乙商场与甲银行签订连带责任保证担保合同，约定商场为主合同债务人应承担的全部债务承担连带责任保证责任。甲银行与ABC有限责任公司还签订了抵押合同，但是没有办理抵押物登记。合同签订后，银行依约发放了贷款。2006年6月5日，ABC有限责任公司购买的办公楼过户到了自己名下。银行得知后，要求其办理抵押登记手续，2006年6月12日，银行与ABC有限责任公司到房地产管理部门补办了抵押登记手续。贷款到期后，ABC有限责任公司资金周转困难，无力还款，甲银行经过考察，认为作为抵押的办公楼有行无市，并且其中几层被借款人出租给了其他企业，变现十分困难，而保证人乙商场实力雄厚，有还款能力，因此要求保证人承担保证责任，乙商场则提出甲银行应先处置抵押物，不足部分才由商场承担。并且拒绝在甲银行的法律文书上签字。甲银行担心超过保证期限，将借款人ABC有限责任公司和保证人乙商场诉至法院，要求其承担连带还款责任。
　　试分析以上案例中乙商场的抗辩理由是否合法？为什么？
　　【案例解析】乙商场的抗辩理由合法。

第七章 担保法律制度

本案例存在三个基本的法律关系：①银行与有限责任公司之间的借款合同关系；②银行与有限责任公司之间的抵押担保合同关系；③银行与商场之间的保证合同关系。案例争议焦点是物保与人保并存于一个债权时，如何实现人保责任与物保责任。

根据《担保法》第二十八条规定，同一债权既有保证又有物的担保的，保证人对物的担保以外的债权承担保证责任。债权人放弃物的担保的，保证人在债权人放弃权利的范围内免除保证责任。

对于本案例同时存在连带责任保证担保和房地产抵押担保，也就是对同一笔贷款同时存在人保和物保两种并存的担保关系。因此，银行应先处置抵押物，对于不足的部分才能要求保证人承担保证责任。考虑到保证期间，银行可以将抵押人和保证人同时起诉，但是在判决时，应当判决银行先以抵押物进行受偿，不足部分保证人和借款人承担连带还款责任。

根据《担保法》的有关规定，本案例中保证人乙商场提出甲银行应先处置抵押物，不足部分才由商场承担的抗辩是合法的。

资料来源：青岛广播电视大学《担保法》案例库，http://221.215.210.225/selfnet/jrfgxy/anli/db-4.htm。

第一节　担保法律概述

一、担保的概念和特征

（一）担保的概念

担保是指法律为保证特定债权人利益的实现而特别规定的以第三人的信用或者以特定财产保证债务人履行债务，以实现债权人的债权的制度。

担保是一种保障财产利益的法律制度，基本内容是在涉及财产权利关系的经济活动中，债权人要求债务人提供一定的信用或者财物作为履行合同的保障，如果债务人不能履行或者不能完全履行合同，并给债权人造成损失时，债权人能够使用债务人提供的信用帮助继续履行合同，或利用金钱帮助补偿自己在合同中的损失。

担保是一种以财产和信用为前提的特殊财产权利，是债的保障措施，体现了一种复杂的法律关系。

（二）担保的法律特征

1. 从属性

担保是为了保障主债权而设立的，因此，其存在与否取决于主债权的状态。担保的

成立以主债权的存在为前提，主债权不存在，担保则不成立；主债权无效，担保也无效；主债权消灭，担保也消灭。因此，担保具有从属性。

2. 补充性

担保对债权人权利的实现仅具有补充作用，在主债关系因适当履行而正常终止时，担保人并不实际履行担保义务。只有在主债务不能得到履行时，补充的义务才需要履行，使主债权得以实现，因此，担保具有补充性。

二、我国担保法律的立法概况

担保法律是我国整个民商法体系中的一个重要组成部分。为促进资金融通和商品流通，保障债权的实现，发展社会主义市场经济，我国先后制定了相关的担保法律规范。

我国的担保法律规范主要包括于1995年6月30日第八届全国人民代表大会常务委员会第十四次会议通过，并于1995年10月1日起实施的《中华人民共和国担保法》（以下简称《担保法》），以及2007年3月16日第十届全国人民代表大会第五次会议通过，并于2007年10月1日起实施的《中华人民共和国物权法》（以下简称《物权法》）。为了正确适用《担保法》，2000年9月29日由最高人民法院审判委员会第1133次会议通过《最高人民法院关于适用〈中华人民共和国担保法〉若干问题的解释》（以下简称《担保法解释》），并于2000年12月13日起施行。

《物权法》第一百七十八条规定："担保法与本法的规定不一致的，适用本法。"《物权法》首次建立了我国统一的物权制度，并对担保物权制度进行了系统规定，但是并不因此而废止《担保法》。《担保法》及《担保法解释》不仅规定有物的担保，还规定了保证和定金，与《物权法》不相冲突的规范仍然适用。

三、担保的适用范围和方式

（一）担保的适用范围

根据《担保法》第二条规定："在借贷、买卖、货物运输、加工承揽等经济活动中，债权人需要以担保方式保障其债权实现的，可以依照本法规定设定担保。"

因此，在我国，担保只适用于合同法律关系领域。

（二）担保的方式

根据我国《担保法》的规定，担保的方式有五种，分别是保证、抵押、质押、留置和定金，我国《物权法》在"担保物权编"中分别规定了抵押权、质权和留置权。

保证，是指保证人和债权人约定，当债务人不履行债务时，保证人按照约定履行债务或承担责任的行为。

抵押，是指债务人或第三人不转移对财产的占有，将该财产作为债权的担保。债务人不履行债务时，债权人有权依法以该财产折价或者以拍卖、变卖该财产的价款优先受偿。债务人或第三人为抵押人，债权人为抵押权人，财产为抵押物。

第七章 担保法律制度

质押，是指债务人或者第三人将其动产移交债权人占有，将该动产作为债权的担保。债务人不履行债务时，债权人有权依法以该动产折价或者以拍卖、变卖该动产的价款优先受偿。债务人或第三人为出质人，债权人为质权人，移交的动产为质物。

留置，是指债权人按照合同约定占有债务人的动产，债务人不按照合同约定的期限履行债务的，债权人有权依法留置该财产，以该财产折价或者以拍卖、变卖该财产的价款优先受偿。

定金，是指当事人约定一方向对方给付定金作为债权的担保。债务人履行债务后，定金应当抵作价款或者收回。给付定金的一方不履行约定债务的，无权要求返还定金；收受定金的一方不履行约定债务的，应当双倍返还定金。

四、担保合同的效力及无效

（一）担保合同的效力

1. 担保合同效力的一般规定

在担保法律关系中，如果没有特别约定，担保条款随主合同的生效而同时生效，或者担保合同随当事人约定的时间而生效。越权担保的效力，法人或者其他组织的法定代表人、超越代理权限订立的担保合同，除相对人知道或者应当知道其超越权限的以外，该代表行为有效，以保障交易关系的稳定性。

2. 放弃物保的效力

在同一债权上有保证担保、抵押担保、质押担保等数种担保并存时，债权人放弃债务人提供的物保的，其他保证人在该物保价值范围内免除担保责任。

3. 主合同无效时担保合同的效力

基于担保合同与主合同之间的从属关系，主合同的效力必然对担保合同产生重要影响。我国《担保法》第五条规定："担保合同是主合同的从合同，主合同无效，担保合同无效。担保合同另有约定的，按照约定。"《物权法》第一百七十二条规定："设立担保物权，应当依照本法和其他法律的规定订立担保合同。担保合同是主债权债务合同的从合同。主债权债务合同无效，担保合同无效，但法律另有规定的除外。"

【案例7-1】甲为外籍人，在北京购买公寓，与开发商签订了房屋销售合同并交付了首付款，余款甲与银行签订了按揭贷款合同，并由开发商为甲提供了保证担保。在银行与开发商签订的保证合同中，有一条特别约定："本保证合同独立于借款合同，本合同项下的保证责任不因借款合同无效而免除。"后因甲到期不能偿还贷款，银行遂起诉开发商，要求其承担还本付息的担保责任。本案经审理查实，《贷款通则》第十七条规定，借款人应当是具有中华人民共和国国籍的具有完全民事行为能力的自然人。同时第二十四条对贷款人的限制中还规定，借款人不具备第十七条规定的资格和条件的，不得对其发放贷款。所以，甲与银行签订的贷款合同违反了《贷款通则》的规定，应认定为无效。根据上述资料，请回答保证合同是否有效？

【案例解析】 根据《担保法》和《物权法》的有关规定，贷款合同被认定为无效，即主合同无效，作为从合同的保证合同亦应无效。

(二) 担保合同的无效

1. 无效担保合同

担保合同的效力除了受被担保的主合同效力的影响外，还可能因为自身不符合相关的法律规定而无效。

(1) 机关和以公益为目的的事业单位、社会团体违反法律规定提供担保的，担保合同无效。

(2) 董事、经理违反公司章程的规定，未经股东会、股东大会或者董事会同意，以公司资产为本公司的股东或者其他个人债务提供担保的，担保合同无效。

(3) 以法律、法规禁止流通的财产或者不可转让的财产设定担保的，担保合同无效。

2. 对外担保合同的无效

有下列情形之一的，对外担保合同无效：①未经国家有关主管部门批准或者登记对外担保的；②未经国家有关主管部门批准或者登记，为境外机构向境内债权人提供担保的；③为外商投资企业注册资本、外商投资企业中的外方投资部分的对外债务提供担保的；④无权经营外汇担保业务的金融机构、无外汇收入的非金融性质的企业法人提供外汇担保的；⑤主合同变更或者债权人将对外担保合同项下的权利转让，未经担保人同意和国家有关主管部门批准的，担保人不再承担担保责任。但法律、法规另有规定的除外。

3. 担保合同无效的法律责任

担保合同被确认无效时，债务人、担保人、债权人有过错的，应当根据其过错各自承担相应的民事责任。

(1) 主合同有效而担保合同无效，债权人无过错的，担保人与债务人对主合同债权人的经济损失，承担连带赔偿责任；债权人、担保人有过错的，担保人承担民事责任的部分，不应超过债务人不能清偿部分的1/2。

(2) 主合同无效而导致担保合同无效，担保人无过错的，担保人不承担民事责任；担保人有过错的，担保人承担民事责任的部分，不应超过债务人不能清偿部分的1/3。

(3) 担保人因无效担保合同向债权人承担赔偿责任后，可以向债务人追偿，或者在承担赔偿责任的范围内，要求有过错的反担保人承担赔偿责任。担保人可以根据承担赔偿责任的事实对债务人或者反担保人另行提起诉讼。

第二节 保 证

一、保证的概念和特征

(一) 保证的概念
保证,是指保证人和债权人约定,当债务人不履行债务时,保证人按照约定履行债务或者承担责任的行为。保证是通过第三人与主债权人之间订立保证合同的方式设立的一种担保方式,保证人不是原来的债务人,而是第三人。

(二) 保证的特征
保证在法律上具有如下特征:

1. 从属性

保证合同所担保的是主债务,保证债务是从债务,其本身具有从属性。它表现在:①保证债务的有效,以主债务的有效为前提;②保证的范围不能超过主债务;③保证债务变更或消灭均从属于主债务。

2. 补充性

补充性是指主债务人不履行主债务,保证人应当履行其保证债务,如果主债务人已履行,那么保证人可以不履行债务。如果主债务未届期保证债务不发生履行问题。

3. 独立性

保证债务虽附从于主债务,但并非主债务的一部分,而是一个独立的债务,可以有独立变更或消灭的原因,保证合同还可以单就保证债务约定违约金。

4. 人的担保

保证作为人的担保方式,不以保证人的特定财产为担保对象,而是以其不特定的财产担保债务人履行债务。保证人必须为主债权人、债务人以外,具有清偿债务能力的第三人。

二、保证的分类

(一) 一般保证
一般保证,是指当事人约定,当债务人不能履行债务时,由保证人承担清偿责任的保证方式。

一般保证方式中,担保人享有先诉抗辩权。保证人之所以享有先诉抗辩权,是基于担保合同相对于主合同的从属性质以及对主债务的补充性。因为,在一般保证中,担保人对债务的清偿责任是居于补充地位的,相当于第二序位的债务人。只有在债权人已依

法对主债务人的财产诉请执行后仍不能获得清偿时，才负清偿责任。

我国《担保法》对保证人行使先诉抗辩权规定了三种限制性情形。凡出现以下情形之一的，保证人不得行使先诉抗辩权：

(1) 债务人住所变更，致使债权人要求其履行债务发生重大困难的。所谓"重大困难"包括债务人下落不明、移居境外，且无财产可供执行。债权人就可以直接要求保证人承担保证责任，以保障其债权的实现。

(2) 人民法院受理债务人破产案件，中止执行程序的。债权人可以不向破产清算组申报债权，直接要求保证人承担担保责任。保证人按照债权人的要求履行保证责任后可以直接向人民法院申报债权，直接参加破产财产的分配，预先行使追偿权。

(3) 保证人以书面形式放弃先诉抗辩权。一般保证的保证人放弃自己依法享有先诉抗辩权，实际上对债务承担的是连带责任。

(二) 连带责任保证

连带责任保证，指当事人在合同中约定保证人与债务人对债务承担连带责任的保证方式。

在连带责任的保证中，保证人的责任不是补充性的。连带责任保证的债务人在主合同规定的债务履行期届满没有履行债务的，债权人可以要求债务人履行债务，也可以要求保证人在其保证范围内承担保证责任。当事人对保证方式没有约定或者约定不明确的，按照连带责任保证承担保证责任。

(三) 共同保证

共同保证是保证人为两人以上的保证。根据《担保法》第十二条的规定，同一债务有两个以上保证人的，保证人应当按照保证合同约定的保证份额，承担保证责任。没有约定保证份额的，保证人承担连带责任，债权人可以要求任何一个保证人承担全部保证责任，保证人都负有担保全部债权实现的义务。已经承担保证责任的保证人，有权向债务人追偿，或者要求承担连带责任的其他保证人清偿其应当承担的份额。

(四) 最高额保证

保证人与债权人协议在最高额限度内，就一定期间连续发生的借贷合同或某项商品交易合同订立的保证合同。我国《担保法》第十四条规定，保证人与债权人可以就单个主合同分别订立保证合同，也可以协议在最高债权额限度内就一定期间连续发生的借款合同或者某项商品交易合同订立一个保证合同。

除以上基本分类以外，还有其他保证的分类，诸如：定期保证和无期保证；有限保证和无限保证；继续的保证和一时的保证；将来的债务保证和即存债务的保证；等等。

三、保证的设立

(一) 保证人

保证人是指依照保证合同的约定，在债务人不履行债务时向债权人承担保证责任的当事人。

由于保证所依靠的是信用，是保证人的庄严承诺，因此，法律非常注重保证人资格。选择保证人一是要看保证人有没有代偿能力，这是对保证人基本的资格要求；二是要知道哪些主体是不能当保证人的。在我国的保证法律关系中，具有代为清偿债务能力的法人、其他组织或者公民，可以做保证人。我国法律规定不能做保证人的有：

（1）国家机关不得为保证人，但经国务院批准为使用外国政府或者国际经济组织贷款进行转贷的除外；

（2）学校、幼儿园、医院等以公益为目的的事业单位、社会团体；

（3）企业法人的分支机构、职能部门，企业法人的分支机构有法人书面授权的，可以在授权范围内提供保证。

另外，任何单位和个人不得强令银行等金融机构或者企业为他人提供保证；银行等金融机构或者企业对强令其为他人提供保证的行为，有权拒绝。

（二）保证的形式

我国《担保法》规定，保证人与债权人应当以书面形式订立保证合同。具体而言有四种：

（1）主从合同式，即主合同和从合同分开签。

（2）主从条款式，即一个合同中前半部分是关于主债权的，后半部分是关于担保的。

（3）第三人单方面的保证承诺，即第三人提供承诺，但并非缔结协议，承诺其愿意承担担保责任。这样的承诺如果被债权人接受就构成了保证。

（4）第三人以保证人的身份在合同上签章，表明主合同与保证人有关。口头保证合同不是保证，即使其保证的意思表示很明确，口头保证合同也会视为不成立，除非当事人自愿履行，法院是不能强制执行口头保证的。

（三）保证合同的内容

保证合同应当包括以下主要内容：

（1）被保证的主债权种类、数额；

（2）债务人履行债务的期限；

（3）保证的方式；

（4）保证担保的范围；

（5）保证的期间；

（6）双方认为需要约定的其他事项。

保证合同不完全具备前款规定内容的，可以补正。

【知识拓展】

保证合同样本

保证人：_____（以下简称"甲方"）
住　所：_____
邮政编码：_____　　电话：_____　　传真：_____
法定代表人：_____　　开户行及账号：_____

债权人：_____（以下简称"乙方"）
保证人：_____（以下简称"甲方"）
住　所：_____
邮政编码：_____　　电话：_____　　传真：_____
法定代表人：_____　　开户行及账号：_____

借款人：_____（以下简称"丙方"）
保证人：_____（以下简称"甲方"）
住　所：_____
邮政编码：_____　　电话：_____　　传真：_____
法定代表人：_____　　开户行及账号：_____

　　为确保乙方与丙方签订的编号为_____借款合同（以下简称主合同）的履行，甲方愿意为主合同项下乙方对借款人的全部债权提供保证担保，乙方同意接受甲方所提供的保证担保。为此，依据《中华人民共和国合同法》、《中华人民共和国担保法》及其他有关法律、法规，甲方和乙方经协商一致，订立本合同。

　　第一条　被保证的主债权种类及数额
　　甲方所担保的主债权为主合同项下乙方对借款人的贷款，币种为_____，金额为（大写：_____）。

　　第二条　主合同借款人履行债务的期限
　　主合同借款人履行债务的期限为_____，自____年____月____日至____年____月____日。

　　第三条　保证方式
　　本合同项下的保证方式为连带责任保证。

　　第四条　保证范围
　　本保证担保的范围包括主合同项下的贷款本金、利息、罚息、复利、违约金、损害赔偿金、实现债权的费用（包括但不限于诉讼费、律师费、差旅费等）和其他所有应付费用。

第七章 担保法律制度

第五条 保证期间

本合同项下的保证期间为主合同项下债务履行期限届满之日起二年,即自_____年_____月_____日至_____年_____月_____日。但按法律规定或主合同的约定主合同债务提前到期的,保证期间为主合同债务提前到期之日起二年。

第六条 甲方声明与保证

1. 甲方是根据中华人民共和国法律依法成立的中国法人或其他组织,具有签订和履行本合同所必须的民事权利能力和行为能力,能独立承担民事责任。

2. 甲方充分了解主合同的全部条款,自愿为主合同借款人提供担保,其在本合同项下的全部意思表示是真实的。

3. 甲方提供的与主合同项下贷款有关的一切文件、报表及陈述均是合法、真实、准确、完整的。

第七条 甲方的权利与义务

1. 甲方应向乙方提供真实有效的能够证明其合法身份的法律文件。

2. 在本合同有效期内,如甲方变更住所、名称、电话、传真,应于变更后十五个日历日内书面通知乙方;如甲方更换法定代表人,应在更换后七个日历日内书面通知乙方。

3. 对主合同债务履行期限届满或按主合同约定主合同债务提前到期,主合同借款人未按主合同约定偿还贷款本息的,乙方均有权直接要求甲方清偿该债务。

4. 甲方定期向乙方提供真实反映其综合财务状况的报表及其他文件。

5. 在本合同有效期内,如甲方发生转股、改组、合并、分立、股份制改造、合资、合作、联营、承包、租赁、经营范围和注册资本变更、重大资产转让等,应提前三十个日历日书面通知乙方。

6. 甲方停业、歇业、被宣告破产、解散、被吊销营业执照、被撤销、财务状况恶化或涉及重大经济纠纷应在发生之日起七个日历日内书面通知乙方。

7. 在本合同有效期内,甲方如再向第三方提供任何形式的担保,均不得损害乙方的利益。

8. 在本合同有效期内,甲方如出现本条第五款、第六款约定的情况,保证妥善落实本合同项下全部保证责任。

9. 主合同借款人未按约定清偿主合同项下的全部或部分债务(包括主合同约定主合同债务提前到期的情形),乙方要求甲方承担保证责任的,甲方在接到乙方书面通知之日起立即按通知的金额、方式向乙方支付,代为清偿主合同项下债务。

10. 如甲方未按本条第九款的约定履行义务的,甲方授权乙方直接从甲方在乙方开立的任何账户中扣收和/或对乙方合法占有和管理的甲方财产或财产权利行使处分权利,以用于清偿主合同项下债务。

11. 如有第三人为主合同项下债务的履行提供保证,甲方仍然承担本合同第三条约定的保证责任。

第八条 乙方的权利和义务

乙方将主合同项下的全部债权转让第三人时,应在债权转让合同签订后十五个乙方工作日内书面通知甲方。

主合同借款人未按主合同约定履行全部或部分债务的(包括主合同约定主合同债务提前到期的情形),乙方有权要求甲方按本合同约定承担保证责任。

乙方与丙方协议变更主合同的,除展期或增加贷款金额外,其他变更事项无须取得甲方同意,甲方不因此免除其承担的本合同项下的保证责任。

乙方应对甲方提供的有关甲方的资料、文件、信息保密,但法律、法规规定应当予以查询的除外。

第九条 违约责任

1. 本合同生效后,甲乙双方均应履行本合同约定的义务,任何一方不履行或不完全履行本合同约定义务的,应当承担相应的违约责任,并赔偿由此给对方造成的损失。

2. 甲方在本合同第六条中所作声明与保证为不真实、不准确、不完整或故意使人误解,给乙方造成损失的,应予赔偿。

3. 如因甲方过错造成本合同无效的,甲方应在保证范围内赔偿乙方全部损失。

第十条 义务的连续性

本合同项下甲方的一切义务和连带责任均具有连续性,对其继承人、代理人、接管人、受让人及其合并、改组、更改名称等后主体均具有完全的约束力,不受任何争议、索赔和法律程序及上级单位任何指令和主合同借款人与任何自然人或法人签订的任何合同、文件的影响,也不因借款人破产、无力偿还贷款、丧失企业资格、更改组织章程以及发生任何本质上的变更而有任何改变。

第十一条 其他约定事项

_____

_____

_____。

第十二条 适用法律

本合同受中华人民共和国法律管辖,对甲乙双方均有约束力。

第十三条 争议的解决

凡因本合同发生的及与本合同有关的任何争议,甲乙双方应协商解决;协商不成的,双方均同意在____方住所地人民法院以诉讼方式解决。

第十四条 本合同的效力

1. 本合同独立于主合同,主合同由于任何原因无效,不影响本合同的效力,本合同仍然有效,甲方在本合同项下的连带保证责任延及主合同借款人在主合同无效后的法律责任(包括但不限于返还及赔偿损失)。

2. 如本合同的某条款或某条款的部分内容在现在或将来成为无效,该无效条款或该无效部分并不影响本合同及本合同其他条款或该条款其他内容的有效性。

第十五条 合同的生效、变更与解除

1. 本合同经甲方法定代表人或委托代理人、乙方法定代表人或负责人或委托代理人和丙方法定代表人或委托代理人签字并加盖公章之日起生效。

2. 本合同生效后,除本合同已有约定的外,双方任何一方均不得擅自变更或解除本合同;如确需变更或解除本合同,应经甲、乙双方协商一致,并达成书面协议。

第十六条 其他

1. 本合同未尽事宜,甲、乙双方可另行达成书面协议,作为本合同附件。本合同的任何附件、修改或补充均构成本合同不可分割的组成部分,与本合同具有同等法律效力。

2. 本合同正本一式____份,甲方、乙方各执____份。

签约地点: 省(市) 市 县(区)
甲 方: 乙 方:
法定代表人: 法定代表人/负责人:
(或委托代理人) (或委托代理人)
盖 章 盖 章
日 期: 日 期:

丙 方:
法定代表人:
(或委托代理人)
盖 章
日 期:

四、保证的其他规定

(一)保证责任

保证责任是指当债务人到期不能清偿的时候,保证人根据自己的承诺应实际承担的责任。

保证担保的范围包括主债权及利息、违约金、损害赔偿金和实现债权的费用。保证合同另有约定的，按照约定。当事人对保证担保的范围没有约定或者约定不明确的，保证人应当对全部债务承担责任。

保证期间，债权人依法将主债权转让给第三人的，保证人在原保证担保的范围内继续承担保证责任。保证合同另有约定的，按照约定。保证期间，债权人许可债务人转让债务的，应当取得保证人书面同意，保证人对未经其同意转让的债务，不再承担保证责任。

债权人与债务人协议变更主合同的，应当取得保证人书面同意，未经保证人书面同意的，保证人不再承担保证责任。保证合同另有约定的，按照约定执行。

（二）保证期间

保证期间是指保证人承担保证责任的存续期间。保证期间关系到债权人和保证人之间的债权债务能否履行，也是确定保证债务与诉讼时效关系的依据。因而保证合同应明确规定。

法律规定当事人没有约定的，保证期间为主债履行届满之日起六个月。保证合同约定保证人承担保证责任直至主债本息还清时为止等类似内容的，视为约定不明，保证期为主债履行期届满之日起两年。

【案例7-2】甲、乙于2009年10月5日签订一借款合同，丙作为担保方在借款合同上签字。合同约定乙的还款日期为2010年2月5日，到期未还由丙对借款本金500万元承担连带责任。2009年12月1日，甲、乙双方经协商将还款期延至2010年4月5日，并通知丙，丙对此未置可否。2010年5月1日，甲因乙未按期还款而首次要求丙偿还借款本息。根据上述资料，请判断下列说法是否正确？

1. 就保证范围而言，丙对本金的利息不承担保证责任。
2. 由于丙对延期还款期未置可否，故丙不再承担保证责任。
3. 根据约定的保证方式，甲应该先向乙主张权利后才能向丙主张权利。
4. 若丙不同意变更还款期，则甲向丙主张权利的保证期间止于2010年8月5日。
5. 若丙书面同意变更还款期，则甲向丙主张权利的保证期间止于2010年10月5日。

【案例解析】

1. 正确。根据合同约定，到期未还由丙对借款本金500万元承担连带责任。根据《担保法》第二十一条规定，保证担保的范围包括主债权及利息、违约金、损害赔偿金和实现债权的费用。保证合同另有约定的，按照约定。

2. 错误。根据《担保法》规定，债权人与债务人对主合同履行期限作了变动，未经保证人书面同意的，保证期间为原合同约定的或者法律规定的期间。

3. 错误。合同约定的是承担"连带责任"。丙承担的是"连带责任保证"，而非"一般保证"。只要债务人在主合同规定的债务履行期限届满时没有履行债务的，债权人可直接要求保证人在其保证范围内承担保证责任。

4. 正确。保证人与债权人未约定保证期间的，法律规定的保证期间为主债务履行期届满之日起六个月。

5. 正确。根据此规定，丙书面同意，变更有效期有效。

（三）保证责任的免除

保证责任的免除，是指对于已经存在的保证责任，出现法定或者约定的情形，保证人不予承担。根据《担保法》和《担保法解释》的有关规定，保证人出现以下情形不承担保证责任：

（1）主合同当事人双方串通，骗取保证人提供保证的，保证人不再承担保证责任。

（2）主合同债权人采取欺诈、胁迫等手段，使保证人在违背真实意思的情况下提供保证的，保证人不再承担保证责任。

（3）主合同债务人采取欺诈、胁迫等手段，使保证人在违背真实意思的情况下提供保证的，债权人知道或者应当知道欺诈、胁迫事实的，保证人不再承担保证责任。

（4）保证期间，保证人与债权人事先约定仅对特定的债权人承担保证责任或者禁止债权转让的，保证人不再承担保证责任。

（5）保证期间，债权人许可债务人转让部分债务未经保证人书面同意的，保证人对未经其同意转让部分的债务，不再承担保证责任。

（6）债权人在主合同履行期届满后怠于行使担保物权，致使担保物的价值减少或者毁损、灭失的，视为债权人放弃部分或者全部物的担保。保证人在债权人放弃权利的范围内减轻或者免除保证责任。

（7）保证期限届满，债权人未对债务人提起诉讼或者申请仲裁的，一般保证的保证人免除保证责任。

（8）保证期限届满，债权人未要求保证人承担保证责任的，连带责任保证的保证人免除保证责任。

（9）主合同当事人双方协议以新贷偿还旧贷，除保证人知道或者应当知道的外，保证人不承担保证责任。新贷与旧贷系同一保证人的除外。

（10）债权人知道或者应当知道债务人破产，既未申报债权也未通知保证人，致使保证人不能预先行使追偿权的，保证人在该债权在破产程序中可能受偿的范围内免除保证责任。

第三节　担保物权

一、抵押

（一）抵押的概念与特征

抵押，是指债务人或者第三人不转移对财产的占有，将该财产作为债权的担保。债务人不履行债务时，债权人有权依法以该财产折价或者以拍卖、变卖该财产的价款优先受偿。抵押中提供财产担保的债务人或者第三人为抵押人，债权人为抵押权人，提供担保的财产为抵押物。

抵押权作为担保物权的一种，具有以下特征：

1. 抵押权具有从属性

抵押权以主债成立为前提，随主债的转移而转移，并随主债的消灭而消灭。即具有成立、转移、消灭上的从属性。抵押权不得与债权分离而单独转让或者作为其他债权的担保。债权转让的，担保该债权的抵押权一并转让，但法律另有规定或者当事人另有约定的除外。

2. 抵押权具有不可分性

抵押权的不可分性是指债权的全部及部分的担保效力及于抵押物的全部及部分。即债权人可以就担保物的全部及部分行使其权利。具体表现为：①主债权未受全部清偿的，抵押权人可以就抵押物的全部行使其抵押权。②担保物一部分灭失，残存部分仍担保债权全部。抵押物被分割或者部分转让的，抵押权人就分割或转让后的抵押物行使抵押权。换言之，抵押物的全部，提供债权的各部分；抵押物的各部分，担保债权的全部。③主债务被分割或者部分转让的，抵押人仍以其抵押物担保数个债务人履行债务。但是，第三人提供抵押的，债权人许可债务人转让债务未经抵押人书面同意的，抵押人对未经同意转让的债务，不再承担担保责任。

3. 抵押权具有物上代位性

《物权法》规定，担保期间，担保财产毁损、灭失或者被征收等，担保物权人可以就获得的保险金、赔偿金或者补偿金等优先受偿。被担保债权的履行期未届满的，也可以提存该保险金、赔偿金或者补偿金等。

4. 抵押权不是移转标的物占有的担保物权

是否移转标的物的占有是抵押权与质权的重要区别。由于抵押权的设定不需要移转的公示方法，而必须采用登记或其他方法进行公示。

（二）抵押权的设定

1. 抵押权设定方式

抵押权的设定应当由双方签订抵押合同。抵押合同应当采用书面形式，内容包括：被担保的主债权种类、数额；债务人履行债务的期限；抵押物的名称、数量、质量、状况、所在地、所有权权属或者使用权权属；抵押担保的范围；当事人认为需要约定的其他事项。抵押合同不具备上述内容的，可以由当事人补正。

抵押权人在债务履行期届满前，不得与抵押人约定债务人不履行到期债务时抵押财产归债权人所有。如果双方在合同中约定债务人不履行到期债务时，抵押财产归债权人所有，则此条款（流质条款）无效，流质条款无效不影响抵押合同其他条款的效力。

2. 抵押当事人

抵押当事人包括抵押人和抵押权人。抵押权人就是指债权人，因为抵押权是担保主债权而存在的，所以只有被担保的主债权中的债权人才能成为抵押权人。抵押人即抵押财产的所有人，既可能是债务人，也可能是第三人。由于设定抵押权在性质上属于处分财产的行为，因此抵押人必须对设定抵押的财产享有所有权或处分权。

第七章 担保法律制度

3. 抵押物

抵押物又称为抵押财产，它是抵押权的标的物，是指抵押人用以设定抵押权的财产。根据《物权法》规定，可以作为抵押物的财产有：

（1）建筑物和其他土地附着物。地上定着物包括尚未与土地分离的农作物，但当事人以农作物和与其尚未分离的土地使用权同时抵押的，土地使用权部分的抵押无效。因为种植农作物的土地属于耕地的范畴，根据法律规定，不属于可以抵押的财产。

（2）建设用地使用权。

【知识拓展】

建筑物和建设用地使用权抵押的规定

对于建筑物和建设用地使用权的抵押，结合《物权法》的规定，要注意以下几点：

第一，以建筑物抵押的，该建筑物占用范围内的建设用地使用权一并抵押。以建设用地使用权抵押的，该土地上的建筑物一并抵押。即"地随房走，房随地走。房地一体"。即使抵押人未依照前款规定一并抵押的，未抵押的财产视为一并抵押。

第二，如果以城市房地产设定抵押的，土地上新增的房屋不属于抵押物。抵押权实现时，可以依法将该土地上新增的房屋与抵押物一同变价。但对新增房屋的变价所得，抵押权人无权优先受偿。

第三，乡镇、村企业的建设用地使用权不得单独抵押。以乡镇、村企业的厂房等建筑物抵押的，其占用范围内的建设用地使用权一并抵押。另外，乡镇、村企业不能仅以集体所有的建设用地使用权作抵押，但可以将乡镇、村企业的厂房等建筑物抵押的，其占用范围内的建设用地使用权一并抵押。故只能"地随房走"，不能"房随地走"，而且以这两种财产进行抵押的，在实现抵押权后，未经法定程序不得改变土地集体所有和土地用途。

（3）以招标、拍卖、公开协商等方式取得的荒地等土地承包经营权。

（4）生产设备、原材料、半成品、产品。经当事人书面协议。企业、个体工商户、农业生产经营者可以将现有的以及将有的生产设备、原材料、半成品、产品抵押，债务人不履行到期债务或者发生当事人约定的实现抵押权的情形。债权人有权就实现抵押权时的动产优先受偿。但是特别需要注意的是，根据这条规定设定抵押的，不得对抗正常经营活动中已支付合理价款并取得抵押财产的买受人。

（5）正在建造的建筑物、船舶、航空器。另外，《担保法解释》规定，依法获准尚未建造的或者正在建造中的房屋或者其他建筑物也属于可以抵押的标的物。

（6）交通运输工具。

(7) 法律、行政法规未禁止抵押的其他财产。

抵押人可以将前面七项内容的财产一并抵押。

《物权法》和《担保法》不仅规定了可用于抵押的财产，而且规定了不得用于抵押的财产。根据《物权法》的规定，下列财产不得抵押：

(1) 土地所有权。在我国土地归国家或集体所有，而不能为私人财产。土地所有权不得抵押，也就是不能以国家或集体所有的土地抵押。否则抵押合同无效。

(2) 耕地、宅基地、自留地、自留山等集体所有的土地使用权，但是法律规定可以抵押的除外。这里的例外有两处：一是以招标、拍卖、公开协商等方式取得的荒地等土地承包经营权可以抵押。二是乡镇、村企业的建设用地使用权不得单独抵押。

(3) 学校、幼儿园、医院等以公益为目的的事业单位、社会团体的教育设施、医疗卫生设施和其他社会公益设施。

(4) 所有权、使用权不明或者有争议的财产。所有权、使用权不明或者有争议，无法确定是否有处分权，因此不得抵押。

(5) 依法被查封、扣押、监管的财产。但是已经设定抵押的财产被采取查封、扣押等财产保全或者执行措施的，不影响抵押权的效力。

(6) 法律、行政法规规定不得抵押的其他财产。如以法定程序确认为违法、违章的建筑物。

4. 抵押登记

抵押物登记的效力有两种情形：

(1) 登记是抵押权的设立条件。根据《物权法》的规定，如果以建筑物和其他土地附着物，建设用地使用权，以招标、拍卖、公开协商等方式取得的荒地等土地承包经营权，正在建造的建筑物这四种财产设定抵押的，应当办理抵押物登记。抵押权自登记之日起设立。

(2) 登记为对抗第三人的效力。当事人以《物权法》规定的生产设备、原材料、半成品、产品，正在建造的船舶、航空器，交通运输工具设定抵押，或者以《物权法》规定的动产设定抵押，抵押权自抵押合同生效时设立。未经登记，不得对抗善意第三人。因此对这些财产是否进行抵押登记，完全由当事人决定。抵押权自抵押合同签订之日起设立，并对当事人产生拘束力。但是如果没有登记，不能对抗善意第三人。

(三) 抵押权的效力

抵押权的效力主要体现为抵押关系当事人的权利义务。

1. 抵押人的权利

抵押人的权利主要有：

(1) 抵押物的占有权。抵押设定以后，除法律和合同另有约定以外，抵押人有权继续占有抵押物，并有权取得抵押物的孳息。因此原则上抵押权的效力不及于抵押物的孳息。但是，根据《物权法》的规定，债务人不履行到期债务或者发生当事人约定的实现抵押权的情形，致使抵押财产被人民法院依法扣押的，自扣押之日起抵押权人有权收取该抵押财产的天然孳息或者法定孳息，但抵押权人未通知应当清偿法定孳息的义务人的除外。

第七章 担保法律制度

(2) 抵押人对抵押物的处分权。抵押设定以后，抵押人并不丧失对抵押物的所有权。抵押人有权将抵押物转让给他人，但抵押人处分财产的权利受到如下限制：第一，根据《物权法》规定。抵押期间，抵押人经抵押权人同意转让抵押财产的，应当将转让所得的价款向抵押权人提前清偿债务或者提存。转让的价款超过债权数额的部分归抵押人所有，不足部分由债务人清偿。抵押期间，抵押人未经抵押权人同意，不得转让抵押财产，但受让人代为清偿债务消灭抵押权的除外。因此抵押财产转让要生效是以抵押权人的同意为条件的。第二，如果抵押物未经登记的，则抵押权不能对抗善意第三人。因此给抵押权人造成损失的，由抵押人承担赔偿责任。第三，抵押物依法被继承或者赠与的，抵押权不受影响。

(3) 抵押人对抵押物设定多项抵押的权利。抵押人可以就同一抵押物设定多个抵押权。但不得超出余额部分。在同一抵押物上有数个抵押权时，各个抵押权人应按照法律规定的顺序行使抵押权。

(4) 抵押人对抵押物的收益权。抵押权设定以后，由于抵押物仍然归抵押人占有，因此抵押人有权将抵押物出租。这里需要注意抵押权与出租之间的关系：第一，如果抵押权设定在先，出租在后，抵押权实现后，租赁合同对受让人不具有约束力。抵押人将已抵押的财产出租时，如果抵押人未书面告知承租人该财产已抵押的，抵押人对出租抵押物造成承租人的损失承担赔偿责任；如果抵押人已书面告知承租人该财产已抵押的，抵押权实现造成承租人的损失，由承租人自己承担。第二，如果出租在先，抵押在后，租赁合同在有效期内对抵押物的受让人继续有效。

2. 抵押人的义务

抵押人的主要义务是妥善保管抵押物。根据《物权法》规定，抵押人的行为足以使抵押财产价值减少的，抵押权人有权要求抵押人停止其行为。抵押财产价值减少的，抵押权人有权要求恢复抵押财产的价值，或者提供与减少的价值相应的担保。抵押人不恢复抵押财产的价值也不提供担保的，抵押权人有权要求债务人提前清偿债务。

3. 抵押权人的权利

抵押权人的权利主要有：

(1) 保全抵押物。在抵押期间，抵押权人虽未实际占有抵押物，但法律为了抵押权人的利益，赋予其保全抵押物的权利。如果抵押物受到抵押人或第三人的侵害，抵押权人有权要求停止侵害、恢复原状、赔偿损失。如果因抵押人的行为使抵押物价值减少，抵押权人有权要求抵押人恢复抵押物的价值，或者提供与减少的价值相当的担保。

(2) 放弃抵押权或者变更抵押权的顺位。《物权法》规定，抵押权人可以放弃抵押权或者抵押权的顺位。抵押权人与抵押人可以协议变更抵押权顺位以及被担保的债权数额等内容。但抵押权的变更，未经其他抵押权人书面同意，不得对其他抵押权人产生不利影响。债务人以自己的财产设定抵押。抵押权人放弃该抵押权、抵押权顺位或者变更抵押权的，其他担保人在抵押权人丧失优先受偿权益的范围内免除担保责任，但其他担保人承诺仍然提供担保的除外。

(3) 优先受偿权。在债务人不履行债务时，抵押权人有权以抵押财产折价或者以

193

拍卖、变卖抵押物的价款优先于普通债权人受偿。抵押物折价或者拍卖、变卖该抵押物的价款不足清偿债权的。不足清偿的部分由债务人按普通债权清偿。

(四) 抵押权的实现

根据《物权法》的规定，担保物权的担保范围包括主债权及其利息、违约金、损害赔偿金、保管担保财产和实现担保物权的费用。当事人另有约定的，按照约定执行。

《物权法》规定，债务人不履行到期债务或者发生当事人约定的实现抵押权的情形，抵押权人可以与抵押人协议以抵押财产折价或者以拍卖、变卖该抵押财产所得的价款优先受偿。协议损害其他债权人利益的，其他债权人可以在知道或者应当知道撤销事由之日起一年内请求人民法院撤销该协议。

抵押物折价或者拍卖、变卖所得的价款，当事人没有约定的，清偿顺序如下：①实现抵押权的费用；②主债权的利息；③主债权。抵押物不足清偿的债权由债务人清偿。

在抵押物灭失、毁损或者被征用的情况下，抵押权人可以就该抵押物的保险金、赔偿金或者补偿金优先受偿；如抵押权所担保的债权未届清偿期，抵押权人可以请求人民法院对其采取保全措施。

【案例7-3】某村农民甲某经营一砖瓦厂。出于经营的需要，甲某欲购买一台制砖机，于是与信用社商量贷款事宜。2009年4月15日，甲某与信用社签订了《贷款协议》和《抵押合同》，约定由信用社贷款3万元给甲某，甲某以其小货车一辆、砖厂的土地使用权及自家的彩电两台作为抵押物。合同签订之日，信用社即将贷款支付给了甲某。2009年7月中旬，洪水将甲某的砖厂淹没，甲某损失惨重。贷款合同期限届至，甲某无力偿还贷款。信用社多次催促未果，遂向县法院提起诉讼，要求甲某还本付息，否则拍卖抵押物，从其价款中优先受偿。后查明：甲某的砖瓦厂不属于乡镇、村企业，其土地使用权属于村集体所有；小货车在订立合同前因交通肇事已被交警大队扣押。根据上述资料，请回答以下问题：

1. 本案中抵押物是否符合法律的规定？
2. 信用社将如何实现其债权？

【案例解析】

1. 依据我国担保法律的相关规定，土地所有权不得抵押；耕地、宅基地、自留地、自留山等集体所有的土地使用权不得抵押，但是抵押人依法承包并经发包方同意抵押的荒山、荒沟、荒丘、荒滩等荒地的土地使用权可以抵押，另外，乡镇、村企业的土地使用权不得单独抵押；所有权、使用权不明或有争议的财产也不得抵押；依法被查封、扣押、监管的财产也不能成为抵押物。本案中，甲某的砖瓦厂其土地使用权属于村集体所有，而其不属于乡镇、村企业，因此以该土地使用权作为抵押的无效；而小货车属于依法被扣押的财产，也不能作为抵押物。所以本案中能作为抵押物的仅为两台彩电，因此，本案的抵押担保合同部分有效，部分无效。

2. 根据《物权法》规定，债务人不履行到期债务或者发生当事人约定的实现抵押权的情形，抵押权人可以与抵押人协议以抵押财产折价或者以拍卖、变卖该抵押财产所得的价款优先受偿。抵押物折价或者拍卖、变卖后，其价款不足抵偿抵押权人损失的部分由债务人清偿。本案中，依约定，甲某无力偿还贷款时，抵押权人可以拍卖抵押物，但由于能作为抵押物的仅为两台彩电，因此信用社可以就这两台彩电拍卖的价款优先受偿。优先受偿后信用社没有实现的债权，仍由债务人清偿。

如果在同一物上并存数个抵押权或并存数个物权（包括一项抵押权），会产生优先受偿权的位序问题。关于优先受偿权位序，采取法定主义，由法律明确规定。

1. 多个抵押权并存时的清偿顺序

同一财产向两个以上债权人抵押的，拍卖、变卖抵押物所得的价款按照以下规定清偿：

（1）抵押权已登记的，按照登记的先后顺序清偿；顺序相同的，按照债权比例清偿。如果当事人同一天在不同的法定登记部门办理抵押物登记的，视为顺序相同。因登记部门的原因导致抵押物进行了连续登记的，以第一次登记的时间为准确定抵押顺序。

（2）抵押权已登记的先于未登记的受偿。

（3）抵押权未登记的，按照债权比例清偿。

（4）顺序在先的抵押权与该财产的所有权归属一人时，该财产的所有权人可以以其抵押权对抗顺序在后的抵押权。

（5）顺序在后的抵押权所担保的债权先到期的，抵押权人只能就抵押物价值超出顺序在先的抵押担保债权的部分受偿。

2. 与其他物权并存时的清偿顺序

当抵押权与其他物权并存时，也存在以下几个位序问题：

（1）抵押权与质权并存。同一财产法定登记的抵押权与质权并存时，抵押权人优先于质权人受偿。

（2）抵押权与留置权并存。同一财产抵押权与留置权并存时，留置权人优先于抵押权人受偿。

（3）抵押权与其他权利并存。

（五）最高额抵押

最高额抵押指为担保债务的履行，债务人或者第三人对一定期间内将要连续发生的债权提供担保财产的，债务人不履行到期债务或者发生当事人约定的实现抵押权的情形，抵押权人有权在最高债权额限度内就该担保财产优先受偿的情形。

最高额抵押权的设定不以已经存在的债权为前提，而是对将来发生的债作担保。根据《物权法》规定，最高额抵押权设立前已经存在的债权。经当事人同意，可以转入最高额抵押担保的债权范围。

《物权法》规定，最高额抵押担保的债权确定前，部分债权转让的，最高额抵押权不得转让，但当事人另有约定的除外。

《物权法》规定，抵押权人的债权在下列情况下确定：①约定的债权确定期间届满；②没有约定债权确定期间或者约定不明确，抵押权人或者抵押人自最高额抵押权设立之日起满二年后请求确定债权；③新的债权不可能发生；④抵押财产被查封、扣押；

⑤债务人、抵押人被宣告破产或者被撤销；⑥法律规定债权确定的其他情形。

抵押权人实现最高额抵押权时，如果实际发生的债权余额高于最高限额的，以最高限额为限，超过部分不具有优先受偿的效力；如果实际发生的债权余额低于最高限额的，以实际发生的债权余额为限对抵押物优先受偿。

二、质权

（一）质权的概念和特征

质权，是指债权人于债务人不履行债务时，得就债务人或第三人移转占有而供担保的特定动产或权利卖得的价金优先受偿的权利。包括动产质权和权利质权。

质权关系中，享有质权的债权人称为质权人；将特定动产或权利移转质权人占有而供债之担保的债务人或第三人，称为出质人；出质人移转给债权人占有的、以供债权担保的动产或权利，称为质押财产。

质权是一种担保物权，因此同样具备担保物权的从属性、不可分性、优先性等特征。另外，质权还具有以下特征：

（1）质权以动产及权利为标的，对不动产不能设定质权。

（2）质权必须转移标的物的占有，质权以占有标的物为设立要件。

【知识拓展】

抵押权与质权的比较

抵押权与质权都是一种担保物权，相比而言，两者有一定的区别。

（1）抵押的标的物既可以是动产也可以是不动产。质权的标的物则不包括不动产；质权分为动产质权和权利质权，用于质权的标的物可以是动产或者权利。

（2）抵押权的设定不要求移转抵押物的占有；质权的设定必须移转占有。

（3）由于抵押权设定不移转占有，因此抵押人可以继续对抵押物占有、使用、收益；由于质权移转标的物的占有，因此质权人虽然享有对标的物的所有权，但不能直接对质权物进行占有、使用、收益。

我国法律将质权分为动产质权与权利质权。动产质权，是以动产作为标的物的质权。权利质权指以可转让的权利为标的物的质权。

（二）动产质权

1. 动产质权的设定

设定动产质权，出质人和质权人应当以书面形式订立质权合同。

根据《物权法》的规定，质权合同是诺成合同，并不以质物占有的移转作为合同的生效要件。质权合同的内容应当包括如下条款：被担保的主债权种类、数额；债务人履行债务的期限;质物的名称、数量、质量、状况;质权担保的范围;质物移交的时间;当事人认为需要认定的其他事项。质权合同不完全具备上述内容时,当事人可以事后补正,不能宣告合同无效。

质权自质物移交给质权人占有时设立。因此,只有出质人将出质的动产移交以债权人占有,债权人才能取得质权。在质权期间,质权人也必须控制抵押物的占有。对于动产质权中标的物的转移占有要注意以下几点:

(1)标的物的占有转移不是动产质权合同的生效条件,而是质权设立的条件。

(2)债务人或者第三人未按质权合同约定的时间移交质物的,质权不成立,由此给质权人造成损失的,出质人应当根据其过错承担赔偿责任。

(3)出质人代质权人占有质物的,质权没有设立。

(4)因不可归责于质权人的事由而丧失对质物的占有,质权人可以向不当占有人请求停止侵害、恢复原状、返还质物。

(5)出质人以间接占有的财产出质的,书面通知送达占有人时视为移交。

占有人收到出质通知后,仍接受出质人的指示处分出质财产的,该行为无效。

(6)质权合同中对质权的财产约定不明,或者约定的出质财产与实际移交的财产不一致的,以实际交付占有的财产为准。

和抵押合同一样,质权人在债务履行期届满前。不得与出质人约定债务人不履行到期债务时质权财产归债权人所有。如果违反该规定,则约定的"流质条款"无效,但不影响质权合同其他部分的效力。

根据《物权法》的规定,出质人与质权人可以协议设立最高额质权。最高额质权除适用动产质权的有关规定外,参照最高额抵押权的规定。

2. 动产质权的标的物

动产质权的标的物应为动产,该动产须具有财产价值并可依法定程序变卖。动产质权的最终目的在于变卖出质人移交占有的动产,而就卖得的价金优先受偿。因而无财产价值的动产或不能依法定程序变卖的动产,不能成为动产质权的标的物。

动产质权的效力及于质物的从物。但是从物未随同质物移交质权人占有的,质权的效力不及于从物。

3. 动产质权的效力

动产质权设立后,在主债务清偿以前,质权人有权占有质物,并有权收取质物所生的孳息。质权人收取孳息,并非取得孳息所有权,而是将孳息作为质权标的。

质权人在质权存续期间,为担保自己的债务,经出质人同意,以其所占有的质物为第三人设定质权的,应当在原质权所担保的债权范围之内,超过的部分不具有优先受偿的效力。转质权的效力优于原质权。

【案例7-4】赵某家有一祖传钻石戒指,价值数万元。因做生意缺少资金,赵某向钱某借款1万元,约好一年后归还,以赵某的钻石戒指作质物。后赵某到钱某处取钱时,以忘带钻石戒指为理由未把戒指交给钱某,但双方现场订立了质押合同。几天后,

赵某又向孙某借款1万元，仍以戒指为质物订立书面合同，并将戒指交给了孙某。一年后，因赵某不能向钱某还款，钱某要求赵某以其戒指作价还债，赵某则称戒指现在在孙某手里。根据上述资料，请回答以下问题：

1. 赵某和钱某之间的质权是否生效？为什么？
2. 赵某和孙某之间的质权是否生效？为什么？

【案例解析】

1. 赵某和钱某之间的质权不生效。质押分为动产质押和权利质押，《物权法》第二百一十二条规定：质权自出质人交付质押财产时设立。合同是自双方签订时生效，而质押权是自交付质物起生效。祖传钻石戒指质押属于动产质押，以动产转移占有为质押合同生效之起始。赵某到钱某处取钱时，以忘带钻石戒指为理由未把戒指交给钱某，只订立了质押合同，没有交付质物戒指，因此质权不生效。

2. 赵某和孙某之间的质权是生效的。因为赵某向孙某以戒指为质物订立书面合同，并将戒指交给了孙某，此时交付质物戒指了，所以质押权生效。

（三）权利质权

根据《物权法》的规定，可以作为权利质权的权利有：①汇票、支票、本票；②债券、存款单；③仓单、提单；④可以转让的基金份额、股权；⑤可以转让的注册商标专用权、专利权、著作权等知识产权中的财产权；⑥应收账款；⑦法律、行政法规规定可以出质的其他财产权利。

权利质权因为设定质权的权利标的的不同，其生效条件也是不同的。

1. 有价证券的出质

以汇票、支票、本票、债券、存款单、仓单、提单出质的，当事人应当订立书面合同。质权自权利凭证交付质权人时设立；没有权利凭证的，质权自有关部门办理出质登记时设立。对于这类权利质权，注意几点：①必须在汇票、支票、本票上背书记载"质押"字样，否则不能对抗善意第三人。②以存款单出质的，签发银行核押后又受理挂失并造成存款流失的，应当承担民事责任。③以票据、债券、存款单、仓单、提单出质的，质权人再转让或者质押的无效。④汇票、支票、本票、债券、存款单、仓单、提单的兑现日期或者提货日期先于主债权到期的，质权人可以兑现或者提货，并与出质人协议将兑现的价款或者提取的货物提前清偿债务或者提存。

2. 可以转让的基金份额、股权的出质

根据《物权法》的规定，以基金份额、股权出质的，当事人应当订立书面合同。以基金份额、证券登记结算机构登记的股权出质的，质权自证券登记结算机构办理出质登记时设立；以其他股权出质的，质权自工商行政管理部门办理出质登记时设立。对于这类权利质权，注意几点：①必须是依法可以转让的基金份额、股票。而且质权的效力及于基金份额、股票的法定孳息。②以基金份额、证券登记结算机构登记的股权出质的，质权自证券登记结算机构办理出质登记时设立。基金份额、股权出质后，不得转让，但经出质人与质权人协商同意的除外。出质人转让基金份额、股权所得的价款，应

当向质权人提前清偿债务或者提存。③以非由证券登记结算机构登记的股权出质的,质权自工商行政管理部门办理出质登记时设立。

由于此类权利的质押是以可以转让为前提的,因此还应当符合《公司法》关于股权转让的相关规定。

3. 知识产权的出质

依法可以转让的商标专用权、专利权、著作权中的财产权可以出质。对于这类权利质权,应注意以下几点:①知识产权的内容既包括财产权,也包括人身权,但设定质押的知识产权仅限于可以转让的财产权。以知识产权中的人身权设定质押无效。②设定质权后,未经质权人同意不得转让或者许可他人使用。未经许可转让或者许可他人使用,应当认定为无效。因此给质权人或者第三人造成损失的,由出质人承担民事责任。③以知识产权设定质押。应当向有关管理部门办理出质登记,才能使得质权生效。

4. 应收账款的出质

根据《物权法》的规定,以应收账款出质的,当事人应当订立书面合同。质权自信贷征信机构办理出质登记时设立。应收账款出质后,不得转让,但经出质人与质权人协商同意的除外。出质人转让应收账款所得的价款,应当向质权人提前清偿债务或者提存。公路桥梁、公路隧道或者公路渡口等不动产收益权实际上就是应收账款的一种。

三、留置权

(一) 留置权的概念和特征

留置权是指债权人合法占有债务人的动产,在债务人不履行到期债务时债权人有权依法留置该财产,并有权就该财产优先受偿的权利。上述债权人为留置权人,占有的动产为留置财产。

留置权具有如下特征:①留置权属于担保物权,因此具有担保物权的从属性、不可分性和物上代位性等担保物权的特征。②留置权属于法定的担保物权。留置权只有在符合法律规定的条件时才能产生,并非依当事人约定产生。但当事人可以通过合同约定排除留置权的适用。

(二) 留置权的成立条件

留置权作为法定的担保物权必须符合法定的条件才能成立。留置权的成立条件有以下几点:

1. 债权人合法占有债务人的动产

原则上动产应当属于债务人所有。但根据《物权法》的规定,留置权也可以善意取得。即如果债权人合法占有债务人交付的动产时,不知债务人无处分该动产的权利,债权人仍可以行使留置权。

2. 占有的动产与债权属于同一法律关系,但法律另有规定的除外

《物权法》规定,债权人留置的动产,应当与债权属于同一法律关系,但企业之间留置的除外。从《物权法》的规定来看,我国留置权的适用范围大大扩大,一方面,

不再局限于特定的合同关系，其他的债权债务关系，如不当得利、无因管理等法律关系也可以产生留置权。另一方面，对于企业之间的留置权的行使，可以不以同一债权债务关系为要件。

3. 债权已届清偿期且债务人未按规定期限履行义务

债权人虽然占有债务人的动产，但在债权尚未届清偿期时，不产生留置权。只有在债权已届清偿期，债务人仍不履行债务时，债权人才可以留置债务人的动产。

（三）留置权的效力

1. 留置权所担保的债权范围

留置权所担保的债权范围包括主债权及利息、违约金、损害赔偿金、留置财产保管费用和实现留置权的费用。

2. 留置权对留置财产的效力

留置权人在占有留置物期间内，除了留置物本身以外，留置权的效力还及于从物、孳息和代位物。根据《物权法》规定，留置的财产为可分物的，留置物的价值应当相当于债务的金额；留置物为不可分物的，留置权人可以就其留置物的全部行使留置权。

留置权的效力可以分两个层次：①留置标的物。债权人在其债权没有得到清偿时，有权留置债务人的财产，并给债务人确定一个履行期限。根据《物权法》的规定，该履行期限应当为两个月以上。②优先受偿。即债务人超过规定的期限仍不履行其债务时，留置权人可依法以留置物折价或拍卖、变卖所得价款优先受偿。留置财产折价或者拍卖、变卖后，其价款超过债权数额的部分归债务人所有，不足部分由债务人清偿。同一动产上已设立抵押权或者质权，该动产又被留置的，留置权人优先受偿。

（四）留置权人的权利和义务

1. 留置权人的权利

（1）留置标的物。在债务人不履行债务时，留置权人可以留置标的物，拒绝债务人交付标的物的请求。对留置标的物的权利只有占有权，而没有使用、收益和处分的权利。另外，留置权人对留置物的孳息也有收取的权利，收取后，也对其享有留置权。

（2）留置物变价权与优先受偿权。留置权人在一定条件下，可以使留置财产变价优先受偿。

（3）保管留置物费用的返还请求权。留置权人因为保管留置财产所付出的必要费用，有权向债务人请求偿还。

2. 留置权人的义务

（1）妥善保管留置物的义务。因保管不善导致留置物毁损或者灭失的，应当承担赔偿责任。

（2）不得擅自使用、利用留置物的义务。留置权人原则上不得擅自使用留置财产。除为保管的必要而使用外，未经债务人的同意，留置权人不仅不得自己使用留置物，也不得将留置财产出租或提供担保。

（3）返还留置物的义务。留置权所担保的债权消灭或者债务人另行提供担保时，留置权人应当将留置财产返还给债务人。

第四节 定　金

一、定金的概念和特征

定金是指合同当事人一方于合同成立后在合同未履行以前，为保证合同的履行，按照合同标的额的一定比例，预先给付对方一定数额的款项。定金有以下特征：

（1）定金具有预先给付的性质。由于定金可以抵作价款，也就具有预先给付的性质。

（2）定金有证明合同成立的作用。定金是合同订立的证据。订立合同时，当事人担心对方悔约，往往向对方交付定金，以证明和巩固合同关系。定金与预付款十分相似，二者都可以作合同成立的证据，都具有预付性质。但定金与预付款有完全不同的效力。①单纯的预付款不起担保作用，而定金具有担保作用。②交付定金的协议是从合同，而交付预付款的协议一般是合同内容的一部分。③定金具有罚则，而预付款没有。④定金不仅适用金钱履行义务的合同，还适用其他合同，而预付款只能适用以金钱履行义务的合同。⑤定金一般一次性交付，而预付款可以分期交付。

（3）定金是合同担保的一种形式。定金也是债务人先行给付债权人的款项，当事人双方设立定金的行为是一种实践性合同。定金合同是从合同，旨在确保主合同的履行。

【知识拓展】

定金与违约金的比较

定金与违约金相比，其主要区别在于：

（1）定金的给付一般是在订立合同之时，也可以在订立合同之后未履行之前，而违约金是在违约时支付。

（2）定金有证约和预先给付的作用，违约金没有此作用。

（3）定金主要是担保功能，违约金反映的是合同的责任。

（4）定金的数额不超过主合同标的额的20%，具体数额由双方当事人协商决定。在理论上，定金可以分为不同种类，按照当事人支付定金的目的划分，定金主要有五种形式：成约定金，即以定金的支付作为合同成立的条件；证约定金，即以定金的交付作为合同成立的证明；违约定金，即以定金作为不履行合同的赔偿；解约定金，即以定金作为自由解除合同的条件；立约定金，即为保证订立合同而交付的定金。

 金融法规

二、定金的成立

(一) 定金合同的当事人

定金合同的当事人为主合同的债权人和债务人。非主合同的当事人不能为定金合同的当事人。

(二) 定金合同的形式和内容

定金合同为要式合同。根据《担保法》第九十条规定,定金应当以书面形式约定。当事人在定金合同中应当约定交付定金的期限。定金合同从实际交付定金之日起生效。

定金合同主要包括以下内容:

1. 定金交付的期限

定金交付的期限可以是主合同履行期限前的任何时间,但不能迟于主合同的履行期限。

2. 定金的数额

定金的数额由当事人约定,但不得超过主合同标的额的20%,超过的部分,人民法院不予支持。

三、定金罚则

定金罚则在当事人一方因过错而不履行债务时,才发生制裁(罚则)效力:给付定金的一方不履行约定的债务的,无权要求返还定金;收受定金的一方不履行约定的债务的,应当双倍返还定金。

我国《担保法解释》规定,因当事人一方迟延履行或者其他违约行为,致使合同目的不能实现,可以适用定金罚则。但法律另有规定或者当事人另有约定的除外。当事人一方不完全履行合同的,应按照未履行部分所占合同约定内容的比例,适用定金罚则。实际交付的定金数额多于或少于约定数额,视为变更定金合同;收受定金一方提出异议并拒绝接受定金的,定金合同不生效。

【案例7-5】甲公司与乙厂订立一份购销合同,约定:乙厂向甲公司提供某种化工原料100吨,货款总额为110万元,甲公司须预付40万元违约定金。合同订立之后,甲公司开出汇票委托书,载明:汇款人甲公司;汇款用途:定金;汇款金额:40万元;收款人:乙厂。在银行办理汇票过程中,因工作人员疏忽,将汇票用途误写成货款。甲公司财务人员收到汇票后,未经查看就将其交给乙厂,同时,乙厂财务人员也开具了"收到货款40万元"的收条。后乙厂未能履行合同,甲公司起诉至法院,请求双倍返还定金,乙厂认为,双方之间的定金约定已改为预付货款,不适用定金罚则。法院认为,甲银行工作人员的疏忽,误将定金写成了预付款,不能代表合同当事人的真实意思,故乙厂主张定金已变更为预付款不能成立。乙厂接受定金后,不按照约定供货,构

第七章 担保法律制度

成违约,应当双倍返还定金。根据上述资料,请回答以下问题:

1. 何为定金罚则?
2. 本案中定金数额如何确定?

【案例解析】

1. 定金罚则是指定金的惩罚规则。《担保法解释》对适用定金罚则的几种特殊情况作了规定:①"因当事人一方迟延履行或者其他违约行为,致使合同目的不能实现"是视为不履行被担保债务的情况;②在当事人不完全履行合同时,"应当按照未履行部分所占合同约定内容的比例,适用定金罚则";③"因不可抗力、意外事件致使主合同不能履行的,不适用定金罚则";④"因合同关系以外第三人的过错,致使主合同不能履行的,适用定金罚则。受定金处罚的一方当事人,可以依法向第三人追偿。"

2. 定金是担保合同债务履行的方式。我国《担保法》对定金的规定,除了担保债务的履行外,并有证约定金和违约定金的功能。定金的数额由当事人约定,但不得超过主合同标的额的20%。当事人约定的定金数额超过主合同标的额20%的,超过的部分,人民法院不予支持。本案例中,主合同标的额为110万元,按法定最高限20%计算应为22万元,当事人的约定是40万元,超过了法定最高限,超过部分无效,故应按22万元确定本案定金数额,乙厂须双倍返还的数额为44万元。

资料来源:http://web2.openedu.com.cn/mod/resource/view.php?inpopup=true&id=9380#35。

本章小结:

1. 担保是指法律为保证特定债权人利益的实现而特别规定的以第三人的信用或者以特定财产保证债务人履行债务,以实现债权人的债权的制度。担保在法律上具有从属性、补充性的特征。

2. 根据我国《担保法》的规定,担保的方式有五种,分别是保证、抵押、质押、留置和定金,我国《物权法》在"担保物权编"中分别规定了抵押权、质权和留置权。

3. 保证是指保证人和债权人约定,当债务人不履行债务时,保证人按照约定履行债务或承担责任的行为。

4. 抵押是指债务人或第三人不转移对财产的占有,将该财产作为债权的担保。债务人不履行债务时,债权人有权依法以该财产折价或者以拍卖、变卖该财产的价款优先受偿。债务人或第三人为抵押人,债权人为抵押权人,财产为抵押物。

5. 质押是指债务人或者第三人将其动产移交债权人占有,将该动产作为债权的担保。债务人不履行债务时,债权人有权依法以该动产折价或者以拍卖、变卖该动产的价款优先受偿。债务人或第三人为出质人,债权人为质权人,移交的动产为质物。

6. 留置是指债权人按照合同约定占有债务人的动产,债务人不按照合同约定的期限履行债务的,债权人有权依法留置该财产,以该财产折价或者以拍卖、变卖该财产的价款优先受偿。

7. 定金是指当事人约定一方向对方给付定金作为债权的担保。债务人履行债务后,

 金融法规

定金应当抵作价款或者收回。给付定金的一方不履行约定债务的，无权要求返还定金；收受定金的一方不履行约定债务的，应当双倍返还定金。

练习题：

一、单项选择题

1. 具有以人的信用为履行合同之保障的特征的担保方式是（　　）。
   A. 抵押　　　　　　　　　　　B. 保证
   C. 质押　　　　　　　　　　　D. 留置

2. 根据我国《担保法》规定，定金的数额不得超过主合同标的额的（　　）。
   A. 10%　　　　　　　　　　　B. 15%
   C. 20%　　　　　　　　　　　D. 30%

3. 一般保证的保证人与债权人未约定保证期间的，保证期间为主债务履行期届满之日起（　　）。
   A. 三个月　　　　　　　　　　B. 六个月
   C. 一年　　　　　　　　　　　D. 二年

4. 一个买卖合同，既有人的担保，也有物的担保，当主合同的债权人行使担保权时，（　　）。
   A. 采取物保优先的原则　　　　B. 采取人保优先的原则
   C. 二者没有先后顺序　　　　　D. 债权人有选择权

5. 下列担保方式中，不以转移物的占有权为要件的是（　　）。
   A. 抵押　　　　　　　　　　　B. 质押
   C. 留置　　　　　　　　　　　D. 定金

6. 如果一个抵押物有两个以上的抵押权人时，各抵押权人（　　）。
   A. 同时按比例受偿　　　　　　B. 先办理抵押登记的先受偿
   C. 共同协商受偿　　　　　　　D. 先签订抵押合同的先受偿

7. 同一财产法定登记的抵押权与质权并存时，（　　）；同一财产抵押权与留置权并存时，（　　）。
   A. 抵押权人优先于质权人受偿　　抵押权人优先于留置权人受偿
   B. 质权人优先于抵押权人受偿　　抵押权人优先于留置权人受偿
   C. 质权人优先于抵押权人受偿　　留置权人优先于抵押权人受偿
   D. 抵押权人优先于质权人受偿　　留置权人优先于抵押权人受偿

8. 下列不属于权利质押客体的是（　　）。
   A. 汇票　　　　　　　　　　　B. 公司债券
   C. 著作权中的署名权　　　　　D. 商标权

9. 被担保的合同被确认无效后，（　　）。
   A. 保证人仍应承担连带保证责任
   B. 保证人不应承担连带保证责任

第七章 担保法律制度

C. 如果被保证人应当赔偿损失的，除有特殊约定外，保证人仍应承担连带责任

D. 如果被保证人只承担返还财产的责任，除有特殊约定外，保证人不承担连带责任

10. 甲因业务需要，以其房屋（价值11万元）作抵押，分别向乙、丙二人各借款5万元。甲与乙于3月10日签订抵押合同，3月20日办理了抵押登记。甲与丙于3月13日签订了抵押合同，并于同日办理了抵押登记。后甲无力还款，乙、丙将甲之房屋拍卖，只得价款8万元，乙、丙如何分配？（   ）

A. 乙4万元，丙4万元　　　　　　B. 乙5万元，丙3万元

C. 丙5万元，乙3万元　　　　　　D. 丙4.5万元，乙3.5万元

二、多项选择题

1. 诚实信用原则的主要内容主要包括(   )。

A. 任何一方都不得强迫对方接受自己的意志

B. 当事人在进行民事活动时须将有关债权债务的真实情况无保留地告知对方

C. 当事人就债权债务关系达成协议后，必须按照协议确定的义务履行，不得在履行过程中反悔当初约定的义务

D. 当事人必须保证履行已承诺的义务

2. 下列各项通常情况下不能作为保证人的是(   )。

A. 未成年人　　　　　　　　　　B. 学校

C. 财政局　　　　　　　　　　　D. 中国人民银行

3. 《担保法》规定，保证担保的范围包括(   )。

A. 主债权　　　　　　　　　　　B. 利息

C. 违约金　　　　　　　　　　　D. 损害赔偿金

E. 实现债权的费用

4. 下列关于保证说法正确的有(   )。

A. 保证期间，债权人许可债务人转让债务的，应当取得保证人书面同意，否则，保证人对未经其同意转让部分的债务不再承担保证责任，但是保证人仍然应当对未转让部分的债务承担保证责任

B. 债权人与债务人协议变更主合同的任何条款，都应当取得保证人书面同意，否则，保证人不再承担保证责任

C. 保证期间，债权人依法将主债权转让给第三人的，必须经保证人同意，否则，保证人可以拒绝承担保证责任

D. 债权人与被保证人未经保证人同意，变更主合同履行期限的，如果保证合同中约定有保证责任期限，保证人仍应在原保证责任期限内承担保证责任

5. 下列关于定金的作用和性质表述正确的是(   )。

A. 担保合同履行　　　　　　　　B. 证明合同有效

C. 对债权人和债务人都具有约束作用　D. 具有预先给付的性质

6. 下列各项不能作为抵押标的物的是(   )。

A. 土地所有权

B. 学校、医院等以公益为目的的事业单位、社会团体的财产
C. 所有权、使用权不明或者有争议的财产
D. 依法被查封、扣押、监管的财产

7. 下列可以发生留置权的合同类型是(　　)。
   A. 保管合同　　　　　　　　　B. 运输合同
   C. 租赁合同　　　　　　　　　D. 加工承揽合同

8. 补偿贸易项下的担保是指对外商投资的一种担保形式,包括(　　)形式。
   A. 保证担保　　　　　　　　　B. 抵押担保
   C. 质押担保　　　　　　　　　D. 定金担保

9. 下列关于质押表述正确的是(　　)。
   A. 动产质权的效力及于质物的从物,但是从物未随同质物移交质权人占有的除外
   B. 出质人代质权人占有质物的,质押合同不生效
   C. 质押合同中,当约定的出质财产与实际移交的财产不一致时,应以实际交付的财产为准
   D. 质物有隐蔽瑕疵造成质权人其他财产损害的,应由出质人承担赔偿责任。但是质权人在质物移交时明知质物有瑕疵而予以接受的除外

10. 根据《担保法》的有关规定,下列关于定金表述正确的是(　　)。
    A. 定金是主合同成立的条件　　　B. 定金是主合同的担保方式
    C. 定金可以以口头方式约定　　　D. 定金从实际交付之日起生效

三、判断题

1. 一般而言,主合同无效,则担保合同就无效。(　　)
2. 法人或者其他组织的法定代表人如果超越其代理权限而与他人订立担保合同,则该合同自始无效。(　　)
3. 同一债权上有数个担保物并存时,如果债权人放弃其中一个债务人提供的物的担保的,那么其他担保人在其放弃权利的范围内就可以减轻或者免除担保责任。(　　)
4. 主合同无效而导致担保合同无效的,如果担保人无过错,就不承担民事责任。(　　)
5. 当事人在保证合同中约定,债务人不能履行债务时,由保证人承担保证责任的,为连带责任保证。(　　)
6. 当事人对保证担保的范围没有约定或者约定不明确的,保证人应当对全部债务承担责任。(　　)
7. 甲为乙订做了一套高档家具,事前,双方约定甲不得行使留置权。但家具完工后,乙无力支付加工费,甲欲将家具卖掉以抵乙的债务,乙诉至法院。人民法院应当支持甲的主张。(　　)
8. 当事人提供的定金比例超过《担保法》规定的最高比例限额的,定金担保合同无效。(　　)
9. 质权因质物灭失而消灭,因灭失所得的赔偿金,应当作为出质财产。(　　)

10. 抵押期间，抵押人转让已办理登记的抵押物，如果未通知抵押权人，则转让行为无效。（　　）

四、案例分析题

李某因业务需要，急需资金6万元。李某向甲借款3万元，以自己的一台价值3万元的笔记本电脑作抵押，双方立有抵押字据，但未办理登记。李某又向乙借款3万元，又以该电脑质押，双方立有质押字据，并由乙占有此电脑。因发生不可抗力事件，李某业务受到重大损失，无力偿还借款而与甲、乙发生纠纷。后又发现，乙在占有电脑期间，不慎将其损坏，送予丙修理。乙因欠丙修理费，现电脑已被丙留置。依据此案例，回答下列问题：

(1) 李某与甲之间的抵押关系是否有效？为什么？

(2) 李某与乙之间的质押关系是否有效？为什么？

(3) 对电脑甲要行使抵押权，乙要行使质押权，丙要行使留置权，应由谁优先行使其权利？为什么？

第八章 银行支付结算法律制度

【学习目的】
　　掌握汇票、本票、支票等票据结算方式的具体规定；掌握银行结算账户的开立、使用等的具体规定；熟悉办理支付结算的基本要求和支付结算的基本原则；了解非票据结算方式的具体规定。

【案例导入】
支付结算的基本原则

　　2008年5月10日，甲公司的经办人李梅持转账支票到其开户银行某工商银行办事处办理转账手续，要求将其账面上的存款转5万元到本市与该公司有业务往来的某信用社。当日下午李梅持工商银行办事处加盖有转讫章的进账单（回单）到信用社要求提取现金5万元，信用社柜台工作人员因该公司是信用社老客户，即为其办理了提现手续。11日上午，信用社发现甲公司转存至本信用社的5万元尚未到账。
　　问：该信用社对此业务的处理违反了支付结算的哪项基本原则？
　　【案例解析】信用社对此业务的处理违反了支付结算的"银行不垫款"原则。信用社认为签发人持有开户行的进账单，就表示对方银行已从客户账上转账，并认为这笔款项迟早会到本社账上的，在款项并未收妥的情况下，就将5万元支付给收款人，以信任代替制度，这种做法违反了"银行不垫款"原则，很可能造成信用社资金损失。

第八章 银行支付结算法律制度

第一节 支付结算概述

一、支付结算与支付结算法

(一) 结算与支付结算

结算是指交易双方因商品交易、劳务活动、资金调拨等形成的债权债务行为。

按照使用的货币形式不同,结算分为现金结算和非现金结算。现金结算是指使用现金货币方式进行的清偿行为。非现金结算又称支付结算、转账结算或银行结算,是指使用非现金货币方式进行的清偿行为。

支付结算按照所使用的支付工具不同,分为票据结算方式和非票据结算方式。以汇票、支票、本票作为支付工具所进行的结算是票据结算;以票据以外的结算凭证进行的结算是非票据结算,具体包括汇兑、委托收款、托收承付、国内信用证、信用卡等方式。

银行、城市信用社、农村信用合作社(以下简称银行)以及单位(含个体工商户)和个人是办理支付结算的主体。其中,银行是支付结算和资金清算的中介机构。未经中国人民银行批准的非银行金融机构和其他单位不得作为中介机构经营支付结算业务。但法律、行政法规另有规定的除外。

银行在支付结算活动中,必须履行审查义务。银行只要以善意且符合规定的正常操作程序审查,对伪造、变造的票据和结算凭证上的签章以及需要交验的个人有效身份证件,未发现异常而支付金额的,对出票人或付款人不再承担受委托付款的责任,对持票人或收款人不再承担付款的责任。

(二) 支付结算的基本原则

1. 恪守信用、履约付款原则

结算当事人必须依照双方约定的民事法律关系内容依法承担义务和行使权利,严格遵守信用,履行付款义务,特别是应当按照约定的付款金额和付款日期进行支付。

2. 谁的钱进谁的账、由谁支配原则

银行在办理结算时,必须按照存款人的委托,将款项支付给其指定的收款人;对存款人的资金,除国家法律另有规定外,必须由其自由支配,银行不代扣款项,以维护存款人对存款资金的所有权或经营权,保证其对资金的自主支配权。

3. 银行不垫款原则

银行在办理结算时,只提供结算服务,起中介作用,负责将结算款项从付款单位账户划转到收款单位账户,不给任何单位垫付款项,以划清银行资金与开户单位的资金界限,保护银行资金的所有权或经营权,促使开户单位直接对自己的债权债务负责,而不

 金融法规

能将自己的债务全部或部分转嫁给银行。付款单位在办理结算过程中只能用自己的存款余额支付其他单位款项，收款单位只能在款项已经在银行办妥了收款手续，进入本单位账户后才能支配使用。

(三) 支付结算法

支付结算法是调整支付结算过程中结算双方与银行之间权利义务关系的法律规范的总称。

为了规范支付结算工作，我国制定了一系列支付结算方面的法律、法规和制度。1995年5月10日八届全国人大常委会第十三次会议通过的《中华人民共和国票据法》(1996年1月1日起施行)；1997年6月23日中国人民银行发布的《国内信用证结算办法》(1997年8月1日起施行)；1997年8月21日经国务院批准由中国人民银行发布的《票据管理实施办法》(1997年10月1日起施行)；1997年9月19日中国人民银行发布的《支付结算办法》(1997年12月1日起施行)；1999年1月5日中国人民银行发布的《银行卡业务管理办法》(1999年3月1日起施行)；《电子支付指引（第一号）》(2005年10月26日起由中国人民银行公布实施)；等等。

二、办理支付结算的基本要求

(一) 单位、个人和银行办理支付结算必须使用按中国人民银行统一规定印制的票据和结算凭证

票据和结算凭证是办理支付结算的工具。未使用按中国人民银行统一规定印制的票据，票据无效；未使用中国人民银行统一规定格式的结算凭证，银行不予受理。

(二) 单位、个人和银行应当按照《人民币银行结算账户管理办法》的规定开立、使用账户

在银行开立存款账户的单位和个人办理支付结算，账户内需有足够的资金保证支付，法律、行政法规另有规定的除外。没有开立存款账户的个人向银行交付款项后，也可以通过银行办理支付结算。

(三) 票据和结算凭证上的签章和其他记载事项应当真实，不得伪造、变造

所谓"伪造"，是指无权限人假冒他人或虚构人名义签章的行为。所谓"变造"，是指无权更改票据内容的人对票据上签章以外的记载事项加以改变的行为。伪造、变造票据属于欺诈行为，应追究其刑事责任。票据上有伪造、变造的签章的，不影响票据上其他当事人真实签章的效力。

票据和结算凭证上的签章，为签名、盖章或者签名加盖章。单位、银行在票据上的签章和单位在结算凭证上的签章，为该单位、银行的盖章加其法定代表人或其授权的代理人的签名或盖章。个人在票据和结算凭证上的签章，为个人本名的签名或盖章。

票据和结算凭证的金额、出票或签发日期、收款人名称不得更改，更改的票据无效；更改的结算凭证，银行不予受理。对票据和结算凭证上的其他记载事项，原记载人可以更改，更改时应当由原记载人在更改处签章证明。

210

第八章 银行支付结算法律制度

（四）填写票据和结算凭证应当规范，做到要素齐全，数字正确，字迹清晰，不错不漏，不潦草，防止涂改

票据和结算凭证金额以中文大写和阿拉伯数码同时记载，二者必须一致，二者不一致的票据无效；二者不一致的结算凭证，银行不予受理。

少数民族地区和外国驻华使领馆根据实际需要，金额大写可以使用少数民族文字或者外国文字记载。

三、填写票据和结算凭证的基本要求

（一）金额的书写要求

1. 中文大写金额数字的书写要求

（1）中文大写金额数字应用正楷或行书填写，不得自造简化字。如壹（壹）、贰（贰）、叁（叁）、肆（肆）、伍（伍）、陆（陆）、柒（柒）、捌（捌）、玖（玖）、拾（拾）、佰（佰）、仟（仟）、万（万）、亿（亿）、圆（元）、角（角）、分（分）、零（零）、整（正）等字样。不得用一、二（两）、三、四、五、六、七、八、九、十、廿、毛、另（或0）填写。金额数字使用繁体字书写的，也应受理。

（2）中文大写金额数字到"元"为止的，在"元"之后，应写"整"或"正"字；大写金额数字到"角"为止的，在"角"之后可以不写"整"或"正"字；大写金额数字有"分"的，"分"后面不写"整"或"正"字。

（3）中文大写金额数字前应标明"人民币"字样，大写金额数字应紧接"人民币"字样填写，不得留有空白。大写金额数字前未印"人民币"字样的，应加填"人民币"三个字。在票据和结算凭证大写金额栏内不得预印固定的"万、仟、佰、拾、元、角、分"字样。

2. 阿拉伯小写金额数字的书写要求

（1）阿拉伯小写金额数字中有"0"时，中文大写应按照汉语语言规律、金额数字构成和防止涂改的要求书写。举例如下：

1）阿拉伯金额数字中间有"0"时，中文大写金额要写"零"字。如￥1508.50，应写成人民币壹仟伍佰零捌元伍角。

2）阿拉伯金额数字中间连续有几个"0"时，中文大写金额中间可以只写一个"零"字。如￥3009.24，应写成人民币叁仟零玖元贰角肆分。

3）阿拉伯金额数字万位或元位是"0"，或者数字中间连续有几个"0"，万位、元位也是"0"，但千位、角位不是"0"时，中文大写金额中可以只写一个"零"字，也可以不写"零"字，如￥1980.42，应写成人民币壹仟玖佰捌拾元零肆角贰分，或者写成人民币壹仟玖佰捌拾元肆角贰分。

4）阿拉伯金额数字角位是"0"，而分位不是"0"时，中文大写金额"元"后面应写"零"字。如￥225.04，应写成人民币贰佰贰拾伍元零肆分。

（2）阿拉伯小写金额数字前面，均应填写人民币符号"￥"。阿拉伯小写金额数字

要认真填写,不得连写,以免分辨不清。

(二)票据出票日期的书写要求

1. 票据的出票日期必须使用中文大写

为防止变造票据的出票日期,在填写月、日时,月为壹、贰和壹拾的,日为壹至玖和壹拾、贰拾和叁拾的,应在其前加"零";日为拾壹至拾玖的,应在其前面加"壹"。如2月12日,应写成零贰月壹拾贰日;10月20日,应写成零壹拾月零贰拾日;1月15日,应写成零壹月壹拾伍日。

2. 票据出票日期使用小写填写的,银行不予受理

大写日期未按要求规范填写的,银行可予受理,但由此造成损失的,由出票人自行承担。

【案例8-1】2005年2月,东方市公安局接到甲公司报案,称甲公司查账时发现,2004年7月付给乙公司的一张40500元的转账支票,却被提走了940500元。接报后,公安机关分析乙公司王某有重大作案嫌疑。经查,2004年7月,乙公司王某为受害单位进行设备防腐处理,工程结束后收到转账支票一张。王某见支票上只有小写金额,遂将小写金额前加了个"9",自己再填上大写金额,从而顺利地将款项划到自己账下。试分析乙公司王某能够得逞的原因。

【案例解析】根据《支付结算办法》的规定,票据和结算凭证金额以中文大写和阿拉伯数码同时记载,且两者必须一致。本例中,乙公司王某得逞的主要原因是甲公司未严格按照关于填写票据和结算凭证的基本规定同时填写中文大写金额和阿拉伯数字小写金额,以及阿拉伯小写金额数字前面未填写人民币符号,从而给乙公司王某的违法行为留下了可乘之机。因此,单位或个人必须按照《支付结算办法》的规定填写票据和结算凭证。

第二节 银行结算账户

一、银行结算账户的概念和分类

(一)银行结算账户的概念

银行结算账户是指存款人在经办银行开立的办理资金收付结算的人民币活期存款账户。

1. 银行结算账户是存款人与银行之间产生的一种法律关系

银行结算账户法律关系的主体是存款人与银行,其中,"银行"是指在中国境内经中国人民银行批准经营支付结算业务的政策性银行、商业银行(含外资独资银行、中

第八章 银行支付结算法律制度

外合资银行、外国银行分行)、城市商业银行、城市信用社、农村信用合作社;"存款人"是指在中国境内开立银行结算账户的机关、团体、部队、企业、事业单位、其他组织、个体工商户和自然人。存款人与银行之间既有平等的经济协调法律关系,也有不平等的经济管理法律关系。比如存款人是银行的"客户",双方法律关系的发生必须有平等的协商和意思表示一致;另外,银行对存款人的账户行使管理权,可以对违反账户管理的存款人进行处罚,双方存在着不平等的管理与被管理关系。

2. 银行结算账户的性质是活期存款账户

活期存款是指存款人可以随时存取的存款,定期存款是指银行与存款人对存款的期限和提取方式事先约定的存款。活期存款账户具有结算功能,单位定期存款账户不具有结算功能。该类账户的开立和使用应遵守《人民币单位存款管理办法》的规定。

3. 开立银行结算账户的目的是办理资金收付结算

存款人开立银行结算账户与储蓄账户具有不同的目的。开立银行结算账户的目的是为了在日常经济活动中随时办理资金的收付结算,而开立储蓄账户的目的是存取本金和支取利息,储蓄账户不具有办理资金收付结算的功能,其开立和使用应遵守《储蓄管理条例》的规定。

4. 银行结算账户是人民币活期存款账户

银行结算账户与外币存款账户有所不同。银行结算账户主要是办理人民币的资金收付结算,其开立使用应遵守《支付结算办法》及其他相关法律、法规,而外币存款账户办理的是外币业务,其开立和使用应遵守国家外汇管理局的有关规定。

(二)银行结算账户的种类

1. 从存款人的角度划分

根据存款人的不同,银行结算账户分为个人银行结算账户和单位银行结算账户。个人银行结算账户是指存款人凭个人身份证件以自然人名称开立的银行结算账户。个人因使用借记卡、信用卡在银行或邮政储蓄机构开立的银行结算账户纳入个人银行结算账户管理。单位银行结算账户是指存款人以单位名称开立的银行结算账户。个体工商户凭营业执照以字号或经营者姓名开立的银行结算账户纳入单位银行结算账户管理。

2. 从银行结算账户的用途划分

单位银行结算账户按用途的不同,分为基本存款账户、一般存款账户、专用存款账户、临时存款账户。根据《人民币银行结算账户管理办法》的规定,存款人开立基本存款账户、临时存款账户和预算单位开立专用存款账户实行核准制,经中国人民银行核准后由银行核发开户登记证。存款人因注册验资需要开立的临时存款账户除外。

3. 从银行结算账户的开户地划分

银行结算账户根据开户地的不同,分为本地银行结算账户和异地银行结算账户。本地银行结算账户是指存款人在注册地或住所地开立的银行结算账户。注册地是指存款人的营业执照等开户证明文件上记载的住所地。异地银行结算账户是指存款人在异地(跨省、市、县)开立的银行结算账户。

(三) 银行结算账户管理的基本原则

1. 一个基本账户原则

存款人可根据银行结算账户的用途以及不同的资金来源，开立不同的银行账户，如基本存款账户、一般存款账户、临时存款账户和专用存款账户。但是，只能开立一个基本存款账户，不能多头开立基本存款银行账户。

2. 开户自主原则

除国家法律、行政法规和国务院另有规定外，任何单位和个人不得强令存款人到指定银行开立银行结算账户。

3. 为存款人保密原则

银行必须依法为存款人的银行结算账户信息保密。银行结算账户信息包括开立的主体、账号、密码、金额及资金往来情况等。银行应依法为存款人保密，维护存款人资金自主支配权，除国家法律、行政法规另有规定外，不代任何单位或个人冻结、扣划存款人账户内存款和查询有关资料。

4. 正当使用账户原则

银行结算账户的开立和使用应当遵守法律、行政法规，不得利用银行结算账户进行偷逃税款、逃废债务、套取现金及其他违法犯罪活动。

二、银行结算账户的开立、变更和撤销

(一) 银行结算账户的开立

1. 开立地点

存款人应在注册地或住所地开立银行结算账户。符合异地（跨省、市、县）开户条件的，也可以在异地开立银行结算账户。

2. 填制开户申请书

存款人开立银行结算账户时，应填制开户申请书。

单位申请开立单位银行结算账户时，应由法定代表人或单位负责人直接办理，如因特殊原因法定代表人或单位负责人不能亲自办理的，必须授权他人办理。由法定代表人或单位负责人直接办理的，应出具法定代表人或单位负责人本人的身份证件；授权他人办理的，除出具被授权人本人的身份证件外，还应出具其法定代表人或单位负责人的授权书及身份证件。

个人申请开立个人银行结算账户时，提倡由存款人本人亲自办理。申请开立使用支票、信用卡等信用支付工具的个人银行结算账户时，因存款人要办理预留签名或名章等开户手续，必须由存款人本人亲自办理。

单位开立银行结算账户的名称应与其提供的申请开户的证明文件的名称全称一致。有字号的个体工商户开立银行结算账户的名称，应与其营业执照的字号相一致；无字号的个体工商户开立银行结算账户的名称，由"个体户"字样和营业执照记载的经营者姓名组成。自然人开立银行结算账户的名称，应与其提供的有效身份证件中的名称一致。

第八章 银行支付结算法律制度

3. 开户银行依法审查

银行应对存款人的开户申请书填写的事项和证明文件的真实性、完整性、合规性进行认真审查。开户申请书填写的事项齐全,符合开立基本存款账户、临时存款账户和预算单位专用存款账户条件的,银行应将存款人的开户申请书、相关的证明文件和银行审核意见等开户资料报送中国人民银行当地分(支)行。

4. 中国人民银行当地分(支)行依法核准

中国人民银行应于2个工作日内对银行报送的基本存款账户、临时存款账户和预算单位专用存款账户的开户资料的合规性予以审核,符合开户条件的,予以核准;不符合开户条件的,应在开户申请书上签署意见,连同有关证明文件一并退回报送分(支)行。

5. 开立账户

中国人民银行当地分(支)行依法核准后办理开户手续;符合开立一般存款账户、其他专用存款账户和个人银行结算账户条件的,银行应办理开户手续,并于开户之日起5个工作日内向中国人民银行当地分(支)行备案。银行为存款人开立一般存款账户、其他专用存款账户,应自开户之日起3个工作日内书面通知基本存款账户开户银行。

6. 签订协议

开立银行结算账户时,银行应与存款人签订银行结算账户管理协议,明确双方的权利与义务。银行应建立存款人预留签章卡片,并将签章式样和有关证明文件的原件或复印件留存归档。

存款人开立单位银行结算账户,自正式开立之日起3个工作日后,方可使用该账户办理付款业务,但开立一般存款账户和由注册验资临时存款账户转为基本存款账户的除外。

(二)银行结算账户的变更

银行结算账户的变更是指存款人的账户信息资料发生的变化或改变。根据账户管理的要求,存款人下列账户资料变更后,应及时向开户银行办理变更手续:①存款人的账户名称;②单位的法定代表人或主要负责人;③地址、邮编、电话等其他开户资料。

银行结算账户发生变更的,应当办理相关的变更手续。根据《人民币银行结算账户管理办法》的有关规定,银行结算账户的存款人名称发生变更,但不改变开户银行及账号的,应于5个工作日内向开户银行提出银行结算账户的变更申请,并出具有关部门的证明文件。单位的法定代表人或主要负责人、住址以及其他开户资料发生变更时,应于5个工作日内书面通知开户银行并提供有关证明。

银行接到存款人的变更通知后,应及时办理变更手续,并于2个工作日内向中国人民银行报告。

(三)银行结算账户的撤销

银行结算账户的撤销是指存款人因开户资格或其他原因终止银行结算账户使用的行为。

1. 银行结算账户的撤销事由

根据《人民币银行结算账户管理办法》的规定,发生下列事由之一的,存款人应

向开户银行提出撤销银行结算账户的申请：

（1）被撤并、解散、宣告破产或关闭的；
（2）注销、被吊销营业执照的；
（3）因迁址需要变更开户银行的；
（4）其他原因需要撤销银行结算账户的。

2. 银行结算账户的撤销程序

存款人发生被撤并、解散、宣告破产或关闭，或被注销、被吊销营业执照等主体资格终止的，应于5个工作日内向开户银行提出撤销银行结算账户的申请。

银行得知存款人主体资格终止情况的，存款人超过规定期限未主动办理撤销银行结算账户手续的，银行有权停止其银行结算账户的对外支付。

3. 办理银行结算账户撤销手续的注意事项

在办理银行结算账户撤销手续的过程中，应当注意以下事项：

（1）未获得工商行政管理部门核准登记的单位，在验资期满后，应向银行申请撤销注册验资临时存款账户，其账户资金应退还给原汇款人账户。注册验资资金以现金方式存入，出资人提取现金的，应出具缴存现金时的现金缴款原件及其有效身份证件。

（2）存款人尚未清偿其开户银行债务的，不得申请撤销该账户。

（3）存款人撤销银行结算账户，必须与开户银行核对银行结算账户存款余额，交回各种重要空白票据及结算凭证和开户登记证，银行核对无误后方可办理销户手续。存款人未按规定交回各种重要空白票据及结算凭证的，应出具有关证明，造成损失的，由其自行承担。

（4）银行撤销单位银行结算账户时应在其基本存款账户开户登记证上注明销户日期并签章，同时于撤销银行结算账户之日起2个工作日内，向中国人民银行报告。

（5）银行对一年未发生收付活动且未欠开户银行债务的单位银行结算账户，应通知单位自发出通知之日起30日内办理销户手续，逾期视同自愿销户，未划转款项列入久悬未取专户管理。

三、基本存款账户

基本存款账户是指存款人因办理日常转账结算和现金收付而开立的银行结算账户，是存款人的主要存款账户。单位银行结算账户的存款人只能在银行开立一个基本存款账户。其他银行结算账户的开立必须以基本存款账户的开立为前提，必须凭基本存款账户开户登记证办理开户手续，并在基本存款账户开户登记证上进行相应登记。

（一）基本存款账户的概念和使用范围

基本存款账户是存款人的主要账户，该账户主要办理存款人日常经营活动的资金收付及其工资、奖金和现金的支取。

（二）开立基本存款账户的存款人资格

根据《人民币银行结算账户管理办法》的规定，下列存款人，可以申请开立基本存款账户：

(1) 企业法人；

(2) 非法人企业；

(3) 机关、事业单位；

(4) 团级（含）以上军队、武警部队及分散值勤的支（分）队；

(5) 社会团体；

(6) 民办非企业组织；

(7) 异地常设机构；

(8) 外国驻华机构；

(9) 个体工商户；

(10) 居民委员会、村民委员会、社区委员会；

(11) 单位设立的独立核算的附属机构；

(12) 其他组织。

可见，凡是具有民事权利能力和民事行为能力，并依法独立享有民事权利和承担民事义务的法人和其他组织，均可以开立基本存款账户。同时，有些单位虽然不是法人组织，但具有独立核算资格，有自主办理资金结算的需要，包括非法人企业（如具有营业执照的企业集团下属的分公司）、外国驻华机构、个体工商户、单位设立的独立核算的附属机构（单位附属独立核算的食堂、招待所、幼儿园）等，也可以开立基本存款账户。

（三）开立基本存款账户所需的证明文件

根据《人民币银行结算账户管理办法》的规定，存款人申请开立基本存款账户，应向银行出具下列证明文件：

(1) 企业法人，应出具企业法人营业执照正本。

(2) 非法人企业，应出具企业营业执照正本。

(3) 机关和实行预算管理的事业单位，应出具政府人事部门或编制委员会的批文或登记证书和财政部门同意其开户的证明；非预算管理的事业单位，应出具政府人事部门或编制委员会的批文或登记证书。

(4) 军队、武警团级（含）以上单位以及分散值勤的支（分）队，应出具军队军级以上单位财务部门、武警总队财务部门的开户证明。

(5) 社会团体，应出具社会团体登记证书；宗教组织还应出具宗教事务管理部门的批文或证明。

(6) 民办非企业组织，应出具民办非企业登记证书。

(7) 外地常设机构，应出具其驻在地政府主管部门的批文。

(8) 外国驻华机构，应出具国家有关主管部门的批文或证明；外资企业驻华代表处、办事处应出具国家登记机关颁发的登记证。

(9) 个体工商户，应出具个体工商户营业执照正本。

(10) 居民委员会、村民委员会、社区委员会，应出具其主管部门的批文或证明。

(11) 独立核算的附属机构，应出具其主管部门的基本存款账户开户登记证和批文。

(12) 其他组织，应出具政府主管部门的批文或证明。

如果上述存款人为从事生产、经营活动纳税人的，还应出具税务部门颁发的税务登记证。

【案例8-2】某银行的关系大户甲企业电话通知该行行长，因业务需要，要求开立基本存款账户，该行长告诉会计主管按甲企业的要求为其开立账户。银行会计主管到前台经办员处，在企业没有出示任何开户手续的情况下，为该企业开立了基本存款账户，并电话通知企业可以当日购买支票办理付款业务。此做法是否正确，为什么？

【案例解析】银行的做法不正确。①开立单位存款账户，应该由单位法定代表人或单位负责人直接办理，如因特殊原因法定代表人或单位负责人不能亲自办理的，必须授权他人办理。授权他人办理的，除出具被授权人本人的身份证件外，还应出具法定代表人或单位负责人的授权书及身份证件。本案例中，企业的有关人员，没有持企业法定代表人的授权书及身份证件即要求银行办理，不符合规定。②开立基本存款账户，必须提供有关的证明资料，而本案例中，没有提供任何资料，不符合规定。③存款人开立单位银行结算账户，自正式开立之日起3个工作日后，方可使用该账户办理付款业务。而本案例中，开立之日即办理支票付款业务，不符合规定。

四、一般存款账户

一般存款账户是存款人因借款或其他结算需要，在基本存款账户开户银行以外的银行营业机构开立的银行结算账户。

（一）一般存款账户的使用范围

一般存款账户用于办理存款人借款转存、借款归还和其他结算的资金收付。该账户可以办理现金缴存，但不得办理现金支取。

（二）开立一般存款账户的存款人资格

开立基本存款账户的存款人都可以开立一般存款账户。根据规定，只要存款人具有借款或其他结算需要，都可以申请开立一般存款账户，且没有数量限制。

（三）开立一般存款账户所需的证明文件

根据《人民币银行结算账户管理办法》的规定，存款人申请开立一般存款账户，应向银行出具下列证明文件：

(1) 开立基本存款账户规定的证明文件；

(2) 基本存款账户开户登记证；

(3) 存款人因向银行借款需要，应出具借款合同；

(4) 存款人因其他结算需要，应出具有关证明。

第八章 银行支付结算法律制度

【案例8-3】蓝天贸易公司会计员将归还甲公司的一笔借款以现金方式存入该公司的一般存款账户，并计划过几天将该账户中的另一笔款项提取现金。请问：这两笔业务会存在什么问题？

【案例解析】第一笔业务银行会为其办理，但第二笔业务银行不会为其办理。根据《人民币银行结算账户管理办法》的规定，一般存款账户可以办理现金缴存，但不得办理现金支取。

五、专用存款账户

专用存款账户是存款人按照法律、行政法规和规章，对有特定用途资金进行专项管理和使用而开立的银行结算账户。

（一）专用存款账户的使用范围

专用存款账户用于办理各项专用资金的收付。针对不同的专用资金，《人民币银行结算账户管理办法》规定了不同的使用范围：

（1）单位银行卡账户的资金必须由其基本存款账户转账存入。该账户不得办理现金收付业务。

（2）财政预算外资金、证券交易结算资金、期货交易保证金和信托基金专用存款账户，不得支取现金。

（3）基本建设资金、更新改造资金、政策性房地产开发资金、金融机构存放同业资金账户需要支取现金的，应在开户时报中国人民银行当地分（支）行批准。中国人民银行当地分（支）行应根据国家现金管理的规定审查批准。

（4）粮、棉、油收购资金，社会保障基金，住房基金和党、团、工会经费等专用存款账户支取现金应按照国家现金管理的规定办理。银行应按照国家对粮、棉、油收购资金使用管理的规定加强监督，不得办理不符合规定的资金收付和现金支取。

（5）收入汇缴资金和业务支出资金，是指基本存款账户存款人附属的非独立核算单位或派出机构发生的收入和支出的资金。收入汇缴账户除向其基本存款账户或预算外资金财政专用存款户划缴款项外，只收不付，不得支取现金。业务支出账户除从其基本存款账户拨入款项外，只付不收，其现金支取必须按照国家现金管理的规定办理。

（二）开立专用存款账户的条件

专用存款账户是针对特定事项开立的存款账户。根据《人民币银行结算账户管理办法》的规定，对下列资金的管理与使用，存款人可以申请开立专用存款账户：

（1）基本建设资金；

（2）更新改造资金；

（3）财政预算外资金；

（4）粮、棉、油收购资金；

（5）证券交易结算资金；

金融法规

(6) 期货交易保证金；
(7) 信托基金；
(8) 金融机构存放同业资金；
(9) 政策性房地产开发资金；
(10) 单位银行卡备用金；
(11) 住房基金；
(12) 社会保障基金；
(13) 收入汇缴资金和业务支出资金；
(14) 党、团、工会设在单位的组织机构经费；
(15) 其他需要专项管理和使用的资金。

因收入汇缴资金和业务支出资金开立的专用存款账户，应使用隶属单位的名称。

(三) 开立专用存款账户所需的证明文件

根据《人民币银行结算账户管理办法》的规定，存款人申请开立专用存款账户，应向银行出具其开立基本存款账户规定的证明文件、基本存款账户开户登记证和下列证明文件：

(1) 基本建设资金、更新改造资金、政策性房地产开发资金、住房基金、社会保障基金，应出具主管部门批文。
(2) 财政预算外资金，应出具财政部门的证明。
(3) 粮、棉、油收购资金，应出具主管部门批文。
(4) 单位银行卡备用金，应按照中国人民银行批准的银行卡章程的规定出具有关证明和资料。
(5) 证券交易结算资金，应出具证券公司或证券管理部门的证明。
(6) 期货交易保证金，应出具期货公司或期货管理部门的证明。
(7) 金融机构存放同业资金，应出具其证明。
(8) 收入汇缴资金和业务支出资金，应出具基本存款账户存款人有关的证明。
(9) 党、团、工会设在单位的组织机构经费，应出具该单位或有关部门的批文或证明。
(10) 其他按规定需要专项管理和使用的资金，应出具有关法规、规章或政府部门的有关文件。

六、临时存款账户

临时存款账户是指存款人因临时需要并在规定期限内使用而开立的银行结算账户。

(一) 临时存款账户的使用范围

临时存款账户用于办理临时机构以及存款人临时经营活动发生的资金收付。临时存款账户适用范围主要包括：设立临时机构，如工程指挥部、筹备领导小组、摄制组等；异地临时经营活动，如建筑施工及安装单位等；注册验资。临时存款账户应根据有关开

户证明文件确定的期限或存款人的需要确定其有效期限，最长不得超过2年。临时存款账户支取现金，应按照国家现金管理的规定办理。注册验资的临时存款账户在验资期间只收不付，注册验资资金的汇缴人应与出资人的名称一致。

（二）临时存款账户开立的条件

根据《人民币银行结算账户管理办法》的规定，存款人有下列情况的，可以申请开立临时存款账户：

（1）设立临时机构；

（2）异地临时经营活动；

（3）注册验资。

（三）开立临时存款账户所需的证明文件

根据《人民币银行结算账户管理办法》的规定，存款人申请开立临时存款账户，应向银行出具下列证明文件：

（1）临时机构，应出具其驻在地主管部门同意设立临时机构的批文。

（2）异地建筑施工及安装单位，应出具其营业执照正本或其隶属单位的营业执照正本，以及施工及安装地建设主管部门核发的许可证或建筑施工及安装合同。

（3）异地从事临时经营活动的单位，应出具其营业执照正本以及临时经营地工商行政管理部门的批文。

（4）注册验资资金，应出具工商行政管理部门核发的企业名称预先核准通知书或有关部门的批文。

上述第（2）、（3）项，存款人还应出具其基本存款账户开户登记证。

七、个人银行结算账户

（一）个人银行结算账户的概念

个人银行结算账户是指存款人因投资、消费、结算等需要而凭个人身份证件以自然人名称开立的银行结算账户。自然人可根据需要申请开立个人银行结算账户，也可以在已开立的储蓄账户中选择并向开户银行申请确认为个人银行结算账户。

（二）个人银行结算账户的使用范围

个人银行结算账户用于办理个人转账收付和现金支取，储蓄账户仅限于办理现金存取业务，不得办理转账结算。

根据《人民币银行结算账户管理办法》的规定，下列款项可以转入个人银行结算账户：

（1）工资、奖金收入；

（2）稿费、演出费等劳务收入；

（3）债券、期货、信托等投资的本金和收益；

（4）个人债权或产权转让收益；

（5）个人贷款转存；

（6）证券交易结算资金和期货交易保证金；
（7）继承、赠与款项；
（8）保险理赔、保费退还等款项；
（9）纳税退还；
（10）农、副、矿产品销售收入；
（11）其他合法款项。

（三）开立个人银行结算账户所需的证明文件
（1）中国居民，应出具居民身份证或临时身份证。
（2）中国人民解放军军人，应出具军人身份证件。
（3）中国人民武装警察，应出具武警身份证件。
（4）香港、澳门居民，应出具港澳居民往来内地通行证；台湾居民，应出具台湾居民来往内地通行证或者其他有效旅行证件。
（5）外国公民，应出具护照。
（6）法律、法规和国家有关文件规定的其他有效证件。

银行为个人开立银行结算账户时，根据需要还可要求申请人出具户口簿、驾驶执照、护照等有效证件。

（四）个人银行结算账户使用过程中的注意事项
（1）单位从其银行结算账户支付给个人银行结算账户的款项，每笔超过5万元的，应向其开户银行提供下列付款依据：
1）代发工资协议和收款人清单；
2）奖励证明；
3）新闻出版、演出主办等单位与收款人签订的劳务合同或支付给个人款项的证明；
4）证券公司、期货公司、信托投资公司、奖券发行或承销部门支付或退还给自然人款项的证明；
5）债权或产权转让协议；
6）借款合同；
7）保险公司的证明；
8）税收征管部门的证明；
9）农、副、矿产品购销合同；
10）其他合法款项的证明。

（2）从单位银行结算账户支付给个人银行结算账户的款项应纳税的，税收代扣单位付款时应向其开户银行提供完税证明。

（3）个人持出票人为单位的支票向开户银行委托收款，将款项转入其个人银行结算账户的，或者个人持申请人为单位的银行汇票和银行本票向开户银行提示付款，将款项转入其个人银行结算账户的，个人应当提供上述第1）至第10）项中规定的有关收款依据。

(4) 单位银行结算账户支付给个人银行结算账户款项的，银行应按有关规定，认真审查付款依据或收款依据的原件，并留存复印件，按会计档案保管。未提供相关依据或相关依据不符合规定的，银行应拒绝办理。

八、异地银行结算账户

(一) 异地银行结算账户的使用范围

异地银行结算账户是指存款人符合法定条件，根据需要在异地开立相应的银行结算账户。根据《人民币银行结算账户管理办法》的规定，存款人有下列情形之一的，可以在异地开立有关银行结算账户：

(1) 营业执照注册地与经营地不在同一行政区域（跨省、市、县）需要开立基本存款账户的。

(2) 办理异地借款和其他结算需要开立一般存款账户的。

(3) 存款人因附属的非独立核算单位或派出机构发生的收入汇缴或业务支出需要开立专用存款账户的。

(4) 异地临时经营活动需要开立临时存款账户的。

(5) 自然人根据需要在异地开立个人银行结算账户的。

(二) 异地银行结算账户的证明文件

存款人需要在异地开立单位银行结算账户，根据开立存款账户的种类不同，除出具开立基本存款账户、一般存款账户、专用存款账户和临时存款账户规定的有关证明文件外，还应出具下列相应的证明文件：

(1) 经营地与注册地不在同一行政区域的存款人，在异地开立基本存款账户的，应出具注册地中国人民银行分（支）行的未开立基本存款账户的证明。

(2) 异地借款的存款人在异地开立一般存款账户的，应出具在异地取得贷款的借款合同。

(3) 因经营需要在异地办理收入汇缴和业务支出的存款人，在异地开立专用存款账户的，应出具隶属单位的证明。

其中，属于第（2）、第（3）种情况的，还应出具其基本存款账户开户登记证。

九、银行结算账户的管理

(一) 中国人民银行对账户的监管

中国人民银行是银行结算账户的监督管理部门，负责对银行结算账户的开立、使用、变更和撤销进行检查监督。

(1) 监督、检查银行结算账户的开立、使用、变更和撤销，实施监控和管理。中国人民银行当地分（支）行通过账户管理系统与支付系统、同城票据交换系统等系统的连接，实现相关银行结算账信息的比对，依法监测和查处未经中国人民银行核准或未

向中国人民银行备案的银行结算账户。

(2) 管理基本存款账户、临时存款账户和预算单位专用存款账开户许可证。中国人民银行应建立健全开户许可证的印制、保管、领用、颁发、收缴和销毁制度。任何单位及个人不得伪造、变造及私自印制开户可证。

(3) 处罚存款人、开户银行违反银行结算账户管理规定的行为。

(二) 开户银行对账户的监管

(1) 管理所属营业机构银行结算账户的开立和使用,监督和检查《账户管理办理》的执行情况,对违规开立和使用银行结算账户的行为进行纠正。

(2) 指派专人负责银行结算账户的开立、使用和撤销的审查管理,建立健全开、销户登记制度,建立银行结算账户管理档案,按会计档案进行管理。银行结算账户管理档案的保管期限为银行结算账户撤销后10年。

(3) 对已开立的单位银行结算账户实行年检制度,检查开立银行结算账户的合规性,核实开户资料的真实性;对不符合账户管理规定开立的单位银行结算账户,应予以撤销。对经核实的各类行结算账户的资料变动情况,应及时报告中国人民银行当地分(支)行。

(4) 监督存款人使用银行结算账户的情况,对存款人的可疑支付,应按照中国人民银行规定的程序及时报告。

(三) 存款人对账户的管理

(1) 存款人应加强对预留银行签章的管理。单位遗失预留公章或财务专用章的,应向开户银行出具书面申请、开户许可证、营业执照等相关证明文件;更换预留公章或财务专用章时,应向开户行出具书面申请、原预留签章的式样等相关证明文件;更换预留公章或财务专用章但无法提供原预留公章或财务专用章的,应向银行出具原印鉴卡片、开户许可证、营业执照正本、司法部门证明等相关证明文件;个人遗失或更换预留个人印章或更换签字人时,应向开户银行出具经签名确认的书面申请,以及原预留印鉴人的个人身份证件。银行应留存相应的复印件,并凭以办理预留银行签章的变更。

(2) 存款人应加强对开户许可证的管理。存款人的开户许可证遗失或毁损时,存款人应填写"补(换)发开户许可证申请书",加盖单位公章,比照有关开立银行结算账户的规定,通过开户银行向中国人民银行当地分(支)行提出补(换)发开户许可证的申请。换发开户许可证的,存款人应缴回原开户许可证。

(3) 存款人应妥善保管其密码。存款人在收到开户银行转交的原始密码之后,应到中国人民银行当地分(支)行或基本存款账户开户银行办理密码变更手续。存款人遗失密码的,应持其开户时需要出具的证明文件和基本存款账户开户许可证到中国人民银行当地分(支)行申请重置密码。

第三节　非票据结算方式

一、汇兑

（一）汇兑的概念和分类

汇兑是汇款人委托银行将其款项支付给收款人的结算方式。汇兑可分为信汇、电汇两种（电汇凭证和信汇凭证分别见图 8-1 和图 8-2）。信汇是以邮寄方式将汇款凭证转给外地收款人指定的汇入行，而电汇则是以电报方式将汇款凭证转发给收款人指定的汇入行。单位和个人的各种款项的结算，均可使用汇兑结算方式。

××银行　电汇凭证　（回　单）　1

□普通　□加急　委托日期　年　月　日

汇款	全　称		收款	全　称	
	账　号			账　号	
	汇出地点	省　市／县		汇入地点	省　市／县
汇出行名称			汇入行名称		
金额	人民币（大写）				亿 千 百 十 万 千 百 十 元 角 分
			支付密码		
		汇出行签章	附加信息及用途：　复核　记账		

此联汇出行给汇款人回单

8.5×17.5cm（白纸黑油墨）

图 8-1　电汇凭证

（二）办理汇兑的程序

1. 签发汇兑凭证

签发汇兑凭证必须记载下列事项：①表明“信汇”或“电汇”的字样；②无条件支付的委托；③确定的金额；④收款人名称；⑤汇款人名称；⑥汇入地点、汇入行名称；⑦汇出地点、汇出行名称；⑧委托日期；⑨汇款人签章。

汇兑凭证上欠缺上列记载事项之一的，银行不予受理。汇兑凭证记载的汇款人、收款人在银行开立存款账户的，必须记载其账号。汇款人和收款人均为个人，需要在汇入银行支取现金的，应在信汇凭证、电汇凭证的汇款金额大写栏，先填写“现金”字样，后填写汇款金额。

图 8-2 信汇凭证

2. 银行受理

汇出银行受理汇款人签发的汇兑凭证，经审查无误后，应及时向汇入银行办理汇款，并向汇款人签发汇款回单。汇款回单只能作为汇出银行受理汇款的依据，不能作为该笔汇款已转入收款人账户的证明。

3. 汇入处理

汇入银行对开立存款账户的收款人，应将汇给其的款项直接转入收款人账户，并向其发出收账通知。收账通知是银行将款项确已收入收款人账户的凭据。

支取现金的，信汇凭证、电汇凭证上必须有按规定填明的"现金"字样，才能办理。未填明现金字样，需要支取现金的，由汇入银行按照国家现金管理规定审查支付。转账支付的，应由原收款人向银行填制支款凭证，并由本人交验其身份证件办理支付款项。该账户的款项只能转入单位或个体工商户的存款账户，严禁转入储蓄账户和信用卡账户。

（三）汇兑的撤销和退汇

1. 汇兑的撤销

汇款人对汇出银行尚未汇出的款项可以申请撤销。申请撤销时，应出具正式函件或本人身份证件及原信、电汇回单。汇出银行查明确未款项汇出的，收回原信、电汇回单，方可办理撤销。

2. 申请退汇

汇款人对汇出银行已经汇出的款项可以申请退汇。对在汇入银行开立存款账户的收款人，由汇款人与收款人自行联系退汇；对未在汇入银行开立存款账户的收款人，汇款人应出具正式函件或本人身份证件以及原信、电汇回单，由汇出银行通知汇入银行，经汇入银行核实汇款确未支付，并将款项汇回汇出银行，方可办理退汇。

汇入银行对于收款人拒绝接受的汇款，应立即办理退汇。汇入银行对于向收款人发出取款通知，经过2个月无法交付的汇款，应主动办理退汇。

二、托收承付

（一）托收承付概述

托收承付是指根据购销合同由收款人发货后委托银行向异地付款人收取款项，由付款人向银行承认付款的结算方式。托收承付结算每笔的金额起点为 1 万元，新华书店系统每笔的金额起点为 1000 元（办理托收承付和后面要讲的办理委托收款的凭证相同，见图 8-3）。

托收凭证　（付款通知）　5

委托日期　年　月　日　　　　付款期限　年　月　日

业务类型	委托收款（□邮划　□电划）　托收承付（□邮划　□电划）				
付款人	全　称		收款人	全　称	
	账　号			账　号	
	地　址	省　市/县　开户行		地　址	省　市/县　开户行
金额	人民币（大写）				亿 千 百 十 万 千 百 十 元 角 分
款项内容		托收凭据名称		附寄单证张数	
商品发运情况			合同名称号码		
备注：付款人开户银行收到日期　年　月　日　复核　记账		付款人开户银行签章　年　月　日	付款人注意：1. 根据支付结算办法，上列委托收款（托收承付）款项在付款期限内未提出拒付，即视为同意付款，以此代付款通知。2. 如需全部或部分拒付，应在规定期限内，将拒付理由书并附债务证明退交开户银行。		

此联付款人开户银行给付款人按期付款通知

10×17.5cm（白纸绿油墨）

图 8-3　办理托收承付和委托收款的凭证

使用托收承付结算方式的收款单位和付款单位，必须是国有企业、供销合作社以及经营管理较好并经开户银行审查同意的城乡集体所有制工业企业。结算的款项必须是商品交易，以及因商品交易而产生的劳务供应的款项，代销、寄销、赊销商品的款项，不得办理托收承付结算。收付双方使用托收承付结算必须签有符合《合同法》的购销合同，并在合同上订明使用异地托收承付结算方式。收款人办理托收，必须有商品确已发运的证件（包括铁路、航运、公路等运输部门签发的运单、运单副本和邮局包裹回执等）。

（二）托收承付的流程

1. 签发托收承付结算凭证

签发托收承付结算凭证必须记载下列事项：表明“托收承付”字样；确定的金额；付款人名称和账号；付款人开户银行名称；收款人开户银行名称；托收附寄单证张数或册数；合同名称、号码；委托日期；收款人签章。凡托收承付凭证上欠缺上述事项之一的，银行不予受理。

2. 托收

托收是指销货单位（收款单位）委托开户银行收取结算款项的行为。在托收阶段，

销货单位根据经济合同发货，取得发运证件后，填制托收承付结算凭证。托收承付结算凭证一式数联，连同发票、托运单和代垫运费等单据，一并送交开户银行办理托收手续。

3. 承付

承付是指购货单位（付款单位）在承付期内，向银行承认付款的行为。购货单位承付货款有验单承付和验货承付两种方式。无论采用验单承付还是验货承付，购货单位都必须在承付期内承付，验单承付期为3天，从购货单位开户银行发出通知的次日算起（承付期内遇法定节假日顺延）。承付期内，如未向银行表示拒绝付款，银行即作为默认承付，于期满的次日由购货单位的账户将款项转出。验货付款的承付期为10天，即从运输部门向付款人发出提货通知的次日算起，付款人收到提货通知后，应立即向银行交验提货通知。购货单位如果既没有将提货通知送交银行，又未将货物尚未到达的情况告知银行，银行即视作已经验货同意付款，并于10天期满的次日（遇法定节假日顺延）办理划拨。承付期满时，如购货单位资金不足，不足支付部分作为延期付款处理，并支付一定的赔偿金。延期支付金额连同赔偿金由银行按照规定的扣款顺序划转给销货单位。

（三）拒绝付款

如果购货单位经过验单或验货，发现销货单位托收款项计算有错误，或者商品品种、质量、规格、数量与合同规定不符时，购货单位在承付期内有权全部或部分拒付货款。拒付货款需要填写"拒付理由书"交银行办理，但拒付后的商品必须妥善代管，不能短少或损坏。

三、委托收款

（一）委托收款概述

委托收款是收款人委托银行向付款人收取款项的结算方式。单位和个人凭已承兑的商业汇票、债券、存单等付款人债务证明办理款项的结算，均可以使用委托收款的结算方式。委托收款在同城、异地都可使用。

（二）委托收款流程

1. 签发

签发委托收款凭证时必须记载下列事项：表明"委托收款"的字样；确定的金额；付款人名称；收款人名称；委托收款凭据名称及附寄单证张数；委托日期；收款人签章。凡欠缺上列记载事项之一的，银行不予受理。

2. 委托

委托是指收款人向银行提交委托收款凭证和有关债务证明并办理委托收款手续的行为。

3. 付款

付款是指银行接到寄来的委托收款凭证及债务证明，审查无误后向收款人办理付款的行为。

以银行为付款人的，银行应在当日将款项主动支付给收款人；以单位为付款人的，银行应及时通知付款人；需要将有关债务证明交给付款人的，应交给付款人并签收。付款人应于接到通知的当日书面通知银行付款。付款人未在接到通知日的次日起3日内通知银行付款的，视同付款人同意付款，银行应于付款人接到通知日的次日起第4日上午开始营业时，将款项划给收款人。银行在办理划款时，付款人存款账户不足支付的，应通过被委托银行向收款人发出未付款通知书。

（三）拒绝付款

付款人审查有关债务证明后，对收款人委托收取的款项需要拒绝付款的，可以办理拒绝付款。付款人不同，拒绝付款方式略有不同。以银行为付款人的，应自收到委托收款及债务证明的次日起3日内出具拒绝证明，连同有关债务证明、凭证寄给被委托银行，转交收款人；以单位为付款人的，应在付款人接到通知的次日起3日内出具拒绝证明，持有债务证明的，应将其送交开户银行。银行将拒绝证明、债务证明和有关凭证一并寄给被委托银行，转交收款人。

四、国内信用证

（一）国内信用证的概念

国内信用证（简称信用证），是指开证银行依照申请人（购货方）的申请向受益人（销货方）开出的有一定金额、在一定期限内凭信用证规定的单据支付款项的书面承诺。

我国信用证为不可撤销、不可转让的跟单信用证。不可撤销信用证，是指信用证开具后在有效期内，非经信用证各有关当事人（即开证银行、开证申请人和受益人）的同意，开证银行不得修改或者撤销的信用证；不可转让信用证，是指受益人不能将信用证的权利转让给他人的信用证。

信用证结算方式只适用于国内企业之间商品交易产生的货款结算，并且只能用于转账结算，不得支取现金。

（二）国内信用证办理的基本程序

1. 开证

（1）开证申请。开证申请人使用信用证时，应委托其开户银行办理开证业务。开证申请人申请办理开证业务时，应当填具开证申请书、信用证申请人承诺书并提交有关购销合同。

（2）受理开证。开证行根据申请人提交的开证申请书、信用证申请人承诺书及购销合同决定是否受理开证业务。开证行在决定受理该项业务时，应向申请人收取不低于开证金额20%的保证金，并可根据申请人资信情况要求其提供抵押、质押或由其他金融机构出具保函。

2. 通知

通知行收到信用证，应认真审核。审核无误的，应填制信用证通知书，连同信用证交付受益人。

3. 议付

议付，是指信用证指定的议付行在单证相符条件下，扣除议付利息后向受益人给付对价的行为。议付行必须是开证行指定的受益人开户银行。

议付行审核受益人提示的单据后，同意议付的，办理议付。实付议付金额按议付金额扣除议付日至信用证付款到期日前一日的利息计算，议付利率比照贴现利率。拒绝议付的，应及时作出书面拒绝议付通知，注明拒绝议付理由，通知受益人。议付行可以根据受益人的要求不作议付，仅为其办理委托收款。

议付行议付后，应通过委托收款人将单据寄开证行索偿资金。议付行议付信用证后，对受益人具有追索权。到期不获付款的，议付行可从受益人账户收取议付金额。

4. 付款

受益人在交单期或信用证有效期内向开证行交单收款，应向开户银行填制委托收款凭证和信用证议付/委托收款申请书，并出具单据和信用证正本。开户银行收到凭证和单证，审查齐全后，应及时为其向开证行办理交单和收款。开证行在收到议付行寄交的委托收款凭证、单据及寄单通知书或受益人开户行寄交的委托收款凭证、信用证正本单据及信用证议付/委托收款申请书的次日起 5 个营业日内，及时核对单据表面与信用证条款是否相符。无误后，对即期付款信用证，从申请人账户收取款项支付给受益人；对延期付款信用证，应向议付行或受益人发出到期付款确认书，并于到期日从申请人账户收取款项支付给议付行或受益人。

申请人交存的保证金和其存款余额不足支付的，开证行仍应在规定的付款时间内进行付款。对不足支付的部分作逾期贷款处理。

五、信用卡

(一) 信用卡的概念和种类

信用卡是指商业银行向个人和单位发行的，凭以向特约单位购物、消费和向银行存取现金，且具有消费信用的特制载体卡片。

信用卡按使用对象不同，可分为单位卡和个人卡；按信誉等级不同，可分为白金卡、金卡和普通卡等；按照币种不同，可分为人民币卡、双币种卡等；按照信息载体不同，可分为磁条卡和芯片卡等；按照是否向发卡银行交存备用金，分为贷记卡和准贷记卡。贷记卡，是指发卡银行给予持卡人一定的信用额度，持卡人可以在信用额度内先消费后还款的信用卡，它具有透支消费、期限内还款可免息、卡内存款不计付利息等特点。准贷记卡，是指持卡人必须先按照发卡银行要求交存一定金额备用金，当备用金余额不足支付时，可以在规定的信用额度内透支的信用卡。

(二) 信用卡的申领与销户

1. 信用卡的申领

单位或个人申领信用卡,应按规定填写申请表,连同有关资料一并送交发卡银行。发卡银行可根据申请人的资信程度,要求其提供担保,具体可采取保证、抵押或质押等方式。

凡在中国境内金融机构开立基本存款账户的单位,可凭中国人民银行核发的开户许可证申领单位卡。单位卡可申领若干张,持卡人资格由申领单位法定代表人或其委托的代理人书面指定和注销。

凡具有完全民事行为能力的公民,可凭本人有效身份证件及发卡银行规定的相关证明文件申领个人卡。个人卡的主卡持卡人可为其配偶及年满18周岁的亲属申领附属卡,申领的附属卡最多不得超过2张,也有权要求注销其附属卡。

2. 信用卡的销户

持卡人在还清信用卡的全部交易款项、透支本息和有关费用后,属于下列情形之一的,可申请办理销户:①信用卡有效期满45天后,持卡人不更换新卡的;②信用卡挂失满45天后,没有附属卡又不更换新卡的;③信用卡被列入止付名单,发卡银行已收回其信用卡45天的;④持卡人死亡,发卡银行已收回其信用卡45天的;⑤持卡人要求销户或担保人撤销担保,并已交回全部信用卡45天的;⑥信用卡账户2年(含)以上未发生交易的;⑦持卡人违反其他规定,发卡银行认为应该取消资格的。

发卡银行办理销户,应当收回信用卡。有效信用卡无法收回的,应当将其止付。

销户时,单位卡账户余额转入其基本存款账户,不得提取现金;个人卡账户可以转账结清,也可以提取现金。

持卡人丢失信用卡,应立即持有效证明文件并按照发卡行要求提供的相关材料,向发卡行或代办行及时申请挂失。发卡行或代办行审核后,办理相应的挂失手续。

(三) 信用卡的资金来源

单位卡账户的资金,一律从其基本存款账户转账存入,不得交存现金,不得将销货收入的款项存入其账户。

个人卡在使用过程中,需要向其账户续存资金的,只限于其持有的现金存入和工资性款项以及属于个人的劳务报酬收入转账存入。严禁将单位的款项存入个人卡账户。

(四) 信用卡使用的主要规定

(1) 持卡人可持信用卡在特约单位购物、消费。单位卡不得用于10万元以上的商品交易、劳务供应款项的结算。信用卡仅限于合法持卡人本人使用,持卡人不得出租或转借信用卡。单位卡可办理商品交易和劳务供应款项的结算,但一律不得透支,不得支取现金。

(2) 特约单位不得拒绝受理持卡人合法持有的、签约银行发行的有效信用卡,不得因持卡人使用信用卡而向其收取附加费用。

(3) 发卡行对贷记卡的取现应当每笔授权,每卡每日累计取现不得超过规定金额。

(4) 同一持卡人单笔透支发生额,单位卡不得超过5万元人民币(含等值外币),

个人卡不得超过 2 万元人民币（含等值外币）。

此外，单位卡不得超过发卡行对该单位综合授信额度的 3%；无综合授信额度可参照的单位，其月透支余额不得超过 10 万元人民币（含等值外币）。

（5）准贷记卡的透支期限最长为 60 天。贷记卡的首月最低还款额不得低于其当月透支余额的 10%。

（6）持卡人使用信用卡不得发生恶意透支。恶意透支是指持卡人超过规定限额或规定期限，并且经发卡银行催收无效的透支行为。

（7）发卡银行对于贷记卡中的存款不计付利息。贷记卡持卡人非现金交易享受如下优惠条件：

1) 免息还款期。银行记账日至发卡银行规定的到期日之间为免息还款期。免息还款期最长为 60 天。持卡人在到期还款日前偿还所使用全部银行款项即可享受免息还款期待遇，无需支付非现金交易的利息。

2) 最低还款额待遇。持卡人还可选择按照发卡行规定的最低还款额待遇。贷记卡持卡人选择最低还款额方式或超过其信用额度用卡时，不再享受免息还款期待遇，应当支付未偿还部分自银行记账日起、按规定利率计算的透支利息。

贷记卡持卡人支取现金、准贷记卡透支，不享受上述免息还款期和最低还款额待遇。

发卡银行对贷记卡持卡人未偿还最低还款额和超信用额度用卡的行为，应当分别按最低还款额未还部分、超过信用额度部分的 5% 收取滞纳金和超限费。

贷记卡透支按月记收复利，准贷记卡透支按月计收单利，透支利率为日利率万分之五，并根据中国人民银行的此项利率调整而调整。

（8）商业银行办理银行卡收单业务（指签约银行向商户提供的本币、外币资金结算服务）应当按照下列标准向商户收取结算手续费：餐饮、宾馆、娱乐、珠宝金饰、工艺美术品、房地产及汽车销售为交易金额的 1.25%，其中房地产、汽车销售封顶为每笔 80 元；百货、批发、社会培训、中介服务、旅行社及景区门票为交易金额的 0.78%，其中批发类每笔 26 元；超市、大型仓储式卖场、水电煤气缴费、加油、交通运输售票等民生类行业为交易金额的 0.38%；公立医院、公立学校按照服务成本收取费用。

本章小结：

1. 支付结算是指使用非现金货币方式进行的清偿行为。

2. 支付结算应遵循的基本原则是：恪守信用、履约付款原则；谁的钱进谁的账、由谁支配和银行不垫款原则。

3. 办理支付结算必须遵循中国人民银行规定的基本要求。

4. 开户单位要按照《现金管理暂行条例》的各项规定使用现金。

5. 银行结算账户是指存款人在经办银行开立的办理资金收付结算的人民币活期存款账户。

6. 基本存款账户是指存款人因办理日常转账结算和现金收付而开立的银行结算账户，是存款人的主要存款账户。单位银行结算账户的存款人只能在银行开立一个基本存款账户。

7. 一般存款账户用于办理存款人借款转存、借款归还及其他结算的资金收付。该账户可以办理现金缴存，但不得办理现金支取。

8. 专用存款账户是存款人按照法律、行政法规和规章，对有特定用途资金进行专项管理和使用而开立的银行结算账户。

9. 临时存款账户是指存款人因临时需要并在规定期限内使用而开立的银行结算账户。

10. 个人银行结算账户是指存款人因投资、消费、结算等需要而凭个人身份证件以自然人名称开立的银行结算账户。

11. 中国人民银行负责对银行结算账户的开立、使用、变更和撤销进行检查监督；开户银行负责对账户的开立和使用情况的监管；存款人对预留银行签章、开户许可证和密码等的管理。

12. 汇兑是汇款人委托银行将其款项支付给收款人的结算方式。汇兑可分为信汇、电汇两种。

13. 托收承付是指根据购销合同由收款人发货后委托银行向异地付款人收取款项，由付款人向银行承认付款的结算方式。

14. 委托收款是收款人委托银行向付款人收取款项的结算方式。

15. 国内信用证，是指开证银行依照申请人的申请向受益人开出的有一定金额、在一定期限内凭信用证规定的单据支付款项的书面承诺。

16. 信用卡是指商业银行向个人和单位发行的，凭以向特约单位购物、消费和向银行存、取现金，且具有消费信用的特制载体卡片。

练习题：

一、单项选择题

1. 票据上记载的事项可以更改的是（　　）。
   A. 票据金额　　　　　　　　B. 出票日期
   C. 付款人名称　　　　　　　D. 收款人名称

2. 单位、个人和银行办理支付结算必须使用（　　）。
   A. 各开户银行印制的票据和结算凭证
   B. 按财政部统一规定印制的票据和结算凭证
   C. 按中国人民银行统一规定印制的票据和结算凭证
   D. 按国家税务总局统一规定印制的票据和结算凭证

3. 填写票据和结算凭证时得大写金额数字到（　　）为止的，应在其后写"整"或"正"字。
   A. 元　　　　　　　　　　　B. 角

  C. 分   D. 元或角

4. 某公司于2005年2月10日开出一张支票，下列有关支票日期的写法中符合要求的是(　　)。

  A. 贰零零伍年贰月拾日   B. 贰零零伍年零贰月壹拾日

  C. 贰零零伍年零贰月零壹拾日   D. 贰零零伍年贰月壹拾日

5. 下列各项中，不符合票据和结算凭证填写要求的是(　　)。

  A. 中文大写金额数字到"角"为止的，在"角"之后没有写"整"字

  B. 将出票日期1月15日写成零壹月壹拾伍日

  C. 将出票日期10月25日写成月壹拾月贰拾伍日

  D. 将出票日期2月12日写成零贰月壹拾贰日

6. 下列关于银行结算账户的说法中，正确的是(　　)。

  A. 银行结算账户既包括人民币存款结算业务，也包括外币存款结算业务

  B. 银行结算账户属于单位定期存款账户

  C. 银行结算账户不同于储蓄账户

  D. 银行结算账户仅限于单位存款人结算开立

7. 江星有限责任公司在工商银行A市支行开立了基本存款账户，现因经营需要向建设银行B分行申请贷款100万元，经审查同意办理贷款，其应在B分行开立(　　)。

  A. 基本存款账户   B. 一般存款账户

  C. 临时存款账户   D. 个人银行结算账户

8. 下列关于一般存款账户的表述中，不正确的是(　　)。

  A. 一般存款账户是存款人在基本存款账户开户银行以外的银行营业机构开立的银行结算账户

  B. 一般存款账户是与基本存款账户的存款人不在同一地点的单位办理异地借款和其他结算需要开立的账户

  C. 存款人可以通过一般存款账户办理转账结算和现金缴存，但不得办理现金支取

  D. 一般存款账户是存款人的主要存款账户

9. 2009年3月1日，甲公司销售给乙公司一批化肥，双方协商采取托收承付、验货付款方式办理货款结算。3月4日，运输公司向乙公司发出提货单。乙公司在承付期内未向其开户银行表示拒绝付款。已知3月7日、8日、14日和15日为法定休假日。则乙公司开户银行向甲公司划拨货款的日期为(　　)。

  A. 3月6日   B. 3月9日

  C. 3月13日   D. 3月16日

10. 根据支付结算法律制度的规定，下列有关汇兑的表述中，正确的是(　　)。

  A. 汇兑每笔金额起点是1万元

  B. 汇款回单可以作为该笔汇款已转入收款人账户的证明

  C. 汇入银行对于向收款人发出取款通知，经过1个月无法交付的汇款，应主动办理退汇

D. 汇兑是汇款人委托银行将其款项支付给收款人的结算方式

二、多项选择题

1. 下列各项中，属于办理支付结算主体的有(　　)。
   A. 城市信用社　　　　　　　　　B. 个人
   C. 单位　　　　　　　　　　　　D. 个体工商户

2. 下列各项中，属于支付结算和资金清算中介机构的有(　　)。
   A. 城市信用社　　　　　　　　　B. 银行
   C. 保险公司　　　　　　　　　　D. 大型股份公司

3. 下列各项中属于无效票据的是(　　)。
   A. 更改签发日期的票据
   B. 更改收款单位名称的票据
   C. 出票日期使用中文大写，但大写日期未按要求规范填写的票据
   D. 更改中文大写金额的票据

4. 下列属于票据伪造的是(　　)。
   A. 会计员张某假冒公司董事长签章　　B. 会计员张某更改票据出票日期
   C. 持票人李某更改票据金额　　　　　D. 会计员张某以虚构人的名义签章

5. 下列票据无效的是(　　)。
   A. 更改票据金额　　　　　　　　B. 更改出票或签发日期
   C. 更改收款人名称　　　　　　　D. 票据金额的大小写不一致

6. 下列关于票据签章的表述中，正确的有(　　)。
   A. 票据和结算凭证上的签章，为签名、盖章或者签名加盖章
   B. 单位、银行在票据上的签章和单位在结算凭证上的签章，为该单位、银行的盖章加其法定代表人或其授权的代理人的签名或盖章
   C. 个人在票据和结算凭证上的签章，为个人本名的签名或盖章
   D. 票据签章是票据行为生效的重要条件，也是票据行为表现形式中必须记载的事项

7. 下列各项中表述正确的有(　　)。
   A. 票据中的中文大写金额数字应用正楷或行书填写
   B. 票据中的中文大写金额数字前应标明"人民币"字样
   C. 票据的出票日期可以使用小写填写
   D. 票据中的中文大写金额数字到元为止的，在元之后应写"整"字

8. 使用中文大写填写票据出票日期时，应在其前面加"零"的月份有(　　)。
   A. 壹月　　　　　　　　　　　　B. 贰月
   C. 叁月　　　　　　　　　　　　D. 壹拾月

9. 下列关于银行结算账户的分类方式中，表述准确的是(　　)。
   A. 按用途不同可分为基本存款账户、一般存款账户、专用存款账户和临时存款账户
   B. 按存款人不同可分为个人银行结算账户和单位银行结算账户

C. 按存入币种不同可分为人民币结算账户和外币结算账户
D. 按存款期限不同可分为定期存款账户和活期存款账户

10. 根据《人民币银行结算账户管理办法》的规定，发生下列事由之一的，存款人应向开户银行提出撤销银行结算账户的申请（　　）。
A. 被撤并、解散、宣告破产或关闭的　　B. 注销、被吊销营业执照的
C. 单位法定代表人被撤销　　　　　　　D. 因迁址需要变更开户银行的

三、判断题

1. 支付结算的实质性权利义务关系是当事人之间的权利义务关系，银行仅仅是结算活动和资金清算中介机构。（　）

2. 甲公司因购货向乙公司签发了一张支票，出票日期"2月18日"写为"贰月壹拾捌日"，则银行可以受理，但由此造成的损失由甲自行承担。（　）

3. 甲公司因购货向乙公司签发了一张支票，出票日期填写为"6月18日"，则该张支票仍然有效，银行可以受理，但由此造成的损失由甲自行承担。（　）

4. 存款人开立单位银行结算账户，自正式开立之日起就可使用该账户办理结算业务。（　）

5. 一般存款账户既可办理现金缴存，也可办理现金支取。（　）

6. 个人在办理对外的资金转出或接受外部的资金转入时（包括本人异地账户汇款）只能通过结算账户办理；储蓄账户只能办理本人名下的存取款业务和转账，而不能对他人或单位转账，也不能接受他人或单位的资金转入。（　）

7. 个体工商户和个人不能通过托收承付结算方式进行结算。（　）

8. 汇款回单是该笔汇款已转入收款人账户的法定证明。（　）

9. 销户时，单位卡账户余额可以转入其基本存款账户，也可以提取现金。（　）

10. 个人卡账户可以转账结清，也可以提取现金。（　）

四、案例分析题

2007年12月，市财政局在对其所管辖的甲贸易公司进行财务检查时，发现该公司在银行的结算存款账户出现下列情况。

（1）2007年5月9日，甲企业的财务科长持有关证件到乙银行营业部办理基本存款账户开立手续，乙银行工作人员审查了相关证明文件，办理了基本存款账户开户手续。同日，该财务科长持以上证件和丙银行的贷款合同到丙银行开立了一个一般存款账户。5月10日，该财务科长携带该企业的印鉴到乙银行营业部购买了转账支票一本，并当场签发了金额15000元的转账支票，填写了进账单。支票和进账单的收款人为在乙银行开户的B企业，乙银行的工作人员审查完毕后当场办理了该支票的转账手续。

（2）该公司在工商银行开立基本存款户，其下属公司以方便结算为由在某建设银行开设一个基本存款户。

（3）在该公司的银行存款上的数笔款项是从个人账户转存的，经查实是由于出纳人员经常将没能及时送存银行的现金先存在其个人账户中，以后再转回单位存款户。

（4）公司有一个在外省设立的账户用于支付采购款，目前为止还有频繁的资金出

第八章 银行支付结算法律制度

入,经核查发现早在1年前公司就已经改变了采购地点,该存款户已经不再为采购支付货款了。

(5) 公司已于2个月前进行了地址的迁移,但其开户银行没有改变。经办人员认为应该先去办理"银行结算账户撤销"手续,之后,再按照有关规定开立新账户。

问:甲贸易公司在银行结算账户的管理上都存在哪些问题,请逐条进行分析,并说明理由。

第九章 票据法律制度

【学习目的】
　　掌握票据的基本当事人、票据权利与义务、票据签章、票据行为、票据的伪造与变造；掌握支票、银行汇票、银行本票、商业汇票签发的相关规定；熟悉支票、银行汇票、银行本票、商业汇票办理的相关程序；了解票据的概念及特征、功能。

【案例导入】

签发空头支票的法律责任

　　振辉公司财务部2008年8月15日开出两张票据：一张为面额10000元的支票，用于向甲宾馆支付会议费；另一张为面额200000元的银行承兑汇票，到期日为9月5日，用于向乙公司支付材料款，该汇票已经向银行承兑。

　　2008年8月20日，甲宾馆向银行提示付款。银行发现该支票为空头支票，遂予以退票，并对振辉公司处以500元罚款。甲宾馆要求振辉公司除支付其10000元会议费外，还另需支付其2000元赔偿金。2008年9月5日，乙公司向银行提示付款时，得知振辉公司的账户余额不足200000元。请回答如下几个问题：

　　(1) 银行对振辉公司签发空头支票处以500元罚款是否符合法律规定？
　　(2) 甲宾馆能否以振辉公司签发空头支票为由要求其支付2000元赔偿金？
　　(3) 银行能否以振辉公司账户余额不足200000元为由拒绝向乙公司付款？

【案例解析】
　　(1) 银行对振辉公司签发空头支票处以500元罚款不符合法律规定。因为出票人签发空头支票、签章与预留银行签章不符的支票、使用支付密码地区，支付密码错误的支票，银行应予以退票，并按票面金额处以5%但不低于1000元的罚款。所以，银行对振辉公司签发空头支票至少应处以1000元罚款。

　　(2) 甲宾馆不能以振辉公司签发空头支票为由要求其支付2000元赔偿金。因为出票人签发空头支票、签章与预留银行签章不符的支票、使用支付密码地区，支付密码错误的支票，持票人有权要求出票人赔偿支票金额2%的赔偿金。甲

第九章 票据法律制度

> 宾馆只能以振辉公司签发空头支票为由要求其支付200元赔偿金。
> （3）银行不能以振辉公司账户余额不足200000元为由拒绝向乙公司付款。因为承兑人于汇票到期日必须向持票人无条件地支付汇票上的金额。

第一节 票据概述

一、票据与票据法

（一）票据

1. 票据的概念

票据有广义和狭义之分。广义的票据包括一切代表权利义务的书面凭证；狭义的票据仅指《中华人民共和国票据法》（以下简称《票据法》）上规定的票据。在我国，《票据法》上规定的票据包括汇票、本票和支票。根据我国《票据法》的规定，票据是由出票人签发的、约定自己或者委托付款人在见票时或指定的日期向收款人或持票人无条件支付一定金额的有价证券。

2. 票据的特征

（1）票据是设权证券。票据的签发，不是为了证明已经存在的权利，而是为了创设一种权利。票据权利的发生必须首先作成票据，无票据即无票据权利。

（2）票据是债权证券。票据关系实质上是一种债权债务关系。票据持票人可以就票据上所载金额向特定债务人行使请求权。

（3）票据是要式证券。票据必须具备法定格式才能有效。除《票据法》另有规定外，不具备法定格式的，不发生票据的效力。

（4）票据是文义证券。票据的一切权利与义务，必须严格依照票据上记载的文义而定。不得以票据以外的任何事由变更其效力。例如，票据上记载的出票日与实际出票日不一致时，以票据上记载的为准。

（5）票据是无因证券。票据关系一般不受原因关系的影响。票据的持票人行使票据权利时，以提示票据为必要，而不必证明其取得票据的原因，以及票据权利发生的原因。这些原因存在与否、有效与否，与票据权利原则上互不影响。票据的持票人仅依票据上所载文义就可以请求给付一定金额的货币。

（6）票据是流通证券。票据的转让可以依背书和交付的简单程序进行，不需经债务人同意。

（7）票据是缴回证券。票据债权人受领了票据金额后，必须将票据交还债务人，

转移票据所有权,使票据关系消灭。

3. 票据的功能

从总体上讲,票据在经济生活中的作用是代替货币进行结算和融通资金,方便贸易,促进经济发展。

(1) 支付功能。票据可以充当支付工具,代替现金使用。对于当事人来讲,用票据支付可以消除现金携带的不便,克服点钞的麻烦,节省计算现金的时间。

(2) 汇兑功能。票据可以代替货币在不同地方之间运送,方便异地之间的支付,解除现金支付在空间上的障碍。

(3) 信用功能。票据当事人可以凭借自己的信誉,将未来才能获得的金钱作为现在的金钱来使用。

(4) 结算功能。票据作为货币支付的手段,可使各方收付相抵、相互冲减债务。

(5) 融资功能。票据可以有偿转让,实现资金周转。持票人急需现金时,可持票向银行请求贴现,也可以背书方式将票据卖给他人,满足需要。

(二) 票据法

票据法有广义和狭义之分。广义的票据法是指调整票据关系的各种法律规范,包括专门的票据法律,也包括其他法律中有关票据的规定。狭义的票据法是指以部门法形式存在的专门的票据法。本章介绍的主要是狭义的票据法。

我国的票据法律制度主要包括:1995年5月10日八届全国人大常委会第十三次会议通过的《中华人民共和国票据法》(1996年1月1日起施行);1997年8月21日经国务院批准由中国人民银行发布的《票据管理实施办法》(1997年10月1日起施行);1997年9月19日中国人民银行发布的《支付结算办法》(1997年12月1日起施行);等等。

二、票据的当事人

票据当事人,是指票据法律关系中享有票据权利、承担票据义务的当事人,也称票据法律关系主体。票据当事人可分为基本当事人和非基本当事人。

1. 基本当事人

基本当事人是指在票据作成和交付时就已存在的当事人,是构成票据法律关系的必要主体,包括出票人、付款人和收款人。

出票人,是指依法定方式签发票据并将票据交付给收款人的人。支票的出票人为在银行开立支票存款账户的企业、组织或个人;银行本票的出票人为出票银行;银行汇票的出票人为银行;商业汇票的出票人为银行以外的企业或其他组织。

收款人,是指票据正面记载的到期后有权收取票据所载金额的人。

付款人,是指由出票人委托付款或自行承担付款责任的人。支票的付款人是出票人的开户银行;银行本票的付款人是出票银行;银行汇票的付款人是出票银行或代理付款行;商业汇票的付款人是承兑人。

商业汇票及支票的基本当事人有出票人、付款人与收款人。银行本票的基本当事人有出票人与收款人。付款人付款后，票据上的一切债务责任解除。

2. 非基本当事人

非基本当事人是指在票据作成并交付后，通过一定的票据行为加入票据关系而享有一定权利、义务的当事人，包括承兑人、背书人、被背书人、保证人等。

承兑人，又称汇票主债务人，是指接受汇票出票人的付款委托同意承担支付票据义务的人；背书人，是指在转让票据时，在票据背面或粘单上签字或盖章并将该票据交付给受让人的票据收款人或持有人；被背书人，是指被记名受让票据或接受票据转让的人。票据背书后，被背书人成为票据新的持有人，享有票据权利。保证人，是指为票据债务提供担保的人，由票据债务人以外的他人担当。保证人在被保证人不能履行票据付款责任时，以自己的金钱履行票据付款义务，然后取得持票人的权利，向票据债务人追索。

并非所有的票据当事人一定同时出现在某一张票据上，除基本当事人外，非基本当事人是否存在，完全取决于相应票据行为是否发生。不同票据上出现的票据当事人可能也有所不同。

三、票据权利与义务

票据权利与义务是指票据法律关系主体所享有的权利和应承担的义务，是票据法律关系的重要内容。

（一）票据权利

1. 票据权利的概念和分类

票据权利是指票据持票人向票据债务人请求支付票据金额的权利，包括付款请求权和票据追索权。

付款请求权，是指持票人向汇票的承兑人、本票的出票人、支票的付款人出示票据要求付款的权利，是第一顺序权利。行使付款请求权的持票人可以是票据记载的收款人或最后的被背书人；担负付款请求权付款义务的主要是主债务人。

票据追索权，是指票据当事人行使付款请求权遭到拒绝或有其他法定原因存在时，向其前手请求偿还票据金额及其他法定费用的权利，是第二顺序权利。行使追索权的当事人除票据记载收款人和最后被背书人外，还可能是代为清偿票据债务的保证人、背书人。

票据追索权是一种附条件的权利，有赖于第一次请求权不能实现才得以行使，故又称为从票据权利。《最高人民法院审理票据纠纷案司法解释》第四条规定："持票人不先行使付款请求权而先行使追索权遭拒绝提起诉讼的，人民法院不予受理。除有《票据法》第六十一条第二款和本规定第三条所列情形外，持票人只能在首先向付款人行使付款请求权而得不到付款时，才可以行使追索权。"

2. 票据权利的取得

票据权利的取得，也称票据权利的发生。持票人合法持有票据，即取得了票据权利。

当事人主要依据以下情形取得票据权利：①从出票人处取得。出票是创设票据权利的票据行为，从出票人处取得票据，即取得票据权利；②从持有票据的人处受让票据，票据通过背书或交付等方式可以转让他人，以此取得票据即获得票据权利；③依税收、继承、赠与等方式获得票据。

票据的取得，必须给付对价，即当事人一方在获得某种利益时，必须给付对方相应的代价。无对价或者无相当对价取得票据的，如果属于善意取得，仍然享有票据权利，但票据持有人必须承受其前手的权利瑕疵。如果前手的权利因违法或者有瑕疵而受影响或者丧失，该持票人的权利也因此而受到影响或者丧失。因税收、继承、赠与依法无偿取得票据的，不受给付对价的限制。但是，所享有的票据权利不得优于其前手。

因欺诈、偷盗、胁迫、恶意或者重大过失而取得票据的，不得享有票据权利。

【案例9-1】甲偷盗所得某银行签发的金额为10000元的银行本票一张，并将该本票背书送给女友乙作生日礼物，乙不知该本票系甲偷盗所得，按期持票要求银行付款。假设银行知晓该本票系甲偷盗所得并送给乙，对于乙的付款请求，银行应拒绝付款吗？

【案例解析】银行应拒绝付款。甲因偷盗而取得票据，不得享有票据权利。乙不知该本票系甲偷盗所得，属于善意、无对价取得本票，虽然享有票据权利，但必须承受其前手（甲）的权利瑕疵，甲不享有票据权利，因此，乙也不享有票据权利，银行应拒绝付款。

3. 票据权利的补救

票据因灭失、遗失、被盗等原因而使票据权利人脱离其对票据的占有后，票据权利人可以采取挂失止付、公示催告、普通诉讼三种形式进行补救。

挂失止付是指失票人将丧失票据的情况通知付款人或代理付款人，由接受通知的付款人或代理付款人审查后暂停支付的一种方式。只有确定付款人或代理付款人的票据丧失时，才可以进行挂失止付，具体包括已承兑的商业汇票、支票、填明"现金"字样的银行汇票和银行本票四种。挂失止付并不是票据丧失后采取的必经措施，而只是一种暂时的预防措施，最终要通过申请公示催告或提起普通诉讼。

公示催告是指在票据丧失后由失票人向人民法院提出申请，请求人民法院以公告方式通知不确定的利害关系人限期申报权利，逾期未申报者，则权利失效，而由法院通过除权判决宣告所丧失的票据无效的一种制度或程序。根据《票据法》的规定，失票人应当在通知挂失止付后的3日内，也可以在票据丧失后，依法向人民法院申请公示催告，或者向人民法院提起诉讼。申请公示催告的主体必须是可以背书转让的票据的最后持票人，失票人不知道票据的下落，利害关系人也不明确。

普通诉讼是指丧失票据的失票人直接向人民法院提起民事诉讼，要求法院判令付款人向其支付票据金额的行为。

4. 票据权利的消灭

票据权利的消灭是指因发生一定的法律事实而使票据权利消灭。票据权利消灭之后，票据上的债权债务关系随之消灭。票据权利基于以下原因而消灭：

(1) 付款。付款人依法足额付款后，全体票据债务人的票据责任解除。

(2) 票据时效期间届满。《票据法》规定，票据权利在下列期限内不行使而消灭：①持票人对商业汇票的出票人和承兑人的权利，自商业汇票到期日起2年；见票即付的汇票、本票，自出票日起2年；②持票人对支票出票人的权利，自出票之日起6个月；③持票人对前手的（首次）追索权，自被拒绝承兑或者被拒绝付款之日起6个月；④持票人对前手的再追索权，自清偿日或者被提起诉讼之日起3个月。其中，第①、②种情况所指的权利，包括付款请求权和追索权；第③、④种情况所指的追索权，不包括对出票人的追索权。

此外，票据权利还可因民事债权的消灭事由如免除、抵消等事由的发生而消灭。

【案例9-2】2006年6月5日，A公司向B公司开具一张金额为5万元的支票，B公司将支票背书转让给C公司。6月12日，C公司请求付款银行付款时，银行以A公司账户内只有5000元为由拒绝付款。C公司遂要求B公司付款，B公司于6月15日向C公司付清了全部款项。根据《票据法》的规定，B公司应在何时向A公司行使再追索权？

【案例解析】B公司应在2006年12月5日之前向A公司行使再追索权。因为持票人对支票出票人的权利，自出票之日起6个月不行使而消灭。故B公司应在2006年12月5日之前向A公司行使再追索权。

(二) 票据义务

票据义务是指票据债务人向持票人支付票据金额的责任。它是基于债务人特定的票据行为（如出票、背书、承兑等）而应承担的义务，不具有制裁性质，主要包括付款义务和偿还义务。

实务中，票据债务人承担票据义务一般有四种情况：一是汇票承兑人因承兑而应承担付款义务；二是本票出票人因出票而承担自己付款的义务；三是支票付款人在与出票人有资金关系时承担付款义务；四是汇票、本票、支票的背书人，汇票、支票的出票人、保证人，在票据不获承兑或不获付款时的付款清偿义务。

四、票据行为

(一) 票据行为的概念及种类

票据行为是指能够产生票据权利与义务关系的法律行为。我国《票据法》规定的票据行为则是指票据当事人以发生票据债务为目的的、以在票据上签名或盖章为权利义务成立要件的法律行为，包括出票、背书、承兑和保证四种。

出票是指出票人签发票据并将其交付给收款人的行为。背书是指收款人或持票人为将票据权利转让给他人或者将一定的票据权利授予他人行使而在票据背面或者粘单上记载有关事项并签章的行为。承兑是指汇票付款人承诺在汇票到期日支付汇票金额并签章的行为。保证是指票据债务人以外的人,为担保特定债务人履行票据债务而在票据上记载有关事项并盖章的行为。保证人对合法取得票据的持票人所享有的票据权利承担保证责任。被保证的票据,保证人应当与被保证人对持票人承担连带责任。保证人为两人以上的,保证人之间承担连带责任;票据到期后得不到付款的,持票人有权向保证人请求付款,保证人应当足额付款。保证人清偿票据债务后,可以行使持票人对被保证人及其前手的追索权。

(二) 票据行为成立的要件

票据行为成立,必须符合以下基本条件:

1. 行为人具有票据行为能力

《票据法》规定,无民事行为能力或者限制民事行为能力人在票据上签章的,其签章无效。在票据上签章的自然人必须具有完全民事行为能力,否则,该签章不具有法律效力,其他当事人不得据此签章向该无行为能力人或限制行为能力人主张票据债权。

2. 行为人的意思表示真实或无缺陷

《票据法》规定,以欺诈、偷盗或者胁迫等手段取得票据的,或者明知有前列情形,出于恶意取得票据的,不得享有票据权利。即使票据形式符合法定条件,但行为人的意思表示不真实或存在缺陷,则该行为为无效行为,票据持有人不得享有票据上的权利。

3. 行为内容符合法律规定

票据行为内容必须符合法律的规定。《票据法》规定,票据活动应当遵守法律、行政法规,不得损害社会公共利益。凡违背法律规定而进行的行为,不取得票据法律效力。此处所称"合法",系指票据行为本身合法,不是指票据的基础关系涉及的行为合法。

4. 必须符合法定形式

票据行为是要式行为,必须采用法律规定的形式。

五、票据签章

票据签章是指票据有关当事人在票据上签名、盖章或签名加盖章的行为。票据签章是票据行为生效的重要条件,也是票据行为表现形式中必须记载的事项。如果票据缺少当事人的签章,将导致票据无效或该项票据行为无效。

票据上的签章因票据行为的性质不同,签章当事人也不相同。票据签发时,由出票人签章;票据转让时,由背书人签章;票据承兑时,由承兑人签章;票据保证时,由保证人签章;持票人行使票据权利时,由持票人签章。一般来讲,出票人在票据上的签章不符合法律规定的,票据无效;背书人在票据上的签章不符合法律规定的,其签章无效,但不影响其前手符合规定签章的效力;承兑人、保证人在票据上的签章不符合法律规定的,其签章无效,但不影响其他符合规定签章的效力。

第九章　票据法律制度

> 【知识拓展】
>
> **签章的具体规定**
>
> 　　银行汇票的出票人在票据上的签章和银行承兑汇票的承兑人的签章，应为经中国人民银行批准使用的该银行汇票专用章加其法定代表人或其授权的代理人的签名或者盖章。商业汇票的出票人在票据上的签章，为该法人的财务专用章或者公章加其法定代表人或者其授权的代理人的签名或者盖章。银行本票的出票人在票据上的签章，应为经中国人民银行批准使用的该银行本票专用章加其法定代表人或其授权的代理人的签名或者盖章。
> 　　单位在票据上的签章，应为该单位的财务专用章或者公章加其法定代表人或其授权的代理人的签名或者盖章。支票的出票人和商业承兑汇票的承兑人在票据上的签章，应为其预留银行的签章。
> 　　银行汇票、银行本票的出票人以及银行承兑汇票的承兑人在票据上未加盖规定的专用章而加盖该银行的"公章"，支票的出票人在票据上未加盖与该单位在银行预留签章一致的财务专用章而加盖该出票人"公章"的，签章人应当承担票据责任。

六、票据记载事项

　　票据记载事项是指依法在票据上记载票据相关内容的行为。票据记载事项一般分为绝对记载事项、相对记载事项和任意记载事项、不得记载事项等。

　　绝对记载事项是指《票据法》明文规定必须记载的，如不记载，票据即为无效的事项。如表明票据种类的事项，必须记明"汇票"、"本票"、"支票"，否则票据无效。

　　相对记载事项是指《票据法》规定应该记载而未记载，适用法律的有关规定而不使票据失效的事项。如商业汇票上未记载付款日期的，视为见票即付；支票上未记载付款地的，以付款人的营业场所为付款地。

　　任意记载事项是指《票据法》不强制当事人必须记载而允许当事人自行选择，不记载时不影响票据效力，记载时则产生票据效力的事项。如出票人在商业汇票上记载"不得转让"字样的，汇票不得转让，其后手背书转让的，出票人对后手的被背书人不承担票据责任，其中的"不得转让"事项即为任意记载事项。

　　不得记载事项是指《票据法》禁止行为人在票据上记载的事项，包括记载无效的事项和使票据无效的事项。记载无效的事项是指行为人虽作记载，但记载无效，票据效力不受影响。如支票上记载付款日期的，该记载无效，支票本身还是有效的。使票据无效的事项是指行为人若记载了此类事项，不仅记载无效，而且导致票据无效。如汇票上记载附条件支付的委托的，汇票无效。

此外，票据上还可以记载非法定记载事项，但这些事项并不发生票据上的效力。

七、票据的伪造和变造

（一）票据的伪造

票据的伪造是指无权限人假冒他人名义或虚构人名义签章的行为，如假冒出票人的签章出票，假冒他人名义进行背书签章、承兑签章、保证签章等行为。

伪造票据是一种扰乱社会经济秩序、损害他人利益的行为，在法律上不具有任何票据行为的效力。由于其从一开始就是无效的，故持票人即使是善意取得，对被伪造人也不能行使票据权利。由于伪造人没有在票据上以自己的名义签章，因此不承担票据责任。但是，如果伪造人的行为给他人造成损害的，必须承担民事责任，构成犯罪的，应承担刑事责任。

票据上有伪造签章的，不影响票据上其他真实签章的效力。在票据上真正签章的当事人，仍应对被伪造的票据的债权人承担票据责任，票据债权人在提示承兑、提示付款或者行使追索权时，票据上真正的签章人不能以伪造为由进行抗辩。

【案例 9-3】甲私刻乙公司的财务专用章，假冒乙公司名义签发一张转账支票交给收款人丙，丙将该支票背书转让给丁，丁又背书转让给戊。当戊主张票据权利时，请问哪些人应承担票据责任？

【案例解析】伪造人甲没有在票据上以自己的名义签章，因此不承担票据责任。被伪造人乙也不承担票据责任，丙、丁是真正的签章人，要承担票据责任。

（二）票据的变造

票据的变造是指无权更改票据内容的人，对票据签章以外的记载事项加以变更的行为，如更改票据到期日、付款日、付款地、金额等。

票据的变造应依照签章是在变造之前或之后来承担责任。如果当事人的签章在变造之前，应按原记载的内容负责；如果当事人的签章在变造之后，则应按变造后的记载内容负责；如果无法辨别是在票据被变造之前或之后签章的，视为在变造之前签章。

【案例 9-4】甲签发一张票面金额为 2 万元的转账支票给乙，乙将该支票背书转让给丙，丙将票面金额改为 5 万元后背书转让给丁，丁又背书转让给戊。请问甲、乙、丙、丁应承担的票据责任各是多少？

【案例解析】如果当事人的签章在变造之前，应按原记载的内容负责；如果当事人的签章在变造之后，则应按变造后的记载内容负责。故甲、乙对变造之前的 2 万元负责，丙、丁对变造之后的 5 万元负责。

第二节 支 票

一、支票的概念和种类

（一）支票的概念

支票是指出票人签发的、委托办理支票存款业务的银行在见票时无条件支付确定的金额给收款人或者持票人的票据。支票的基本当事人包括出票人、付款人和收款人。出票人即存款人，是在经中国人民银行当地分支行批准办理支票业务的银行机构开立可以使用支票存款账户的单位和个人；付款人是出票人的开户银行；持票人是票面上填明的收款人，也可以是经背书转让的被背书人。

签发支票应使用碳素墨水或墨汁。支票的出票人签发支票的金额不得超过付款时在付款人处实有的存款金额。禁止签发空头支票。

（二）支票的种类

我国《票据法》按照支付票款方式，将支票分为普通支票、现金支票和转账支票。支票上印有"现金"字样的为现金支票（见图9-1），现金支票只能用于支取现金。支票上印有"转账"字样的为转账支票（见图9-2），转账支票只能用于转账。支票上未印有"现金"或"转账"字样的为普通支票（见图9-3），普通支票既可以用于支取现金，也可以用于转账。在普通支票左上角划两条平行线的，为划线支票，划线支票只能用于转账，不得支取现金。

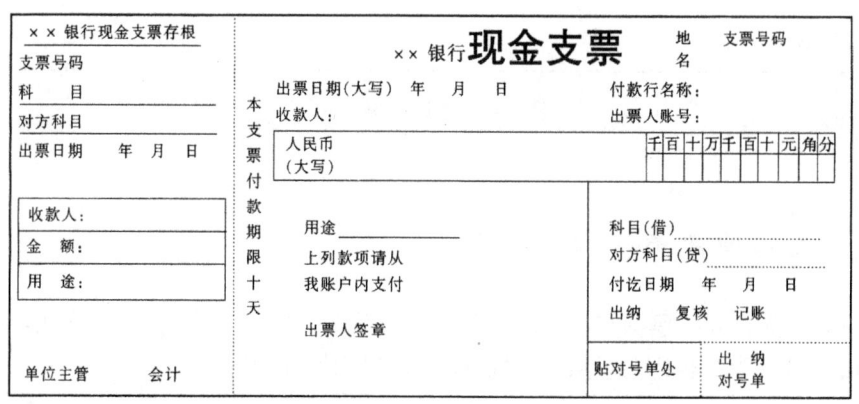

图9-1　现金支票正面

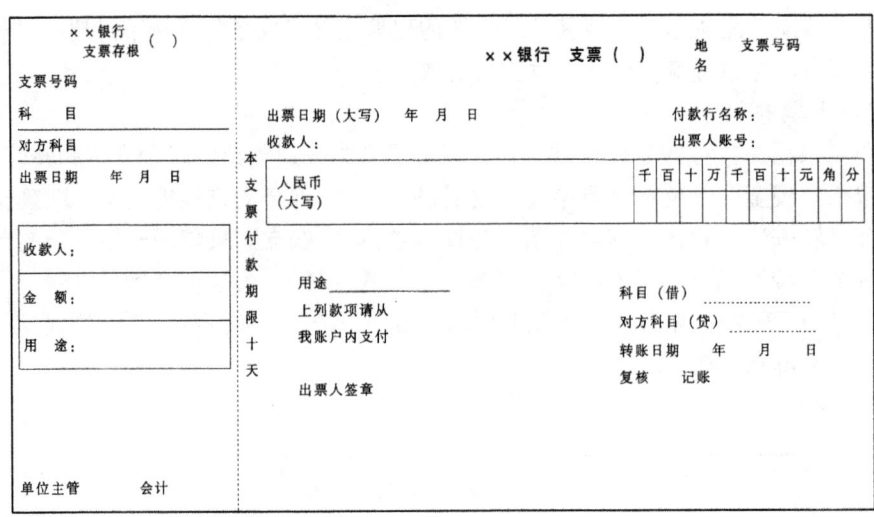

图 9-2　转账支票正面

图 9-3　普通支票正面

二、支票的使用范围

单位和个人在同一票据交换区域的各种款项结算，均可以使用支票。支票在其票据交换区域内可以背书转让，但用于支取现金的支票不能背书转让。

三、支票的记载事项

(一) 支票的绝对记载事项

1. 表明"支票"的字样
2. 无条件支付的委托

我国现行使用的支票记载支付的文句,一般是支票上已印好的"上列款项请从我账户内支付"的字样。

3. 确定的金额
4. 付款人名称

支票的付款人名称是出票人的存款银行或者其他金融机构。

5. 出票日期
6. 出票人签章

支票上的出票人签章,出票人为单位的,为与该单位在银行预留签章一致的财务专用章或者公章加其法定代表人或者其授权的代理人的签名或者盖章;出票人为个人的,为与该个人在银行预留签章一致的签名或者盖章。

为了发挥支票灵活便利的特点,我国《票据法》规定支票金额和收款人名称可以由出票人授权补记,未补记前不得背书转让和提示付款。

(二) 支票的相对记载事项

1. 付款地

支票上未记载付款地的,以付款人的营业场所为付款地。

2. 出票地

支票上未记载出票地的,以出票人的营业场所、住所或者经常居住地为出票地。

此外,根据《票据法》的规定,支票上可以记载非法定记载事项,但这些事项并不发生支票上的效力。

【案例9-5】王女给母亲现金支票一张,用途栏写明"生日快乐"。王母请求支票的付款行兑现时,银行柜台营业员拒付,理由是用途栏书写不规范。请问,银行的做法是否合法?

【案例解析】根据《票据法》的规定,支票上可以记载法定事项以外的其他出票事项,但是该记载事项不具有支票上的效力。在案例中,用途栏记载事项属于非法定记载事项,其记载对票据效力无影响,所以银行的做法不合法。

(三) 支票的不得记载事项

支票的付款日期限于见票即付,不得另行记载付款日期。另行记载付款日期的,该记载无效。

金融法规

四、支票的付款

1. 支票的提示付款期限

支票的提示付款期限为自出票日起10日，但中国人民银行另有规定的除外。超过提示付款期限提示付款的，持票人开户银行不予受理，付款人不予付款。

2. 付款

支票的出票人预留银行签章是银行审核支票付款的依据。银行也可以与出票人约定使用支付密码，作为银行审核支付支票金额的条件。

出票人在付款人处的存款足以支付支票金额时，付款人应当在见票当日足额付款。

出票人签发空头支票、签章与预留银行签章不符的支票、使用支付密码地区支付密码错误的支票，银行应予以退票，并按票面金额处以5%但不低于1000元的罚款；持票人有权要求出票人支付支票金额2%的赔偿金。对于屡次签发的，银行应当停止其签发支票。

第三节 本　票

一、本票的概念和种类

本票是出票人签发的、承诺自己在见票时无条件支付确定的金额给收款人或持票人的票据。本票是由出票人约定自己付款的一种自付证券，其基本当事人有两个，即出票人和收款人，在出票人之外不存在独立的付款人。在出票人完成出票行为之后，即承担了到期无条件支付票据金额的责任。

在我国，本票仅指银行本票（银行本票票样见图9-4和图9-5）。银行本票是申请人将款项交存银行，由银行签发给其据以办理转账结算或支取现金的票据。银行本票的出票人，为经中国人民银行当地分（支）行批准办理银行本票业务的银行机构，非银行金融机构不得签发银行本票。

根据面额的不同，银行本票分为定额银行本票和不定额银行本票。定额银行本票面额分为1000元、5000元、1万元和5万元。

付款期限 贰 个 月

中国建设银行 本票　2 地名　EB 03 00000000

出票日期（大写）　年　月　日

收款人：　申请人：

凭票即付 人民币（大写）

转账　现金

备注：

出票行签单

出纳　复核　经办

此联出票行结清本票时作借方凭证

8×17cm（专用水印纸蓝油墨）

图 9–4　银行本票正面

被背书人　被背书人

背书人签章　年　月　日

背书人签章　年　月　日

（贴粘单处）

持票人向银行提示付款签章：

身份证件名称：　发证机关：

号码：

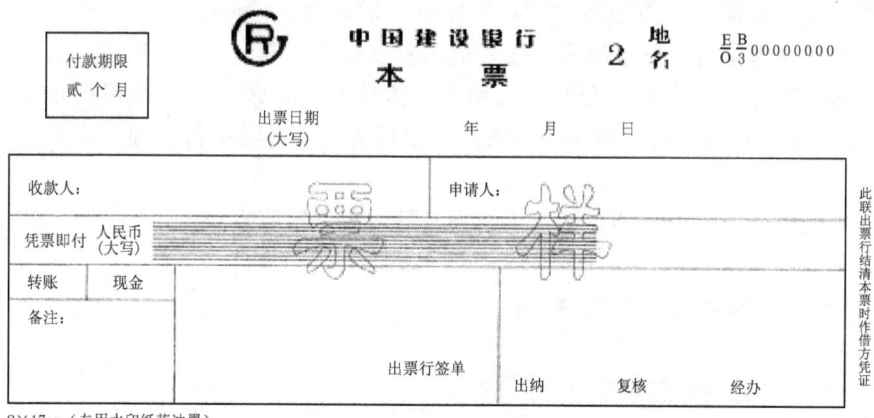

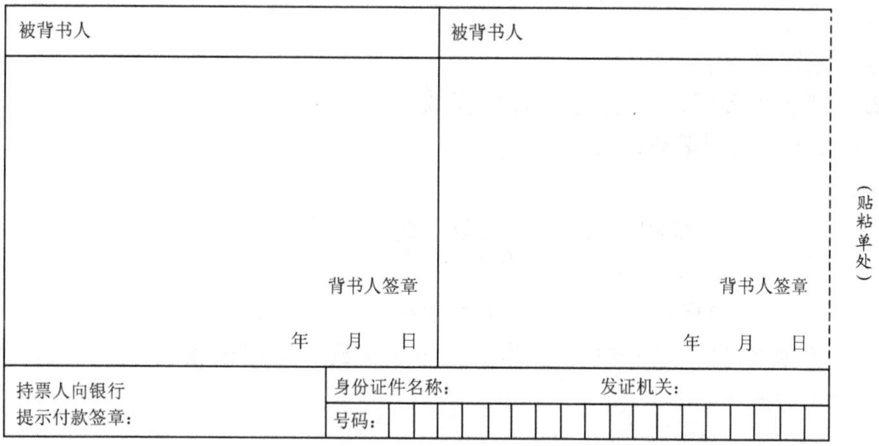

图 9–5　银行本票背面

二、银行本票的适用范围

单位和个人在同一票据交换区域各种款项结算，均可以使用银行本票。银行本票可以用于转账，注明“现金”字样的银行本票可以用于支取现金。

三、银行本票的出票

申请人使用银行本票，应向银行填写“银行本票申请书”，填明收款人名称、申请人名称、支付金额、申请日期等事项并签章。申请人和收款人均为个人需要支取现金的，应在"支付金额"栏先填写"现金"字样，后填写支付金额。

出票银行受理银行本票申请书，收妥款项签发银行本票。用于转账的，在银行本票上划去"现金"字样；申请人和收款人均为个人需要支取现金的，在银行本票上划去"转账"字样。不定额银行本票用压数机压印出票金额。出票银行在银行本票上签章后交给申请人。

申请人或收款人为单位的，银行不得为其签发现金银行本票。

四、银行本票的记载事项

（一）本票的绝对记载事项

（1）表明"本票"的字样；
（2）无条件支付的承诺；
（3）确定的金额；
（4）收款人名称；
（5）出票日期；
（6）出票人签章。

欠缺记载上列事项之一的，银行本票无效。

（二）本票的相对记载事项

1. 付款地

本票上未记载付款地的，以出票人的营业场所为付款地。

2. 出票地

本票上未记载出票地的，以出票人的营业场所为出票地。

此外，根据《票据法》的规定，本票上可以记载非法定记载事项，但这些事项并不发生本票上的效力。

五、银行本票的付款

1. 银行本票的提示付款期限

银行本票的提示付款期限自出票之日起最长不得超过2个月。持票人超过提示付款期限不获付款的，在票据权利时效期内向出票银行作出说明，并提供本人身份证或单位证明、持银行本票向出票银行请求付款。

2. 银行本票见票付款

银行本票见票即付，收款人或持票人取得银行本票后，可随时请求出票人付款。

《票据法》规定："本票的出票人在持票人提示见票时，必须承担付款的责任。本票的持票人未按照规定期限提示见票的，丧失对出票人以外的前手的追索权。"

本票的出票人是票据主债务人，负有绝对付款责任。持票人在规定期限内提示本票，出票人必须承担付款责任。除票据时效届满而使票据权利消灭或者要式欠缺而使票据无效外,出票人的付款责任并不因持票人未在规定期限内向其提示付款而解除,所以持票人仍对出票人享有付款请求权和追索权,只是丧失对出票人以外的前手的追索权。

【案例9-6】甲出具一张银行本票给乙,乙将该本票背书转让给丙,丙又背书转让给丁,丁又背书转让给戊。戊作为持票人未在规定的期限内提示付款。则戊可以向哪些人行使追索权?

【案例解析】《票据法》规定,本票的持票人未按照规定期限提示见票的,丧失对出票人以外的前手的追索权。戊作为持票人未在规定的期限内提示付款,则戊丧失对出票人甲以外的前手的追索权。故戊只能向甲行使追索权。

第四节　银行汇票

一、银行汇票的概念

银行汇票是出票银行签发的,由其在见票时按照实际结算金额无条件支付给收款人或者持票人的票据(银行汇票票样见图9-6、图9-7)。

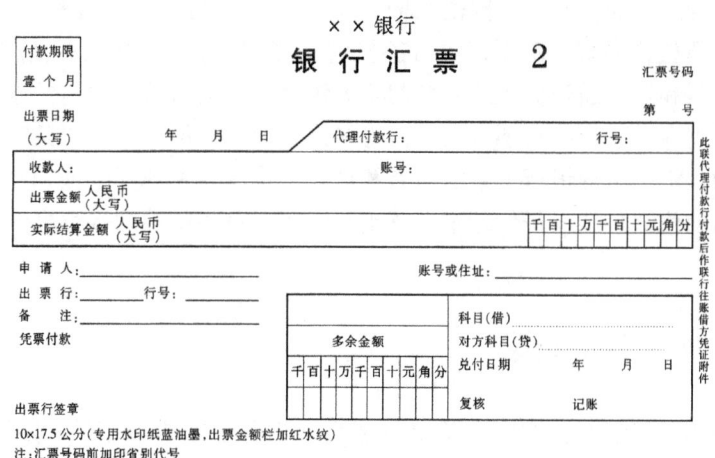

图9-6　银行汇票正面

图9-7 银行汇票背面

银行汇票可分为银行现金汇票和银行转账汇票。汇票上有签发银行按规定载明"现金"字样的是银行现金汇票,可用于支取现金;票面上载有"转账"字样或未记载"现金"字样的是银行转账汇票,银行转账汇票一般用于结算,不用于支取现金,需要支付现金的,付款银行按照现金管理规定审查后才予以支付。

二、银行汇票的使用范围

单位和个人在同城、异地或统一票据交换区域的各种款项结算,均可使用银行汇票。

银行汇票的出票和付款,全国范围限于中国人民银行和各商业银行参加"全国联行往来"的银行机构办理。跨系统银行签发的转账银行汇票的付款,应通过同城票据交换将银行汇票和解讫通知提交给同城的有关银行审核支付后抵用。代理付款人不得受理未在本行开立存款账户的持票人为单位直接提交的银行汇票。省、自治区、直辖市内和跨省、市的经济区域内银行汇票的出票和付款,按照有关规定办理。

银行汇票的代理付款人是代理本系统出票银行或跨系统签约银行审核支付汇票款项的银行。

三、银行汇票的出票

申请人使用银行汇票,应向出票银行填写"银行汇票申请书",填明收款人名称、汇票金额、申请人名称、申请日期等事项并签章。其签章为预留银行的签章。

申请人和收款人均为个人,需要使用银行汇票向代理付款人支取现金的,申请人须在"银行汇票申请书"上填明代理付款人名称,在"汇票金额"栏先填写"现金"字样,后填写汇票金额。

申请人或者收款人为单位的，不得在"银行汇票申请书"上填明"现金"字样。申请人或者收款人为单位的，银行不得为其签发现金银行汇票。签发转账银行汇票，不得填写代理付款人名称，但由中国人民银行代理兑付银行汇票的商业银行向设有分支机构地区签发转账银行汇票的除外。

出票银行受理银行汇票申请书，收妥款项后签发银行汇票，并用压数机压印出票金额，将银行汇票和解讫通知一并交给申请人。

四、银行汇票的记载事项

（一）银行汇票的绝对记载事项

1. 表明"银行汇票"的字样

票据上必须记载足以表明该票据是银行汇票的文字。如果没有该文字，"银行汇票"则无效。

2. 无条件支付的承诺

无条件支付的承诺是汇票的支付文句，即须表明付款人支付汇票金额是不附加任何条件的，换言之，如果汇票附有条件，则汇票无效。

3. 确定的金额

确定的金额是指汇票上记载的金额必须是固定的数额，如果汇票上记载的金额是不确定的，汇票将无效。所谓确定，指固定为一个金额，即不容许记载选择性金额范围，如"50万元以内"、"10万元左右"等。

有关金额的记载必须文义确定，不容含糊、模糊，要使用中文大写和阿拉伯数码同时记载，且二者必须一致，金额文字模糊不能辨认或两种记载不一致的，票据无效。票据金额不得涂改或更改，否则汇票无效。

4. 代理付款人名称

现金银行汇票应填明代理付款人名称。代理付款人不是汇票当事人。

5. 收款人名称

收款人是指出票人在汇票上记载的受领汇票金额的最初票据权利人。对收款人名称，应记载本名、全名或全称。自然人收款的，应以其身份证件上的姓名为准，不可任意记载变名。收款人为法人或其他非法人的企业、团体、其他单位的，应记载经登记或经批准的名称，且应为全名，不可记简称。收款人在付款银行开立资金账户的，出票时记载的名称，应与在开户银行预留印鉴的名称相一致，以便于票据权利的实现。

6. 出票日期

出票日期是指出票人在汇票上记载的签发汇票的日期。出票日为当事人意思表示的日期，不一定是事实上的出票日。因此，可以记为实际出票的日期，也可以提前或错后，记载的出票日与事实上的出票日不符的，不影响票据的效力。

出票日须为历法上存有的日期，否则，票据无效。如记载为2月30日、13月10日等，均无效。

7. 出票人签章

出票人签章是指出票人在票据上亲自书写自己的姓名或盖章。出票人应签其本名、全名。

（二）银行汇票的相对记载事项

1. 付款地

未记载付款地的，以付款人的营业场所、住所为付款地。

2. 出票地

未记载出票地的，以出票人的营业场所、住所为出票地。

银行汇票见票即付，无需记载付款日期。如有记载，记载无效。

（三）银行汇票的非法定记载事项

银行汇票的非法定记载事项是指法律规定以外的记载事项。根据《票据法》的规定，汇票上可以记载本法规定事项以外的其他出票事项，但是该记载事项不具有汇票上的效力。法律规定以外的事项主要是指与汇票的基础关系有关的事项，如签发票据的原因或用途、该票据项下交易的合同号码等，因此，这些事项尽管有利于当事人清算方便，但却与票据本身关系不大，故其不具有票据上的效力。

五、银行汇票的付款

1. 银行汇票的提示付款期限

银行汇票的提示付款期限为自出票日起 1 个月（不分大月、小月，统一按次月对日计算，到期日遇法定节假日顺延），持票人超过提示付款期限提示付款的，代理付款人不予受理。

持票人向银行提示付款时，必须同时提交银行汇票和解讫通知，缺少任何一联，银行不予受理。持票人超过期限向代理付款银行提示付款不获付款的，须在票据权利时效期间内向出票银行作出说明，并提供本人身份证件或单位证明，持银行汇票和解讫通知向出票银行请求付款。

2. 银行汇票见票付款

银行汇票见票即付，收款人或持票人取得银行汇票后，可随时请求出票人付款。

收款人受理银行汇票时，应审查下列事项：银行汇票和解讫通知是否齐全、汇票号码和记载的内容是否一致；收款人是否确为本单位或本人；银行汇票是否在提示付款期限内；必须记载的事项是否齐全；出票人签章是否符合规定，是否有压数机压印的出票金额，并与大写出票金额一致；出票金额、出票日期、收款人名称是否更改，更改的其他记载事项是否由原记载人签章证明。

收款人受理申请人交付的银行汇票时，应在出票金额以内，根据实际需要的款项办理结算，并将实际结算金额和多余金额准确、清晰地填入银行汇票和解讫通知的有关栏内。未填明实际结算金额和多余金额或实际结算金额超过出票金额的，银行不予受理。

银行汇票的实际结算金额不得更改，更改实际结算金额的银行汇票无效。

在银行开立存款账户的持票人向开户银行提示付款时，应在汇票背面"持票人向银行提示付款签章"处签章，签章须与预留银行签章相同，并将银行汇票和解讫通知、进账单送交开户银行。银行审查无误后办理转账。

未在银行开立存款账户的个人持票人，可以向选择的任何一家银行机构提示付款。提示付款时，应在汇票背面"持票人向银行提示付款签章"处签章，并填明本人身份证件名称、号码及发证机关，由其本人向银行提交身份证件及其复印件。银行审核无误后，将其身份证件复印件留存备查，并以持票人的姓名开立应解汇款及临时存款账户，该账户只付不收，付完清户，不计付利息。

转账支付的银行汇票，应由原持票人向银行填制支款凭证，并由本人交验其身份证件办理支付款项。该账户的款项只能转入单位或个体工商户的存款账户，严禁转入储蓄账户和银行卡账户。

支取现金的，银行汇票上必须有出票银行按规定填明的"现金"字样，才能办理。未填明"现金"字样，需要支取现金的，由银行按照国家现金管理规定审查支付。

持票人对填明"现金"字样的银行汇票，需要委托他人向银行提示付款的，应在银行汇票背面背书栏签章，记载"委托收款"字样、被委托人姓名和背书日期以及委托人身份证件名称、号码、发证机关。被委托人向银行提示付款时，也应在银行汇票背面"持票人向银行提示付款签章"处签章，记载证件名称、号码及发证机关，并同时向银行交验委托人和被委托人的身份证件及其复印件。

六、银行汇票的背书

收款人可以将银行汇票背书转让给被背书人，但注明"现金"字样的银行汇票不得背书转让。

银行汇票的背书转让以不超过出票金额的实际结算金额为准。未填写实际结算金额或实际结算金额超过出票金额的银行汇票不得背书转让。

被背书人受理银行汇票时，除审查收款人受理银行汇票时应审查的事项外，还应审查下列事项：银行汇票是否记载实际结算金额，有无更改，其金额是否超过出票金额；背书是否连续，背书人签章是否符合规定，背书使用粘单的，是否按规定签章；背书人为个人的，应验证其个人身份证件。

【案例9-7】甲企业向乙企业购买一批原材料，为其开具了一张100万元的银行汇票。该汇票的收款人为乙企业，付款人为丙银行。由于受市场供需和物价的影响，这项经济业务的实际结算金额为150万元。甲企业在汇票上签了章，并写明了出票日期等有关内容。乙企业接受此银行汇票后，到丙银行请求兑付时，遭到丙银行拒绝。丙银行做法是否正确？

【案例解析】该银行汇票是无效的，丙银行做法正确。实际结算金额超过出票金额的，银行不予受理。

金融法规

第五节 商业汇票

一、商业汇票的概念和种类

商业汇票，是指由出票人签发的，委托付款人在指定日期无条件支付确定金额给收款人或者持票人的票据。

商业汇票按承兑人的不同，分为银行承兑汇票（见图9-8）和商业承兑汇票（见图9-9、图9-10）。商业承兑汇票由银行以外的付款人承兑，银行承兑汇票由银行承兑。商业汇票的付款人为承兑人。

在银行开立存款账户的法人以及其他组织之间，必须有真实的交易关系或债权债务关系，才能使用商业汇票。

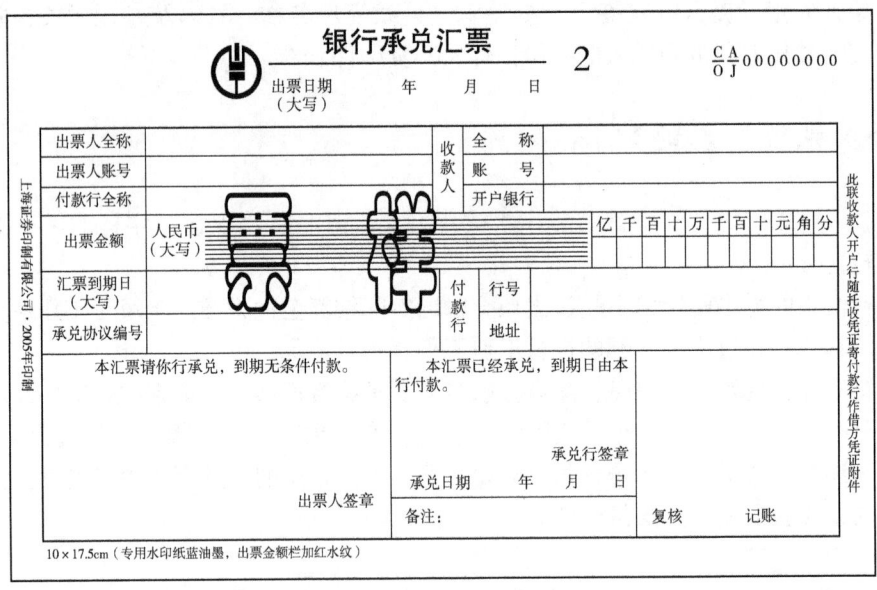

图9-8 银行承兑汇票正面

第九章 票据法律制度

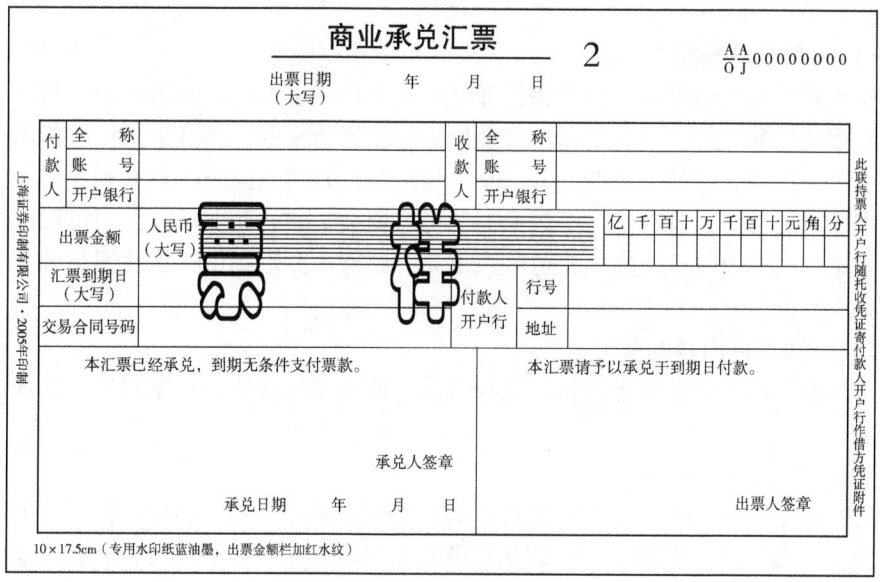

图 9-9 商业承兑汇票正面

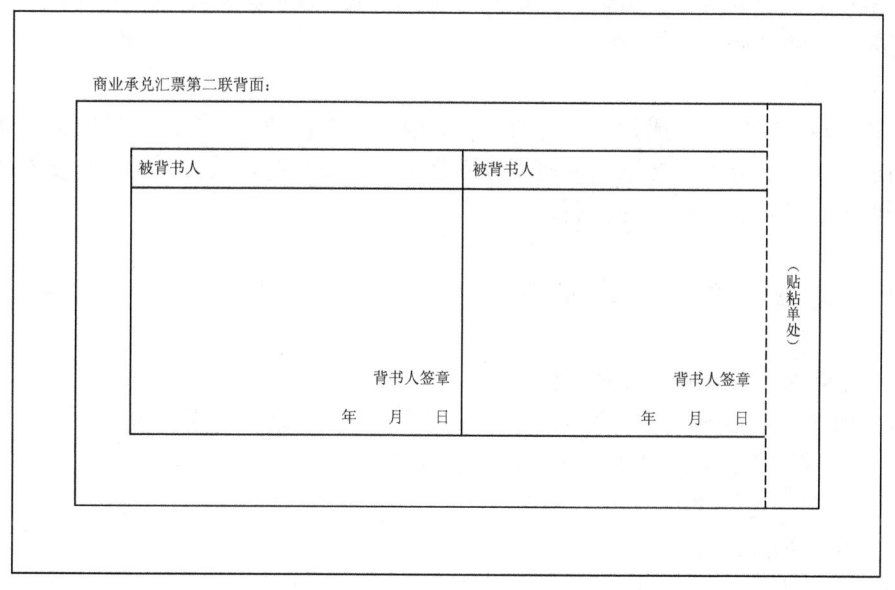

图 9-10 商业承兑汇票背面

 金融法规

二、商业汇票的出票

(一) 出票人的确定

商业承兑汇票的出票人,为在银行开立存款账户的法人以及其他组织,与付款人具有真实的委托付款关系,具有支付汇票金额的可靠资金来源。银行承兑汇票的出票人必须是在承兑银行开立存款账户的法人以及其他组织,并与承兑银行具有真实的委托付款关系,资信状况良好,具有支付汇票金额的可靠资金来源。商业承兑汇票可以由付款人签发并承兑,也可由收款人签发交付款人承兑。银行承兑汇票由在承兑银行开立存款账户的存款人签发。

(二) 商业汇票出票的效力

汇票出票后即产生票据上的权利义务关系。这种权利义务因汇票当事人的地位不同而不同。

1. 对出票人的效力

汇票的出票人出票后,并不产生自己的直接付款义务,只承担法定担保义务,即担保汇票的承兑和付款。担保汇票的承兑是指汇票到期日前不获承兑时,收款人或持票人可以请求出票人偿还票据金额、利息和有关费用。担保汇票的付款是指汇票到期时,付款人虽已承兑但拒绝付款的,出票人必须承担清偿责任。

2. 对付款人的效力

出票行为是单方行为,付款人在承兑之前,不承担任何票据责任。但一旦承兑,即成为汇票上的主债务人。

3. 对收款人的效力

收款人取得汇票后,成为第一持票人,即取得票据权利,一方面,就票据金额享有付款请求权;另一方面,在该请求权不能满足时,即享有追索权。同时,收款人享有依法转让票据、获得相应对价的权利。

三、商业汇票的记载事项

(一) 商业汇票的绝对记载事项

签发商业汇票必须记载下列事项,欠缺其中之一的,商业汇票无效:
(1) 表明商业承兑汇票或银行承兑汇票的字样;
(2) 无条件支付的委托;
(3) 确定的金额;
(4) 付款人名称;
(5) 收款人名称;
(6) 出票日期;
(7) 出票人签章。

（二）商业汇票的相对记载事项

商业汇票的相对记载事项是指商业汇票上应记载而未在记载的，适用法律的直接规定而不使票据失效的事项。

（1）汇票上未记载付款日期的，视为见票即付。商业汇票上的付款日期（即到期日）有三种记载形式：定日付款、出票后定期付款、见票后定期付款。未记载付款日期的，视为见票即付，持票人提示付款时，付款人即得进行付款。

（2）汇票上未记载付款地的，以付款人的营业场所、住所为付款地。

（3）汇票上未记载出票地的，以出票人的营业场所、住所为出票地。

需要指出的是，虽然《票据法》规定汇票上未记载付款地的，以付款人的营业场所、住所、经常居住地为付款地；未记载出票地的，以出票人的营业场所、住所、经常居住地为出票地。由于我国商业汇票的出票人只能是法人以及其他组织，个人不能使用商业汇票，故实务中，汇票上未记载出票地的，应是以出票人的营业场所、住所为出票地。我国商业汇票的付款人只能是法人、其他组织或银行，故实务中，汇票上未记载付款地的，以付款人的营业场所、住所为付款地。经常居住地是自然人使用的概念。

此外，汇票上可以记载非法定记载事项，但这些事项不具有汇票上的效力。

四、商业汇票的承兑

承兑是指汇票付款人承诺在汇票到期日支付汇票金额并签章的行为。承兑仅适用于商业汇票。

1. 提示承兑

提示承兑是指持票人向付款人出示汇票，并要求付款人承诺付款的行为。定日付款或者出票后定期付款的汇票，持票人应当在汇票到期日前向付款人提示承兑。见票后定期付款的汇票，持票人应当自出票日起1个月内向付款人提示承兑。汇票未按规定期限提示承兑的，持票人丧失对其前手的追索权。见票即付的汇票无需提示承兑。

2. 受理承兑

付款人收到持票人提示承兑的汇票时，应当向持票人签发收到汇票的回单。回单上应当记明汇票提示承兑日期并签章。付款人对向其提示承兑的汇票，应当自收到提示承兑的汇票之日起3日内承兑或者拒绝承兑。一般来说，如果付款人在3日内不作承兑与否表示的，则应视为拒绝承兑。持票人可以请求其作出拒绝承兑证明，向其前手行使追索权。

3. 承兑的记载事项

付款人承兑汇票的，应当在汇票正面记载"承兑"字样和承兑日期并签章；见票后定期付款的汇票，应当在承兑时记载付款日期。汇票上未记载承兑日期的，应当以收到提示承兑的汇票之日起3日内的最后一日为承兑日期。

4. 承兑的效力

付款人承兑商业汇票，不得附有条件；承兑附有条件的，视为拒绝承兑。付款人承

 金融法规

兑汇票后，应当承担到期付款的责任。这一到期付款的责任是一种绝对责任。具体表现在：①承兑人于汇票到期日必须向持票人无条件地支付汇票上的金额，否则其必须承担迟延付款责任；②承兑人必须对汇票上的一切权利人承担责任，该等权利人包括付款请求权人和追索权人；③承兑人不得以其与出票人之间资金关系来对抗持票人，拒绝支付汇票金额；④承兑人的票据责任不因持票人未在法定期限提示付款而解除。

银行承兑汇票的承兑银行，应当按照票面金额向出票人收取 0.5‰ 的手续费。

五、商业汇票的付款

商业汇票的付款，是指付款人依据票据文义支付票据金额，以消灭票据关系的行为。

1. 提示付款

提示付款是指持票人向付款人或承兑人出示票据，请求付款的行为。持票人只有在法定期限内提示付款的，才产生法律效力。持票人应当按照下列法定期限提示付款：①见票即付的汇票，自出票日起 1 个月内向付款人提示付款。②定日付款、出票后定期付款或者见票后定期付款的汇票，自到期日起 10 日内向承兑人提示付款。持票人未按照前款规定期限提示付款的，在作出说明后，承兑人或者付款人仍应当继续对持票人承担付款责任。通过委托收款银行或者通过票据交换系统向付款人提示付款的，视同持票人提示付款。

2. 付款人付款

持票人按照规定提示付款的，付款人必须无条件地在当日按票据金额足额支付给持票人。否则，应承担迟延付款的责任。商业汇票的付款期限，最长不得超过 6 个月。

付款人及其代理付款人付款时，应当审查汇票背书的连续性，并审查提示付款人的合法身份证明或者有效证件。如果付款人及其代理付款人以恶意或者有重大过失付款的，应当自行承担责任。此外，如果付款人对定日付款、出票后定期付款或者见票后定期付款的汇票在到期日前付款，由付款人自行承担所产生的责任。

银行承兑汇票的出票人于汇票到期日未能足额交存票款时，承兑银行除凭票向持票人无条件付款外，对出票人尚未支付的汇票金额按照每天 0.5‰ 计收利息。商业承兑汇票签发后，由付款人承兑后交给收款人。付款人应于商业承兑汇票到期前将票款足额交存其开户银行，银行待该汇票到期日凭票将款项划给收款人或持票人。商业承兑汇票到期日付款人账户资金不足支付时，其开户银行应将商业承兑汇票退回，由其自行处理，同时对付款人按票面金额处以 5% 但不低于 50 元的罚款。

如果汇票金额为外币的，应按照付款日的市场汇价，以人民币支付。汇票当事人对汇票支付的货币种类另有约定的，从其约定。

付款人依法足额付款后，票据关系消灭，汇票上的全体债务人的责任予以解除。

六、商业汇票的背书

商业汇票的背书,是指按照法定的事项和方式在商业汇票背面或者粘单上记载有关事项并签章的票据行为。持票人可以将汇票权利转让给他人或者将一定的汇票权利授予他人行使,持票人行使此项权利时,应当背书并交付汇票。

(一)背书的记载事项

1. 背书的绝对记载事项

背书时,背书人和被背书人两项事项为绝对记载事项,否则,背书无效。

背书人背书时,必须在票据上签章。汇票以背书转让或者以背书将一定的汇票权利授予他人行使时,必须记载被背书人名称。如果背书人未记载被背书人名称即将票据交付他人的,持票人在票据被背书人栏内记载自己的名称与背书人记载具有同等法律效力。

2. 背书的相对记载事项

背书时,应由背书人记载背书日期。未记载背书日期的,视为在汇票到期日前背书。

3. 背书的任意记载事项

背书人在汇票上记载"不得转让"字样,其后手再背书转让的,原背书人对后手的被背书人不承担保证责任。

4. 背书的不得记载事项

背书不得记载的内容有两项:一是附有条件的背书;二是部分背书。背书不得附有条件。背书时附有条件的,所附条件不具有汇票上的效力。部分背书是指背书人在背书时,将汇票金额的一部分或者将汇票金额分别转让给两人以上的背书。部分背书属于无效背书。

(二)背书粘单

票据凭证不能满足背书人记载事项的需要,可以加附粘单,粘附于票据凭证上。为了保证粘单的有效性和真实性,第一位使用粘单的背书人必须将粘单粘接在票据上,并且在汇票和粘单的粘接处签章,否则该粘单记载的内容无效。

(三)背书连续

背书连续是指在票据转让中,转让汇票的背书人与受让汇票的被背书人在汇票上的签章依次前后衔接。背书连续主要是指背书在形式上连续,如果背书在实质上不连续,如有伪造签章等,付款人仍应对持票人付款。但是,如果付款人明知持票人不是真正票据权利人,则不得向持票人付款,否则应自行承担责任。

(四)法定禁止背书

法定禁止背书是指根据《票据法》的规定而禁止背书转让的情形。被拒绝承兑、被拒绝付款或者超过付款提示期限等三种情形下的汇票,不得背书转让;背书转让的,背书人应当承担汇票责任。

金融法规

（五）背书效力

背书人以背书转让票据后，即承担保证其后手所持票据承兑和付款的责任。

七、商业汇票的保证

票据保证，即票据债务人以外的第三人，以担保特定债务人履行票据债务为目的，而在票据上记载有关事项并签章的行为。

（一）保证的记载事项

1. 保证的绝对记载事项

保证时，保证文句及保证人签章是绝对记载事项，否则，保证无效。

2. 保证的相对记载事项

保证人名称和住所、被保证人名称及保证日期为相对记载事项。未记载保证人名称和住所的，以保证人的签章和营业场所或住所推定。未记载被保证人名称的，已承兑的汇票，承兑人为被保证人；未承兑的汇票，出票人为被保证人。未记载保证日期的，出票日期为保证日期。

保证人未在票据或粘单上记载"保证"字样而另行签订保证合同或者保证条款的，不属于票据保证。

如果保证人是为出票人、承兑人保证的，则应记载于汇票的正面；如果保证人是为背书人保证，则应记载于汇票的背面或者粘单上。

（二）保证责任

被保证的汇票，保证人应当与被保证人对持票人承担连带责任。汇票到期后得不到付款的，持票人有权向保证人请求付款，保证人应当足额付款。保证人为两人以上的，保证人之间承担连带责任。

（三）保证的效力

保证人对合法取得汇票的持票人所享有的汇票权利，承担保证责任。但是，被保证人的债务因汇票记载事项欠缺而无效的除外。保证不得附加任何条件；保证附有条件的，所附条件无效。保证人清偿汇票债务后，可以行使持票人对被保证人及其前手的追索权。

【案例9-8】甲公司要求乙公司以银行承兑汇票支付货款，甲公司在取得乙公司提交的银行承兑汇票后按照约定向乙公司交货，并且将汇票委托给开户银行到期收款。但是，该银行承兑汇票到期，银行告知甲公司，乙公司缴付的款项不足支付。问题如下：

1. 甲公司能否收到货款？
2. 银行如何处理该银行承兑汇票？

【案例解析】

1. 甲公司能够收到货款。因为，它持有的是银行承兑汇票，到期后无论乙公司是否将款项足额缴付银行，银行都应无条件支付。
2. 银行首先会按其承诺支付款项，然后按照相关规定对乙公司进行追索。

本章小结：

1. 票据是由出票人签发的、约定自己或者委托付款人在见票时或指定的日期向收款人或持票人无条件支付一定金额的有价证券。

2. 票据当事人可分为基本当事人和非基本当事人。基本当事人包括出票人、付款人和收款人；非基本当事人包括承兑人、背书人、被背书人、保证人等。

3. 票据权利是指票据持票人向票据债务人请求支付票据金额的权利，包括付款请求权和追索权。票据义务是指票据债务人向持票人支付票据金额的责任。

4. 票据的取得，必须给付对价。

5. 票据丧失，票据权利人可以采取挂失止付、公示催告、普通诉讼三种形式进行补救。

6. 票据权利因付款、票据时效期间届满、免除、抵消等事由的发生而消灭。

7. 票据行为包括出票、背书、承兑和保证四种。

8. 票据签章，是指票据有关当事人在票据上签名、盖章或签名加盖章的行为。

9. 票据记载事项一般分为绝对记载事项、相对记载事项和任意记载事项、不得记载事项等。

10. 票据的伪造是指无权限人假冒他人名义或虚构人名义签章的行为；票据的变造是指无权更改票据内容的人，对票据签章以外的记载事项加以变更的行为。

11. 支票是指出票人签发的、委托办理支票存款业务的银行在见票时无条件支付确定的金额给收款人或者持票人的票据。支票分为普通支票、现金支票和转账支票。

12. 本票是出票人签发的，承诺自己在见票时无条件支付确定的金额给收款人或者持票人的票据。

13. 银行汇票是出票银行签发的，由其在见票时按照实际结算金额无条件支付给收款人或者持票人的票据。

14. 商业汇票，是指由出票人签发的，委托付款人在指定日期无条件支付确定金额给收款人或者持票人的票据。商业汇票按承兑人的不同，分为银行承兑汇票和商业承兑汇票。

练习题：

一、单项选择题

1. 甲公司在与乙公司交易中获得100万元的汇票一张，付款人为丙公司。甲公司请求承兑时，丙公司在汇票上签注："承兑。乙公司款到后支付。"根据《票据法》的规定，下列关于丙公司付款责任的表述中，正确的是(　　)。

　　A. 丙公司已经承兑，应承担付款责任
　　B. 应视为丙公司拒绝承兑，丙公司不承担付款责任
　　C. 乙公司给丙公司付款后，丙公司才承担付款责任
　　D. 按乙公司给丙公司付款的多少确定丙公司应承担的付款责任

2. 下列关于银行本票性质的表述中，不正确的是（　　）。
   A. 银行本票的付款人见票时必须无条件付款给持票人
   B. 持票人超过提示付款期限不获付款的，可向出票银行请求付款
   C. 银行本票不可以背书转让
   D. 注明"现金"字样的银行本票可以用于支取现金

3. 不可能成为支票当事人的是(　　)。
   A. 出票人　　　　　　　　B. 承兑人
   C. 背书人　　　　　　　　D. 保证人

4. 根据《票据法》的规定，如果本票的持票人未在法定付款提示期限内提示见票的，则丧失对特定票据债务人以外的其他债务人的追索权。该特定票据债务人是(　　)。
   A. 出票人　　　　　　　　B. 保证人
   C. 背书人　　　　　　　　D. 被背书人

5. 下列不属于票据行为的是(　　)。
   A. 出票人签发票据并将其交付
   B. 票据遗失，向银行挂失止付
   C. 汇票付款人承诺在汇票到期日支付汇票金额并签章的行为
   D. 票据债务人以外的人在票据上记载有关事项并签章的行为

6. 若一张汇票上记载"见票后两个月付款"，这张汇票属于(　　)。
   A. 出票后定期付款的汇票　　B. 见票后定期付款的汇票
   C. 见票即付汇票　　　　　　D. 定日汇票

7. 银行汇票的付款方式是(　　)。
   A. 定日付款　　　　　　　B. 出票后定期付款
   C. 见票即付　　　　　　　D. 见票后定期付款

8. 蓝天汽车公司于2008年3月12日向军杰公司购买了一批汽车轮胎，于是委托其开户银行于当日签发了一张价值20万元的银行汇票，军杰公司收到银行汇票后应在(　　)前提示付款。
   A. 2008年3月22日　　　　B. 2008年5月12日
   C. 2008年4月12日　　　　D. 2008年9月22日

9. 甲公司签发金额为100万元的商业承兑汇票。对此说法正确的是(　　)。
   A. 甲公司在签发汇票时必须在银行有100万元的存款
   B. 甲公司必须在签发汇票后的10日内向银行提供100万元的付款保证金
   C. 只要汇票到期时甲公司能支付100万元即可
   D. 汇票到期时甲公司存款余额不足支付的，该汇票为空头汇票，汇票无效

10. 甲企业在其银行存款不足1万元的情况下，向业务单位开出一张1.5万元的转账支票，银行可以处以(　　)罚款。
    A. 750元　　　　　　　　B. 500元

C. 300元 D. 1000元

11. 甲在将一汇票背书转让给乙时，未将乙的姓名记载于被背书人栏内。乙发现后将自己的姓名填入被背书人栏内。下列关于乙填入自己姓名的行为效力的表述中正确的是( )。

A. 无效 B. 有效
C. 可撤销 D. 甲追认后有效

12. 乙公司与丙公司交易时以汇票支付。丙公司见汇票出票人为甲公司，遂要求乙公司提供担保，乙公司请丁公司为该汇票作保证，丁公司在汇票背书栏签注"若甲公司出票真实，本公司愿意保证"，后经了解甲公司实际并不存在。根据票据法律制度的规定，下列表述中正确的是( )。

A. 丁公司应承担一定赔偿责任
B. 丁公司只承担一般保证责任，不承担票据保证责任
C. 丁公司应当承担票据保证责任
D. 丁公司不承担任何责任

二、多项选择题

1. 下列属于商业汇票特征的有( )。
A. 汇票有出票人、付款人和收款人三个基本当事人
B. 汇票是由出票人委托他人支付的票据，是一种委付证券
C. 汇票可以见票即付，也可以约期付款
D. 汇票只能由银行机构签发，非银行机构不得签发汇票

2. 甲、乙签订一份购销合同，甲将自己取得的银行承兑汇票背书转让给乙，以支付货款。甲在汇票的背书栏记载有"若乙不按期履行交货义务，则不享有票据权利"，乙又将此汇票背书转让给丙。根据票据法律制度的规定，下列表述中正确的是( )。
A. 该票据的背书行为为附条件背书，背书的效力待定
B. 乙在未履行交货义务时，不得主张票据权利
C. 无论乙是否履行交货义务，票据背书转让后，丙都取得票据权利
D. 背书上所附条件不产生汇票上的效力，乙无论交货与否均享有票据权利

3. 甲公司在与乙公司交易中获金额为100万元的汇票一张，出票人为乙公司，付款人为丙公司，汇票上有丁、戊两家公司的保证签章，其中丁公司保证80万元，戊公司保证20万元，后丙公司拒绝承兑该汇票。根据《票据法》的规定，下列各项中正确的是( )。
A. 甲公司在被拒绝承兑时可以向乙公司追索100万元
B. 甲公司在被拒绝承兑时只能依据与乙公司的交易合同要求乙公司付款
C. 甲公司只能分别向丁公司追索80万元、向戊公司追索20万元
D. 丁公司和戊公司应当向甲公司承担连带责任

4. 下列关于票据特征的表述中，不正确的有( )。
A. 票据都有付款提示期限

B. 任何票据都可以用于办理结算或提取现金

C. 汇票都需要承兑

D. 票据所记载的金额由出票人自行支付或委托付款人支付

5. 商业承兑汇票是由( )的票据。

A. 收款人承兑   B. 付款人签发

C. 收款人签发   D. 付款人承兑

6. 银行承兑汇票到期、承兑申请人账户资金不足付款时，承兑银行应( )。

A. 无条件向收款人、被背书人付款

B. 不负责付款

C. 对尚未扣回的承兑金额每天按万分之五收罚息

D. 将汇票退给收款人

7. 下列人员中，行使付款请求权时，对持票人负有付款义务的有( )。

A. 汇票的承兑人   B. 银行本票的出票人

C. 支票的付款人   D. 汇票的背书人

8. 基本当事人有出票人、付款人和收款人的票据有( )。

A. 汇票   B. 本票

C. 发票   D. 支票

9. 根据《票据法》的规定，下列选项中，属于变造票据的有( )。

A. 变更票据金额   B. 变更票据上的到期日

C. 变更票据上的签章   D. 变更票据上的付款日

10. 下列有关票据伪造的表述中，不符合票据法律制度规定的有( )。

A. 票据的伪造仅指假冒他人名义签章的行为

B. 票据上有伪造签章的，不影响票据上其他真实签章的效力

C. 善意的且支付相当对价的合法持票人有权要求被伪造人承担票据责任

D. 票据伪造人的伪造行为即使给他人造成损害，也不承担票据责任

11. 下列情况下，银行汇票属于无效票据的是( )。

A. 未填明实际结算金额的   B. 更改实际结算金额的

C. 实际结算金额超过票面金额的   D. 实际结算金额低于票面金额的

12. 签发现金银行汇票，( )必须均为个人。

A. 出票人   B. 收款人

C. 申请人   D. 付款人

13. 某单位出纳李某签发一张现金支票到开户银行提款，在该支票上的签章应为( )。

A. 预留银行的该单位财务专用章   B. 经授权的出纳人员李某的印章

C. 该单位会计机构负责人的印章   D. 预留银行的该单位法定代表人的印章

14. 根据票据法律制度的规定，下列各背书情形中，属于背书无效的有( )。

A. 将汇票金额全部转让给甲某

第九章 票据法律制度

B. 将汇票金额的一半转让给甲某
C. 将汇票金额分别转让给甲某和乙某
D. 将汇票金额转让给甲某但要求甲某不得对背书人行使追索权

三、判断题

1. 承兑是商业汇票特有的制度。（ ）
2. 2009年5月1日甲公司开具一张支票给乙公司以支付材料款，根据《票据法》的规定，甲公司应当在2009年5月11日前提示付款。（ ）
3. 本票的基本当事人有出票人、付款人和收款人。（ ）
4. 商业汇票在出票时付款人是否确实承担付款责任并不确定，因而需要由付款人进行承兑。（ ）
5. 本票的出票人即为付款人，在出票时付款人付款一事即已确定，因而无需付款人承兑。（ ）
6. 支票不需要承兑，但付款人承担绝对的付款责任。（ ）
7. 银行承兑汇票的承兑人一经承兑，就必须承担绝对的无条件的付款责任。（ ）
8. 商业汇票经承兑后，其主债务人即由出票人转化为承兑人，而本票的主债务人始终是出票人。（ ）
9. 出票人在票据上记载"不得转让"，应当记载于票据背面。（ ）
10. 持票人善意取得伪造的票据，对被伪造人不能行使票据权利。（ ）
11. 甲伪造乙的签章实施票据欺诈行为，给他人造成损失的，乙不承担票据责任。（ ）
12. 甲签发一张金额为5万元的本票交收款人乙，乙背书转让给丙，丙将本票金额改为8万元后转让给丁，丁又背书转让给戊。如果戊向甲请求付款，甲只应支付5万元，戊所受损失3万元应向丁和丙请求赔偿。（ ）
13. 票据丧失后，首先要采取挂失止付，然后再申请公示催告和提起普通诉讼。（ ）
14. 支票的付款日期限于见票即付，不得另行记载付款日期。另行记载付款日期的，该支票无效。（ ）

四、案例分析题

凯旋公司从明星公司购进一批设备，价款为100万元，凯旋公司开出一张期限为6个月的商业承兑汇票给明星公司，而兰林公司在该汇票正面记载了保证事项，华威公司得到汇票后，将该汇票背书转让给了钟山公司。汇票到期，钟山公司委托银行收款时才得知凯旋公司的存款账户不足支付，银行拒绝付款。钟山公司要求华威公司付款。问：

（1）钟山公司在票据未获付款的情况下是否有权向明星公司要求付款？为什么？
（2）钟山公司在华威公司拒绝付款的情况下是否可以向凯旋公司要求付款？为什么？
（3）如果兰林公司代为履行票据付款义务，则兰林公司可向谁行使追索权？

269

参考文献

1. 《中华人民共和国证券法》。
2. 《中华人民共和国公司法》。
3. 《中华人民共和国证券投资基金法》。
4. 《中华人民共和国中国人民银行法》。
5. 《中华人民共和国商业银行法》。
6. 《中华人民共和国银行业监督法》。
7. 《中华人民共和国保险法》。
8. 《中华人民共和国担保法》。
9. 《中华人民共和国物权法》。
10. 《中华人民共和国合同法》。
11. 《中华人民共和国票据法》。
12. 《上市公司证券发行管理办法》。
13. 《证券发行与承销管理办法》。
14. 《最高人民法院关于适用〈中华人民共和国担保法〉若干问题的解释》。
15. 刘旭东：《金融法规》，东北财经大学出版社，2009年。
16. 管晓峰：《金融法学》，中央广播电视大学出版社，2005年。
17. 韩劲松：《经济法教程》，北京交通大学出版社，2008年。
18. 中国注册会计师协会：《经济法》，中国财政经济出版社，2008年。
19. 财政部会计资格评价中心：《经济法基础》，中国财政经济出版社，2010年。
20. 刘胜题主编：《新金融法务》，格致出版社、上海人民出版社，2008年。
21. 周正庆：《证券知识读本（修订本）》，中国金融出版社，2006年。
22. 裴斐、辛丽燕：《金融法规》，机械工业出版社，2010年。
23. 郭明瑞、房少坤：《担保法》，中国政法大学出版社，2008年。
24. 姜建初主编：《票据法》，北京大学出版社，2000年。
25. 赵红梅、刘旭东主编：《金融法概论》，上海财经大学出版社，2008年。
26. 刘丹冰主编：《金融法》，经济科学出版社，2008年。